La Palabra de Amma

Volumen 2

Sri Mata Amritanandamayi

La Palabra de AMMA

Volumen 2

Procedente de Matruvani – Clasificada por Temas

Mata Amritanandamayi Center, San Ramon
California, Estados Unidos

La palabra de Amma - Volumen 2
Procedente de Matruvani - Clasificada por Temas

Publicado por:
Mata Amritanandamayi Center
P.O. Box 613
San Ramon, CA 94583
Estados Unidos

—————————— *Sayings of Amma – Volume 2 (Spanish)* ——————————

Dirección en España:
www.amma-spain.org
fundacion@amma-spain.org

En la India:
inform@amritapuri.org
www.amritapuri.org

Dedicatoria

Con el más profundo de los agradecimientos, pongo el trabajo que por Su Gracia ha tomado forma de libro, a los Sagrados Pies, de mi amada Madre.

Amma, es el cuerpo que emerge de la misma Conciencia Suprema, para a través de Él, guiarnos y evitarnos sufrimiento a la humanidad, con Sabiduría, pues Ella no es un ser sabio, Ella es la Sabiduría, con Amor, pues Ella no es capaz de dar mucho Amor, Ella es el Amor Infinito que fluye incesantemente hacia toda la humanidad, con Compasión, porque Ella es la misma Compasión.

Amma es una Luminaria, que va introduciendo Su Luz Divina, en todos aquellos que se lo permitimos, y de esta manera, uno a uno, y por contagio a los que éstos tienen a su alrededor, va elevando la conciencia de la humanidad.

El libro que tienes en tus manos, contiene parte de sus enseñanzas, clasificadas por temas, y sólo puedo decirte que el trabajo de confeccionarlo a Ânand, le ha supuesto un gran aprendizaje para ir empezando a saber cómo vivir.

Ânand

Índice

Prólogo

Hay una parte de mi naturaleza a la que le interesa encontrar la respuesta a algún tema en concreto sobre lo que ha dicho o se ha publicado de alguien en particular.

Este deseo, inherente en mi interior, me ha llevado a recopilar por temas, todo lo que puedo, de lo que Amma ha dejado dicho y en consecuencia escrito, pues es el mejor alimento que le puedo proporcionar a mi alma.

A veces en mi vida al lado de Amma, Ella me proporciona más tiempo para que realice este trabajo y otras no tanto, pero la Palabra de Amma es tan poderosa, que en ocasiones en las que he podido estar durante bastantes horas inmerso en Sus Enseñanzas, recopilando, cortando, pegando,... al levantarme y por unos instantes, no me he podido sostener en pie, estaba totalmente fuera de mí, con una embriaguez divina, en la que ya me quedaría para siempre de buen grado.

Sus enseñanzas son como Ella misma dice, las escrituras védicas, que nos costaría varias vidas asimilarlas, y que Amma nos las proporciona en pastillas, para que las podamos tomar cómodamente.

Sus enseñanzas son de una sencillez apabullante, las comprende cualquier niño de cuatro años, y al mismo tiempo encierran una profundidad a veces imposible de alcanzar con la mente humana.

En las enseñanzas de Amma, he encontrado cómo desarrollar entusiasmo en mi interior, junto con la manera de recorrer el camino hacia Dios, y cómo levantarme en las innumerables caídas que sufro mientras lo recorro.

Estoy en un momento en el que casi no me es posible leer nada que no proceda de Amma, porque me distrae.

En cambio mientras un día sucede una cosa, y otra día otra, se van integrando en mí Sus mensajes, e intento ponerlos en práctica. Es con toda sinceridad lo que más me cuesta, la puesta en práctica, pero merece tanto la pena, pues observo que lo que voy consiguiendo poco a poco, va llenando mi corazón de alegría. Voy percibiendo la vida de otra manera, y entonces mi ser rebosa Agradecimiento, entonces el entusiasmo crece en mi interior.

Nuestra conciencia no está siempre en el mismo punto, y en ciertas ocasiones al leer alguna frase en concreto, o a lo mejor una sola línea, que ya había pasado varias veces por delante de mis ojos, y en teoría por el cedazo de mi mente, he notado que aquel momento en concreto, era diferente al de otras veces. Salía desde las letras impresas en el papel, una flecha que directamente se clavaba en el centro mismo de mi corazón. Es en ese momento cuando aquella enseñanza por la Gracia de Amma, se integra en el ser; es la Gracia que premia el esfuerzo.

Entrar en la órbita de Amma, no importa vivir a Su lado o a miles de kilómetros de distancia, es lo más grandioso que a un ser humano le puede ocurrir. Es hacernos conscientes de que la Madre Divina espera que le abramos la puerta de nuestro corazón para que a través de Su Omnipresencia, nos pueda facilitar la ayuda que necesitamos en cada instante de nuestra vida. Es hacernos conscientes de que Dios, la Conciencia Suprema ha tomado este cuerpo de Amma, para guiarnos a todos y cada uno allí donde Él reside: la Beatitud Eterna.

Tanto si no conoces al cuerpo de Amma, como si ya eres devoto de Ella, a lo mejor estos apuntes te pueden ayudar a mejorar tu vida; para su utilización, me atrevería a hacerte tres recomendaciones:

● No es una publicación para leer toda seguida como otro libro, sino por temas concretos. Más bien es preferible quedarte en un mensaje determinado, si notas que al leerlo te impacta o se mueven cosas en tu interior.

• Cuando busques sobre algún tema en particular y leas frases repetidas, no te desanimes, no te aburras, observa que ocurre en tu interior, y probablemente puedas descubrir alguna resistencia que está poniendo tu ego, para que no integres aquella enseñanza en cuestión, o no la pongas en práctica.

• Decide que la Palabra de Amma guíe tu vida. Para ello disponte a leer un poco cada día de Sus Mensajes Divinos, pero sobre todo, a hacer el esfuerzo de ponerlos en práctica.

En esta publicación hay una parte importante de las Enseñanzas de Amma, recíbelas como un regalo que Dios mismo pone en tus manos, para que tu vida cambie a mejor.

Ânand

Introducción

En este apartado intentaremos exponer el criterio que se ha seguido en la confección de esta clasificación por temas de todo lo que Amma ha dicho en los Matruvanis editados en español desde el 2.000 al 2.007, y el de marzo del 2.008. En total 8 años.

Detrás de cada mensaje hay en los principios de cada tema unas sentencias cortas en las que se reflejan al final por ejemplo: la referencia (C.2), este es el indicativo de la procedencia de esta sentencia de Amma, y que en este caso sería Calendario del 2.002, pues aparte de los Matruvanis, también están recogidos Sus Consejos en los Calendarios.

Y ya a continuación al final de cada mensaje sea corto o sea largo, aparece este indicativo: (M.S.0) cuyas siglas corresponden a: Matruvani Septiembre 2.000, o sea que esta sería su procedencia.

Hay muchas sentencias que al final podemos ver lo siguiente: (M.D.2) *Ver Actitud.* Si esto aparece por ejemplo en el tema Dinero, quiere decir que para más información sobre aquella misma sentencia se puede acudir a Actitud (M.D.2), y allí se encontrará un contenido más amplio sobre lo que estamos leyendo en Dinero.

Esto se ha hecho así para no repetir tanto el mensaje entero que Amma nos trasmite en una frase o en una oración, y que hubiera hecho que la publicación duplicara su volumen.

Por ejemplo la frase que viene a continuación, está escrita en tres temas: Devoción, Conocimiento y Meta.

* Por medio de la devoción se alcanza el Conocimiento Supremo. El Conocimiento es la Meta, y la Devoción es el medio que nos lleva hasta esta Meta. (M.D.5)

Y este otro mensaje lo encontrarás de esta manera en: *Felicidad*

* El arco iris se convirtió en un ser tan bello porque se olvidó de sí mismo y entregó su vida a los demás. De igual manera, cuando nos olvidamos de nosotros mismos y vivimos por la felicidad de los demás, experimentamos la belleza auténtica de la vida. (M.D.4) *Ver Religión*

Entonces puedes ir a *Religión* y en el mensaje (M.D.4), si hay varios (M.D.4) miras donde se encuentra esta frase y allí encontrarás el contenido que hace referencia a esta sentencia.

En el contenido del libro hay muchas entrevistas que le han hecho a Amma alrededor del mundo, entonces el criterio que se ha seguido en las entrevistas es poner en letra cursiva la pregunta, y la respuesta de Amma ya en letra normal.

Gunas

* Puede que el *Guru* le diga a alguien que está sentado sin hacer nada de nada: "¡Es mejor ir a robar!". Cuando el *Guru* dice que es mejor robar que limitarse a comer, beber y no hacer nada más, deberíamos tener inocencia para entender el alcance de sus palabras. El *Guru* quiere decir que los perezosos, que son tamásicos, deberían elevarse por encima de sus *tamas* (en la filosofía hindú, *sattva*, *rajas* y *tamas* son las tres gunas o cualidades que caracterizan a la naturaleza. *Sattva* significa calma, equilibrio y sabiduría, *rajas* actividad o inquietud y *tamas*, inercia o apatía) y ser más rajásicos. Los que son rajásicos por naturaleza pueden alcanzar la meta más rápidamente que los tamásicos, que pierden el tiempo sin hacer nada. La idea aquí es que *rajas* es preferible a *tamas*.

Entregarse completamente al *Guru*, este es el modo más rápido de que el discípulo acelere su crecimiento. Obedecer cada palabra del *Guru*, sin albergar la más mínima duda. Cultivar una mente así y todo será más fácil. (M.D.7) *Ver Inocencia*

Guru y su Gracia

* Con sólo abrir las puertas de nuestros corazones, podemos recibir la Gracia de Dios que es derramada sobre nosotros continuamente. (C.2)

* El viento de la Gracia de Dios no puede elevarnos si vamos cargados de deseos y ego. (C.5)

* El *Guru* nos muestra el camino. Todo lo demás depende de la mente y del esfuerzo del discípulo. (M.S.0)

* El maestro te ayuda a olvidar el oscuro pasado y el brillante futuro lleno de promesas. Él te ayuda para que vivas la vida en el momento presente con toda su plenitud. Él te permite saber que toda la Naturaleza, cada cosa y cada persona, incluso tu enemigo, te ayudan a evolucionar y a conseguir la Perfección. (M.M.1)

* Una vez que sabemos en que tienda podemos conseguir lo que deseamos ¿para qué vamos a ir preguntando por todo el mercado? Sería una pérdida de tiempo. De la misma manera, una vez que encontremos a un *Guru*, debemos dejar de dar vueltas y dedicarnos a nuestro *sadhana* (práctica espiritual), esforzándonos por alcanzar la meta.

El *Guru* mismo se acercará al buscador espiritual. No es necesario ir en busca de un maestro, pero el aspirante debe tener un intenso desapego hacia el mundo. (M.J.1)

* Un día Amma nos llevó a un *ashram* situado a unos setenta kilómetros de Vallickavu. En ese *ashram*, había un anciano europeo de unos setenta años de edad. Le contó a Amma una historia muy dolorosa. Desde la adolescencia, se había interesado por la espiritualidad y había practicado diferentes formas de *sadhana*, como el *hatha yoga,* el *jñana yoga* e incluso observar el sol sin

parpadear. Había ido a visitar a todos los santos y sabios de los que había oído hablar, tanto en la India como en Occidente. ¡No podía permanecer tranquilo un solo minuto! Estaba dispuesto a añadir a Amma a su lista. Pero Amma tiene el don de ver exactamente lo que cada persona necesita y cuando el anciano le preguntó que es lo que debía hacer, ella le dijo:

Escucha, ya tienes setenta y cinco años, dime, si no te importa, ¿qué es lo que has conseguido espiritualmente después de haber dedicado toda tu vida a practicar la espiritualidad? ¿Qué has experimentado?" Se quedó pensativo un momento y, después dijo: "Me siento muy inquieto y agotado." Este era el fruto de todos los años de *sadhana* y de renuncia. Entonces Amma dijo: "No te digo que encuentres a un *Guru*, pero acude, al menos, a un lugar santo, quédate allí y realiza prácticas espirituales. Elige la *sadhana* que mejor te convenga hasta que consigas una experiencia espiritual y paz interior. Y hasta ese momento, no te muevas, no abandones ese lugar."

Reflexionó un momento sobre estas palabras y, después le dijo a la Madre: "Amma eso es imposible para mí". (M.J.1)

＊ Dios no da nada a quien no trabaja para conseguirlo. La Gracia y el esfuerzo personal están vinculados. (M.J.1)

＊ Aunque el *Guru* sea un Maestro perfecto, un ser realizado, mientras el discípulo no abra su corazón, el *Guru* no podrá entrar.

＊ Sólo si existe el amante podrá existir el amado. Sin amante, no hay Bienamado. Dios, nuestro Bienamado, no aparecerá, a menos que el amante interior se despierte. El *Guru* no aparecerá hasta tanto no se despierte en nosotros la actitud propia del discípulo.

Dios está en el interior de cada uno y mora en el corazón. En cada instante de nuestra vida, Él nos habla con amor y dulzura. Solo necesitamos tener la paciencia de saber escuchar. No ponemos atención a lo que nos dice su voz y este es el motivo por el que continuamente cometemos errores y sufrimos. Pero cuando estamos dispuestos a obedecer al Señor y vamos a Él con la actitud de un discípulo, con humildad, devoción y *shraddha* (fe), nuestro Dios interior adopta el papel de *Guru* y nos guía, tomándonos de la mano.

Arjuna pasó bastantes años junto a Krishna, y no recibió del Señor las enseñanzas del Bhagavad Gita hasta que no adoptó la actitud de un discípulo.

De igual manera, cuando el discípulo interior se despierta, todas las experiencias de la vida, incluso el universo entero, se convierten en nuestro *Guru*. Para que las experiencias por las que atravesamos se transformen en nuestro *Guru*, es necesario que se despierte el *Guru* interior. De no ser así, seremos incapaces de aprender algo de las experiencias que tengamos. (M.S.1)

* El discípulo debe asumir su propio *karma* (prarabdam). Pero cuando uno se entrega, el *Guru* elimina el noventa por ciento del *karma*. Si colocamos una pila eléctrica en una linterna o en un aparato eléctrico, como un magnetófono o una radio, se irá descargando lentamente, y para que se consuma la pila, habrá que utilizar durante un tiempo esos aparatos. En cambio, si enlazamos el polo positivo y negativo de la pila, ésta se descarga inmediatamente. De igual forma, si nos presentamos ante el *Guru* con una actitud de entrega, él podrá "descargar" nuestro *karma*. De otro modo, el discípulo deberá asumir su *karma* íntegramente. Para el auténtico discípulo, no existe placer, ni dolor, sólo existe carga kármica. En otras palabras, cuando un discípulo así se vea sometido a duras pruebas, las considerará propias de la voluntad divina del maestro.

Un hombre que lleva una lámpara golpea en una puerta y grita fuerte: "¡Abrid la puerta! Un paseante le pregunta: "¿Por qué no entras?" El hombre le responde: "No puedo entrar si no me abren la puerta desde dentro". De igual manera, el *Guru* espera con la lámpara del conocimiento, pero no puede entrar a menos que el discípulo abra la puerta.

Un mosquito no obtendrá más que sangre de la ubre de la vaca, aunque ésta esté llena de leche. No tiene sentido que el mosquito se queje por no conseguir leche. Lo que obtiene está determinado por su *samskara*, su naturaleza innata.

Una rana que vive a los pies de una flor no podrá saborear su belleza ni su dulce fragancia. Se limita a comerse los mosquitos que se aproximan a la flor. De igual manera, no importan los años que se pasen junto a un *Guru*, lo esencial es la actitud interior del discípulo. (M.S.1)

* La entrega no puede ser impuesta por el Maestro. Un auténtico Maestro, no obstante, no forzará jamás a un discípulo a la renuncia. El Maestro crea las situaciones necesarias para la eclosión del discípulo. En realidad, un auténtico Maestro no es una persona ya que no tiene cuerpo ni ego. Su cuerpo no es más que un instrumento que utiliza a fin de tener existencia en este mundo y ayudar a los demás. Dos personas pueden imponerse mutuamente sus ideas, pues están identificadas con su ego, pero un *Satguru*, que es la encarnación de la Conciencia Suprema, no puede imponerse a nadie, pues está más allá de la conciencia del cuerpo y del espíritu. El Maestro es inmenso como el cielo infinito. Existe, simplemente. (M.S.1) *Ver Entrega*

* **Guru-brahma gurur-visnuh gurur-devo mahesvarah**
Guru-saksat param-brahma tasmai sri gurave namah

Alabanzas al venerado Guru que es Brahman, que es Vishnu, que es Maheshvara (Shiva), y que ciertamente es el Brahman Supremo, la Conciencia Absoluta

Hijos míos.

Es necesario recitar este *mantra* al inicio de todos los ritos favorables y al emprender una nueva empresa. El *Guru* (el maestro) y el *Guru tattva* (el principio del *Guru*), brillan más que cualquier otro principio, creencia, ceremonia o costumbre. Sólo el *Guru* emana el conocimiento de todos los *tattvas* (principios) y *vidyas* (disciplinas, ciencias). En la cultura y tradición hindúes, el *Guru* ocupa el lugar privilegiado. Sólo él merece la más elevada veneración.

Sin embargo, en la época moderna, la gente ha empezado a despreciar la tradición hindú del *Guru*. Muchos se burlan de los *gurus* y de los *gurukulas*. Sostienen que todo está en nuestro interior y que entregarse al *Guru* supone una esclavitud.

Es cierto que todo está en nuestro interior, pero eso debe convertirse en una experiencia viva. Si la semilla dijera: "El árbol está contenido en mí" y se negara a entrar en la tierra, se convertiría en alimento para roedores. La verdad debe convertirse en una experiencia constante, por lo que se requiere la guía de un maestro y la actitud de un discípulo. Puede que alguien esté dotado para la música, pero para que florezca plenamente ese talento innato, es necesario practicar bajo la guía de un maestro.

Cuando un avión despega, se les pide a los pasajeros que se abrochen el cinturón. Si lo hacen, ¿supone eso una esclavitud? Los pasajeros saben que se les pide por su propia seguridad. En los cruces de carretera se colocan señales de tráfico para los conductores. Si las respetan ¿se consideran esclavos? Al obedecer las señales de tráfico, evitamos los accidentes. De igual modo, obedecemos al *Guru* por nuestro bien. A través de la obediencia al *Guru*, el discípulo se libera de todas las ataduras y se convierte en soberano de los tres mundos.

El *Guru* representa al *Paramatman*. Expresa el ideal. Cuando seguimos y adoramos a nuestro *Guru*, lo que adoramos en realidad es al ideal que brilla a través de él. Al hacerlo así, también podemos ascender, por su Gracia, hasta el estado sublime del *Guru*. Se puede decir que "Dios" y el "Ser" son uno. Es el *Guru* quien despierta el "Ser" en mí. Este hecho grandioso no se extinguirá jamás, y el discípulo debería corresponder al *Guru*, actuando en consecuencia.

Así como la leona desgarra la carne en pequeños trozos para que sus cachorros se la puedan comer, o al igual que es necesario trocear las grandes piedras para construir edificios, el *Guru* nos revela el *Atman* (el Ser), que está más allá del intelecto y la mente, a todos los que estamos prisioneros por nuestras limitaciones del cuerpo, mente e intelecto. De ahí que se diga que uno debería inclinarse reverentemente al oír el nombre del *Guru* o, incluso, cuando pensamos en él.

Los ideales de verdad, amor, *dharma*, etc., son muy abstractos. Se vuelven verdades vivas sólo cuando brillan a través de la vida y la personalidad del *Guru*. El *Guru* es, en realidad, la vida de todas las verdades espirituales. Él es la encarnación de la renuncia y sacrificio, ha trascendido todo egoísmo. Es la plenitud y la perfección, no tiene que obtener nada de nosotros ni de este mundo. El *Guru* llega hasta nosotros para guiarnos, protegernos y librarnos de la esclavitud de nuestras *vasanas* (tendencias acumuladas) y de los objetos de este mundo. El *Guru* viene para llevarnos a la experiencia del Ser o *Atman*.

Los *gurus* son la luz del mundo. Nuestro deber es seguir sus pasos. Si lo hacemos así, nuestras virtudes innatas florecerán y el

Ser brillará a través de nosotros. Conoceremos la dicha eterna, y la paz y la prosperidad reinarán en este mundo.

Dhyana mulam guror murtih
Puja mulam guroh padam
Mantra mulam gurorvakyam
Moksha mulam gurohkrpah

La fuente de la meditación, la imagen del Guru
La fuente de las pujas, los pies del Guru
La fuente de los mantras, las palabras del Guru
La fuente de la liberación, la Gracia del Guru

Guru Gita

El *Guru*, es la encarnación de la abnegación. Si somos capaces de entender el significado de la verdad, el *dharma* (rectitud), la renuncia y el amor, es gracias al *Guru*, ejemplo vivo de estos valores. El *Guru* es la esencia misma de estas cualidades.

Cuando el sentido del "yo" y de lo "mío" están a punto de destruirnos, nos salvamos siguiendo el consejo del *Satguru*. Él nos prepara para evitar que estas circunstancias aparezcan más tarde. La simple cercanía al *Guru* nos da la fuerza que necesitamos.

Aunque ansiemos alcanzar la meta de la Auto-Realización, nuestra mente se desviará del camino correcto por la atracción que ejercen nuestras *vasanas* innatas. La ayuda y guía de un *Guru* es indispensable para controlar y dirigir la mente en la dirección adecuada.

La obediencia al *Guru* no es esclavitud. El *Guru* sólo desea el bien del discípulo. Ciertamente, él nos muestra el camino. Un verdadero *Guru* no considera jamás a su discípulo como un esclavo. Está lleno de amor por su discípulo y quiere que consiga su meta, aunque esto implique dificultades para sí mismo. El auténtico *Guru* es, en verdad, como una madre. (M.S.1)

* Para un buscador espiritual es indispensable tener un *Guru*. Si un niño se aproxima a un pantano, su madre le hará ver el peligro y lo alejará de allí. De igual forma, el *Guru* dará las instrucciones adecuadas cuando sea necesario. Su atención estará siempre puesta en el discípulo.

El *Guru* no es un ego. Es el universo. Lo es todo y lo contiene todo. Puedes ver su forma externa, pero no su interior. Internamente es inaccesible. El *Guru* es impredecible, no se puede decir que sea de esta o aquella manera. Si ni siquiera se puede decir lo que es un ser humano corriente, ¿cómo vamos a definir a un *Guru*, que es extraordinario? Aunque sea extraordinario, también es normal. Es ambas cosas. No intentes etiquetarlo o juzgarlo, ni esperes que sea de una forma determinada, ni que encaje en algún molde. No existe un estereotipo de *Guru*. No se le puede juzgar con nuestro limitado intelecto. Cualquier cosa que digas de Él, no será cierta, ya que el *Guru* no puede ser explicado. Su ser no puede reducirse a palabras. Sin embargo, digas lo que digas de Él, también será cierto, ya que Él lo es todo. (M.S.1)

* Decir lo que se debe hacer o no hacer carece de sentido si no estáis sinceramente decididos a aceptar las palabras del *Guru*. Por tanto, el *Guru* no os forzará, ni siquiera os pedirá, que hagáis algo que no deseáis hacer. (M.D.1)

* Amma sólo corrige a aquellos que han elegido permanecer junto a ella, y sólo lo hace cuando están preparados. Un discípulo es aquel que acepta libremente la disciplina. Al principio el *Guru* une al discípulo a él, gracias a su amor infinito e incondicional. Así, cuando llega el momento de la disciplina, el discípulo ya tiene conciencia de la presencia de ese amor en todas las situaciones. (M.D.1) *Ver Ego*

* Las situaciones que se os presentan para abriros y crecer interiormente se producen por la Gracia de Dios o por la voluntad del *Guru*. Nada se debe al azar. Debemos ser conscientes de ese hecho. (M.D.1)

* *¿Cómo puede el Guru ayudar al discípulo a aniquilar el ego?*

"Un maestro auténtico crea situaciones que le permitan al buscador salir de su sueño. El discípulo desea seguir durmiendo, pero el maestro desea que se despierte. Todo el esfuerzo del maestro consiste en conducir al discípulo, de una manera u otra, hacia la realidad de su auténtica existencia."

* Queridos hijos.

Todos mis hijos deben estar celebrando hoy el *Guru Purnima*. ¿Celebrasteis un *Guru Purnima* similar el año pasado? Desde entonces hasta hoy, habéis recibido muchas lecciones para reflexionar sobre ellas y absorberlas. También ha pasado bastante tiempo. Hay numerosas lecciones en el libro de la vida, lecciones que nunca se agotan. ¿Habré aprendido bien las lecciones que necesitaba aprender? ¿Sé todo lo que hay que saber? *Guru Purnima* nos recuerda que debemos plantearnos estas cuestiones y contestarlas.

El *Guru* es una encarnación de todo el conocimiento contenido en el gran libro de la vida. La relación *guru-shishya* (maestro/discípulo) es la corriente en la que confluyen la profundidad de ese conocimiento y la dulzura del amor.

El discípulo camina en busca del supremo conocimiento. El *Satguru* (el Maestro Auto-Realizado), por otro lado, ha completado el camino y permanece sereno e imperturbable, descansando en la morada del Ser. Es consciente de que su amado discípulo titubea y tropieza, dominado por los cambios que le provoca la mente, así como por las circunstancias que lo ponen a prueba. Para prevenirlo, el *Guru* derramará sobre él sus rayos de amor desinteresado y compasión infinita, pues lo ama más que si fuera su propio hijo. El *Satguru* le guiará, llevándolo de la mano, ofreciéndole apoyo y protección.

La mente es inadecuada e incapaz de medir la profundidad de la relación *Guru-shishya*. Para poder medirla se necesita un corazón inmaculado.

Hijos, Amma siempre dice que el momento presente es el más importante. Es así porque la relación *Guru-sishya* solo puede ser cimentada aquí y ahora, en el momento presente. La belleza del Ser y el supremo amor que emana de la augusta presencia del *Guru*, están disponibles solo aquí y ahora. *Guru* Purnima simboliza el anhelo de la mente sedienta de esa belleza y amor.

Al igual que la radiante luz de la luna que transforma la noche en día, la presencia del *Guru* disipa la oscuridad contenida en el corazón del discípulo. El *Guru* eleva al discípulo hasta el estado del gozo supremo, otorgándole la fuerza y el discernimiento que le permiten trascender las limitaciones de la mente. Y el discípulo, comprendiendo la infinita compasión de su *Guru*, se rinde completamente a los pies del Maestro mostrando absoluta gratitud, pues sabe que nunca podrá pagar la deuda que tiene contraída con su Maestro. *Guru Purnima* simboliza esta poderosa relación.

El discípulo que se entrega totalmente piensa: "No soy nada, ni nadie. Tú lo eres todo". La actitud de discípulo se despierta en aquellos que tienen esta humildad, y en ellos fluye la Gracia del *Guru*. Que mis hijos desarrollen madurez mental y humildad para merecer y recibir esa Gracia. (M.D.1)

* *¿Qué papel desempeña el maestro espiritual que guía al buscador por el camino de moksha?*

Si los maestros son indispensables en la vida ordinaria. ¿No lo van a ser todavía más en la vida espiritual, que es tan sutil?

En el camino espiritual, debemos escuchar, ciertamente, las palabras del maestro, y asumirlas. Para recibir, se debe ser humilde. Si escuchamos realmente, si aceptamos con sinceridad, entonces asimilaremos correctamente las enseñanzas.

Sólo mediante la obediencia a aquel que está establecido en la experiencia suprema, es posible vencer al ego".

¿La obediencia perfecta al guru es, en definitiva, lo mismo que la muerte del ego?

"Sí. Por eso el Sat*guru* (el maestro espiritual realizado) está descrito en la *Katha Upanishad* bajo los rasgos de Yama, el dios de la muerte. La muerte del ego del discípulo solo se puede conseguir mediante la ayuda de un *Satguru*.

La obediencia no se le puede imponer a un discípulo. La obediencia y la humildad emergen espontáneamente en presencia del maestro".

Los maestros espirituales auténticos deben dar ejemplo a través de sus acciones y de su vida. Aquellos que abusan de su posición y su poder, que se aprovechan de los demás no encuentran, evidentemente, toda la gloria y contentamiento en su interior. No son, pues, maestros realizados.

Hasta el instante que precede a la realización, nadie está a salvo de tentaciones y deseos".

Kali es el aspecto que adopta la Madre llena de compasión cuando trata de castigar. Pero mirad sus ojos... no hay cólera en ellos.

La relación *guru*-discípulo es la relación suprema. El lazo de amor entre el *guru* y el *shishya* (discípulo) es tan poderoso que a veces se tiene el sentimiento de que no existe ni *Guru* ni discípulo, desaparece el sentimiento de separación".

¿Qué hacéis cuando el ego se apodera de uno de vuestros discípulos?

"Afectuosamente, Amma ayuda a sus hijos a tomar conciencia del daño que puede causar el dominio del ego y les muestra cómo liberarse." (M.D.1) *Ver Ego*

* "Aunque Dios está presente en todo, la presencia de un *Guru* es única. El viento sopla por todas partes, pero solo disfrutamos de su frescor bajo la sombra de un árbol. La brisa que sopla a través de las hojas de un árbol ¿no tiene un efecto relajante para los que viajan bajo un sol ardiente? Del mismo modo, un *guru* es necesario para nosotros que vivimos en el calor abrasador de la existencia humana. La presencia del *guru* nos dará paz y tranquilidad." (M.D.1)

* "Hijos míos, el hedor del excremento no desaparecerá por mucho que lo dejemos expuesto al sol, a menos que el viento sople sobre él. De igual modo, meditar años y años no eliminará nuestros *vasanas*, a menos que vivamos unidos a un *guru*. La Gracia del *Guru* es necesaria. Sólo en una mente inocente derramará el *Guru* su Gracia." (M.M.2)

* "En verdad, las experiencias de la vida son nuestro propio *Guru*. Hijos míos, el dolor es el *Guru* que nos aproxima a Dios."

Las palabras no pueden dar cuenta de los métodos que emplea un Sat*guru*. Un verdadero Maestro no ata al discípulo junto a él. Al contrario, lo lleva más allá de las limitaciones y de los apegos del cuerpo para que sea totalmente independiente y libre.

El apego a la forma del *Guru* os llevará finalmente, a no sentir apego por nada y a una libertad absoluta. Cuando amamos la forma entera del Maestro, no amamos a un individuo limitado, sino a la Pura Conciencia, la cual el Maestro os la revelará poco a poco.

A medida que despertéis interiormente, a medida que toméis conciencia de la verdadera naturaleza del *Guru*, su naturaleza omnipresente se desarrollará gradualmente en vosotros. Sabréis, al fin, que él no está limitado a un cuerpo que él es el "atma shakti", la presencia del Ser, lo que es inmanente a todo objeto.

El Maestro os hará llegar hasta esa experiencia.

Su Gracia os permitirá, al final, trascender todas las ataduras. Por eso Amma nos dice que el apego a la forma exterior del *Guru* nunca supone una atadura. (M.S.2)

* *Algunas personas preguntan: "Ahora que ya estamos con Amma, ¿es realmente necesario esforzarse más?"*

Amma afirma que nuestro esfuerzo personal es absolutamente necesario, pues sólo entonces nos hacemos merecedores de recibir la Gracia de Dios.(M.S.2)

* "Uno debería tener una devoción reverente hacia el *Guru*. Además, se debería mantener una estrecha relación con el *Guru* y sentir que el *Guru* es uno con nosotros. La relación debería ser como la de un niño con su madre. Cuanto más intente una madre separarse de su hijo, más se aferrará éste a ella. Aunque la devoción reverencial nos ayude a progresar espiritualmente, los auténticos beneficios sólo se obtienen mediante una estrecha relación con el *Guru*." (M.D.2)

* Hijos, no basta con amar a un *Guru* para destruir vuestros *vasanas*. Los *vasanas* pueden ser erradicados por medio del desarrollo de la fe y la obediencia al *Guru*.

De la misma manera, un aspirante debe quedarse con su *Guru* durante algún tiempo, por lo menos unos dos o tres años. Después, deberá practicar su *sadhana* en un lugar solitario. Esto es necesario para su crecimiento espiritual.

Un verdadero *Guru* sólo desea el desarrollo espiritual de su discípulo. Éste deberá pasar pruebas y dificultades para mejorar y eliminar sus debilidades. Un *Guru* puede incluso culpar a un discípulo de errores que no ha cometido. Sólo aquellos que constantemente resisten esas pruebas pueden crecer.

"No temáis por lo que diga de vosotros en un determinado momento, pues siempre soy vuestra madre y no tengo más que Amor hacia vosotros. Todo lo que quiero es que realicéis a Dios." (M.J.3) *Ver Devoción*

∗ El auténtico *Guru* sólo puede ser reconocido a través de la experiencia." (M.S.3)

∗ "Resulta fácil amar y adorar al *Guru* si el *Guru* no posee una forma física. No hay posibilidad de egoísmo, celos o enfado entre los discípulos al observar el amor que el Maestro les prodiga. Resulta diferente cuando el *Guru* posee una forma física. (M.S.3) *Ver Obediencia*

∗ Un *sadhak* (discípulo) sincero recibirá, sin duda, la Gracia. La Madre lo afirma a partir de su propia experiencia. La sinceridad surge desde lo más profundo de vuestro corazón y no puede ser superficial. Algunos se muestran sinceros sólo de palabra, pero no en los hechos. Esas personas no recibirán la benevolencia de la Providencia ni la ayuda de la Divinidad, debido a su superficialidad.

Ningún *sadhak* sincero se extraviará por el camino, la Madre os lo puede garantizar. De un modo u otro se salvará. Dios o el

Guru no pueden abandonar a un *sadhak* sincero. Al igual que una camada de polluelos está protegida bajo las alas de la madre gallina, los *sadhaks* sinceros tendrán siempre la protección y la Gracia del *Guru* o Dios. Allí donde estén, siempre estarán bajo las alas protectoras del Ser Supremo. (M.S.3)

✳ El tiempo que pasamos con un Maestro Realizado es un regalo inestimable. Cada momento nos da la oportunidad de ampliar nuestros horizontes y crecer positivamente. Por este motivo, los verdaderos aspirantes espirituales y las personas que buscan sentirse bien, mientras viven en el mundo material, se aproximan a Amma para que les aconseje y guíe, prestando suma atención a cada una de sus palabras. La diversidad de colores, razas y credos se funde en un mar blanco alrededor de Amma, con mayor intensidad que los colores del arco iris ante la pura luz blanca. (M.D.3)

✳ "Un discípulo puede tener una actitud posesiva hacia su *Guru*, y tal vez no le resulte fácil destruirla. Es posible que algunos deseen hacer una continua demostración de su amor por el *Guru*, y que lleguen a injuriar al *Guru* o a abandonarlo cuando sientan que no lo están consiguiendo. Si uno quiere el amor de su *Guru*, debe servir a los demás (M.M.4)

✳ Cuando hablamos de un auténtico maestro, no nos referimos a un ser individual, sino a la Divina Conciencia, la Verdad. El maestro impregna el universo en su totalidad. Es necesario que entendamos eso, si queremos avanzar espiritualmente. Un discípulo nunca debería apegarse al cuerpo físico del maestro. Deberíamos ensanchar nuestra visión de forma que veamos a todos los seres, animados e inanimados, como el maestro; y servir a los demás con devoción.

A través de este lazo de unión con el maestro, adquirimos una mayor amplitud de miras. La mente del discípulo que va madurando mientras escucha las palabras del maestro y observa sus obras, se eleva hasta ese plano de visión sin que el discípulo sea consciente de ello. Por otro lado, el trabajo que realiza una persona para satisfacer su deseo de estar junto al maestro, por puro egoísmo, no es auténtico servicio. (M.M.4)

✳ Del mismo modo, el *Guru* conduce al discípulo. Pero para comprenderlo, el discípulo ha de tener la inocencia propia de un bebé.

Por mucho que la madre riña al bebé, éste no dejará de acercarse a ella. ¿A dónde va a ir el bebé si lo abandona su madre? La madre es el único refugio del bebé. Sabe que sólo la madre puede protegerlo. Esta es la actitud que el discípulo debería tener hacia el *Guru*. Ante cualquier obstáculo, el discípulo sólo puede contar con el *Guru* para que le ayude a superarlo. Su salvación depende sobretodo del *Guru*. El discípulo debería entenderlo, no sólo intelectualmente, sino siendo capaz de sujetarse firmemente a esta verdad. Ahí reside el triunfo del discípulo. Aunque el niño sea egoísta, su egoísmo nunca hará que se aparte de su madre.

El discípulo debería tener la misma actitud hacia el *Guru* que la que tiene un estudiante hacia su profesor. Constituye un deber del estudiante obedecer las palabras del profesor. Si un discípulo quiere desarrollar cualidades como *shraddha* (confianza), humildad y entusiasmo, debería tener la actitud de "no sé nada". Sólo entonces puede el discípulo asimilar todo lo que el *Guru* dice y desarrollar una mente receptiva. Sólo aprendemos cuando somos humildes. Cuando nos convertimos en nada, nos convertimos en todo: eso es lo que significa la expresión: "Cuando te conviertes en un "cero", te transformas en un "héroe". De tal humildad surge la entrega. Un discípulo es como un tubo conectado a un tanque de sabiduría, que es el *Guru*. El discípulo debe tener el discernimiento y la humildad que le permitan convertirse en un tubo sin obstáculos. Sólo entonces fluirá el agua desde el tanque, a través del discípulo, para abastecer al mundo. (M.S.4) *Ver Actitud*

* El discípulo es un instrumento, un medio para que el mundo reciba la sabiduría del *Guru*. Es como lograr alcanzar el agua contenida en un gran tanque y distribuirla a la gente a través de un pequeño tubo.

Sólo cuando tenemos la actitud de que "no soy nada", puede el *Guru* hacer algo por nosotros. Ahora, nuestras mentes están llenas con la actitud del "yo soy". Si un vaso está lleno, todo lo que pongamos en él se derramará. Por tanto, deberíamos abandonar nuestra actitud egoísta y vaciar nuestra mente para que la Gracia de Dios fluya automáticamente y llene nuestros corazones. *(M.S.4) Ver Actitud*

* "Dios y el maestro espiritual están dentro de cada uno, pero en las primeras etapas de la práctica es sumamente importante contar con un maestro externo. Cuando se ha alcanzado cierto nivel, ya no es tan necesario. A partir de entonces, el aspirante espiritual será capaz de captar los principios esenciales en todas las cosas, y, por tanto, de progresar. Hasta que un muchacho no es consciente de su meta, estudia por temor a sus padres y maestros. Cuando llega a ser consciente de ella, estudia por propia iniciativa, rechazando diversiones o reduciendo sus horas de sueño. El temor y la reverencia que hasta entonces sentía hacia sus padres, no constituían ninguna debilidad. Hijos míos, cuando amanece en vosotros la conciencia de la meta, también despierta, de forma espontánea, el *Guru* interior. (M.S.4)

* "Aunque uno pueda entrar en contacto con un *Guru*, sólo será aceptado como discípulo si es apto. Sin la Gracia del *Guru*, no se puede conocer al *Guru*. Aquel que realmente busca la Verdad será humilde y sencillo. La Gracia del *Guru* sólo se derramará sobre una persona así. Una persona llena de ego no puede tener acceso al *Guru*." (M.D.4)

* Hijos míos, una vida espiritual sin un Maestro es como la vida de un niño sin una madre.

* Nuestra comprensión de la espiritualidad está del todo equivocada. Sólo a través de las buenas obras conseguiremos la Gracia de Dios. La gente piensa que puede sobornar a Dios.

* *¿Cree en el karma y la reencarnación? ¿Puede una persona honesta y decidida cambiar su destino?*

Por supuesto. Una persona honesta que hace el bien con determinación, sin duda puede salir del ciclo del nacimiento y la muerte. Pero eso también depende de otros aspectos como la Gracia de Dios. Sin la Gracia de Dios, ninguna acción es completa. (M.D.4) *Ver Karma*

* *Muchos estudiantes de yoga occidentales se han sentido decepcionados al observar la vida de los denominados gurus indios, que enseñan una cosa, pero hacen otra. Al mismo tiempo, todas las Escrituras hindúes insisten en la importancia del Guru. ¿Cómo es posible tener fe en estos Gurus?*

Los *gurus* no intentan imponer sus reglas o ideas a nadie, ni proclaman que han alcanzado la Auto-Realización. Un auténtico *Satguru* nunca proclama nada. No necesita ningún reconocimiento. No le importa si lo reconocemos o no. Aquellos que intentan reivindicar su posición, suelen ser falsos por lo general.

Un *Satguru* siempre será un ejemplo ideal para ser seguido por sus discípulos. Los discípulos se extravían si el *Guru* dice: "Estoy por encima de todo, por tanto puedo hacer todo lo que quiera. Nada me afectará. ¡Tú obedéceme y haz lo que te diga!."

Un *Satguru* no hablará ni actuará de ese modo. Aunque el *Guru* está más allá de la conciencia del cuerpo, el discípulo no lo está. Todavía se sujeta a la conciencia de su cuerpo y de su ego. Por tanto, necesita un auténtico ejemplo, un ejemplo perfecto. Un *Satguru* que es la encarnación de las cualidades divinas, es necesario para su elevación espiritual. Por eso un auténtico Maestro da mucha importancia a los principios morales y a una vida basada en códigos éticos de conducta.

Competencia, incompetencia, virtud y vicio pueden observarse en todas las áreas de la vida. Hay médicos muy bien preparados y otros que son unos incompetentes. Por el hecho de que un doctor no tenga capacidad, eso no quiere decir que todos los médicos sean incompetentes. Si has tenido una mala experiencia con un médico, no será muy razonable que digas que nunca irás a ver a un médico cuando vuelvas a caer enfermo.

Hoy en día existen auténticos Maestros. No es posible reconocerlos por su apariencia externa. Sin embargo, su grandeza puede ser vista de forma radiante manifestándose en sus vidas. Puedes reconocerlos por cualidades como el autosacrificio, la compasión, la humildad, el desapego, la apertura de mente. Un *Mahatma* no puede ser medido por la belleza de sus palabras o por todos los milagros que haya realizado.

Se ha perdido la fe de muchos sinceros buscadores espirituales al haber sido engañados. Sólo un *Satguru*, que está permanentemente establecido en el Ser, puede curar las heridas de esos buscadores. Para que la cura pueda realizarse, no es necesario confiar o no en el Maestro, basta con estar en presencia de un Maestro, y todas las heridas de la mente se curan por sí solas.

Tales *Mahatmas* han existido a lo largo de los tiempos, y continuarán apareciendo en el futuro. Su auténtica naturaleza es tan expansiva e ilimitada como el mismo cielo. No tienen ninguna obligación hacia nadie. Podemos hacer uso de la presencia de un *Satguru* para alcanzar la más alta meta, la consecución del Ser. Si no le damos una oportunidad cuando venga a nosotros, el *Satguru* no perderá nada. Sólo nosotros seremos los perdedores. (M.M.5)

* Podemos afirmar que somos nosotros los que lo hacemos todo, pero en un segundo vienen las olas y lo destruyen todo. Ahora entendemos la limitación de nuestros esfuerzos, y que la ciencia también tiene limitaciones. Es la Gracia la que ayuda a completarlo todo. Nuestra única protección es entregarnos a Dios. (M.M.5) *Ver Orar*

* Debemos nacer en amor, llevar una vida de amor y quedar inmersos en amor. Nuestras vidas deberían cumplir este alto objetivo. Lo cierto es que el amor nunca acaba. La relación *Guru*-discípulo, nos ayuda a regenerar esa conciencia y a realizar ese objetivo. El *Satguru* es la encarnación del amor puro. Es el amor que sustenta la vida en esta tierra, el que sustenta a todas las cosas y seres. El amor de una Madre por su hijo es la forma más pura de amor que la mente humana puede imaginar. Pero recordad, la forma más grande de amor es la que se da entre un *Guru* y el discípulo.

Todas nuestras acciones deberían surgir del puro amor. Sólo cuando nuestras acciones manan de ese puro amor, se convierten en una ofrenda al *Guru*. De no ser así, las acciones se quedan en simples acciones, no se convierten en *karma yoga*.

Así, las acciones realizadas como expresión del amor, nos ayudan a evolucionar espiritualmente y se convierten en una ofrenda al *Guru*. Esas acciones nos purificarán, pues expresan auténtica devoción. En este momento, nos hemos olvidado de que ese amor es nuestra naturaleza esencial, y esa es la razón por la que surgen todos nuestros problemas. (M.D.5) *Ver Amor*

* No tienes que creer en la Madre o en Dios sentados en un trono de oro, en lo alto del cielo. Intenta conocer quién eres tú.

Basta con que tengas fe en ti mismo. Si no tienes fe en ti, no conseguirás nada, aunque creas en Dios. La fe en Dios es para reforzar la fe en ti, la fe en tu propio Ser. A eso se le denomina Auto-confianza, confianza en tu propio Ser.

En el sendero de la auto-realización, el intelecto o la razón son un gran obstáculo. El intelecto siempre duda, y la duda no es lo que se necesita en la espiritualidad. En ella, todo depende de la fe: de la fe en Dios o en el *Guru*, de la fe en las Escrituras o en las palabras del *Guru*. Tener fe en el *Guru*, te eleva; mientras que dudar del *Guru*, te destruye. (M.S.5)

* La Gracia de Dios sólo fluirá en un corazón lleno de compasión.

Muchos se quejan de que no experimentan ningún cambio interior, a pesar de haberse dedicado durante años a rezar a Dios, a visitar iglesias o lugares santos. No sienten que hayan avanzado espiritualmente. Amma dice que no basta con rezar y hacer peregrinaciones. Deberíamos realizar cada una de nuestras acciones con un corazón puro. Sólo la pureza en nuestras acciones y pensamientos nos permitirá una auténtica transformación, tanto en nosotros mismos como en los demás. Si, por ejemplo, intentamos hervir leche pura en un recipiente sucio, la leche también se estropeará. De igual forma, no basta con realizar buenas acciones, también deberíamos trabajar, al mismo tiempo, en la purificación de nuestra mente. (M.J.6)

* Amma cuenta una historia

En la antigua India había un rey que sentía una gran devoción hacia su *Guru*. Cada mañana al levantarse cantaba los sagrados nombres del *Guru* y meditaba en su gozosa forma. Le rogaba que le guiara de la ilusión a la Verdad, de la oscuridad a la Luz y de la muerte a la Inmortalidad. Después rezaba para que todo el mundo fuera feliz. Así es como comenzaba el día.

Cada vez que el rey tenía que tomar una decisión importante consultaba siempre a su *Guru*. Sabía que Ella nunca le dejaría a su suerte. Gobernaba su reino de esta manera y todos sus súbditos le amaban.

Un día, el rey se miró en el espejo. Su pelo se había vuelto blanco y su piel estaba llena de arrugas, ya no era el joven de antes. Se dio cuenta de que era hora de nombrar a su sucesor. Pero el rey no tenía hijos a quien coronar. Inmediatamente se dirigió al *ashram* de su *Guru* en busca de consejo.

Postrado a sus pies, el rey le contó su problema a su *Guru*.

"Hijo", le contestó Ésta, "no te preocupes, conozco la manera perfecta de encontrar al próximo rey".

Y con una sonrisa traviesa en su rostro, la *Guru* llamó a uno de sus *brahmacharis* y le susurró algo al oído. Al cabo de una hora, el bramachari regresó con un gran saco de tela lleno de semillas.

"Hijo, estas semillas son muy especiales", le dijo la *Guru*. "Mañana, llama a todos los niños del reino y dale a cada uno una semilla de esta bolsa. Diles que se la lleven a casa, la planten en un tiesto y la rieguen cada día. También deberían hablar con cariño a la semilla, animándola a crecer. Después, pasado un año, vuelve a reunir a los niños en el palacio. Observando cómo han cuidado sus plantas, podremos elegir al sucesor del trono."

El rey se mostró muy contento por este consejo de su *Guru*. Se postró ante Ella y volvió a su palacio.

Al día siguiente, el rey envió a buscar a todos los niños. Una vez reunidos en el palacio, les dijo:

"Niños, me estoy haciendo viejo. Ya es hora de que elija al próximo rey. He decidido elegir a uno de entre vosotros."

Los niños no podían creer lo que oían. Entonces el rey dio a cada uno una semilla y les explicó cómo cuidarla. Después les dijo que dentro de un año los llamaría para que trajeran sus plantas y que, tras observarlas, elegiría al próximo rey.

Entre los muchachos había un muchacho llamado Ashwin, que era muy dulce y amable. También era devoto de la *Guru* y, al igual que el rey, comenzaba el día rezándole y meditando en su forma. Llevó una semilla a su casa, se la enseñó a su madre y le contó lo que había ocurrido. Los dos estaban muy emocionados. Plantaron la semilla en un tiesto, rezaron una oración y lo pusieron en lugar soleado del jardín.

Cada día, Ashwin regaba la semilla y le hablaba cariñosamente, animándola a crecer. Pero las semanas pasaban y no ocurría nada. ¡Después de seis meses la semilla ni siquiera había brotado! Le preocupaba el que hubiera podido matarla.

En la escuela, todos los niños hablaban de lo bonitas que estaban sus plantas, de cuántas flores tenían y de lo maravillosamente que olían. Ashwin no decía nada, pero siguió realizando su ritual a diario.

Al final llegó el fatídico día. Había pasado todo un año desde que el rey entregara las semillas a los niños. Decoraron todo el reino como si se celebrara un gran festival. Había música por todas partes y las trompetas sonaban desde el palacio. Ashwin estaba un poco triste. Su semilla no había brotado. Todo lo que tenía era un tiesto de barro con tierra. A pesar de eso, lo llevó a palacio.

Cuando llegó, Ashwin no podía creer lo bonitas que estaban las plantas del resto de los niños. Nunca antes había visto tantas flores bonitas en una habitación. Había tantos colores que parecía el cielo en la tierra. Ashwin se quedó al fondo, intentando esconder su maceta vacía.

Cuando el rey y la *Guru* llegaron, miraron atentamente por toda la habitación, saludando a todos los niños.

"¡No puedo creer lo bonitas que están todas las flores!" le dijo el rey a la *Guru*. "Todas son espléndidas. ¿Cómo vamos a decidir quién será el próximo rey?"

Entonces la *Guru* vio a Ashwin escondido al fondo. Sus ojos se encontraron con los de Ashwin a través de la sala.

"Majestad" dijo la *Guru* señalando en dirección a Ashwin. "Llamad a este chico y pedidle que os enseñe su planta".

El rey le hizo una señal a Ashwin para que se adelantara. Al ver el tiesto vacío, el resto de los niños se echaron a reír. Ashwin se postró ante la *Guru* y después ante el rey. Tenía miedo de estar metido en un lío.

"Oh *Guru*, la planta de este chico ni siquiera ha brotado. ¿Por qué lo has llamado?", preguntó el rey.

La *Guru* sonrió y sus ojos brillaron:

"Majestad, ¡este chico es su sucesor!"

Tanto Ashwin como el rey se quedaron atónitos.

La *Guru* continuó: "Majestad, todas las semillas del saco que os entregué habían sido hervidas. Ninguna podía germinar. Todos los niños, excepto Ashwin, han traído hermosas flores, no hay duda de ello, pero no proceden de las semillas que les entregaste. Ashwin fue el único que tuvo la valentía y la honestidad de traer un tiesto sin flores. Por lo tanto, él debería ser el próximo rey".

La felicidad de Ashwin no conoció límites. Se lanzó a los brazos de la *Guru*, que lo abrazó estrechamente. (M.S.6)

❋ Todos tienen la noción de "Soy una persona importante" o de "Soy bastante bueno en muchas cosas". Siempre predomina el ego. Cuando desaparece el ego y mantienes la actitud de "Sólo soy un instrumento en las Manos de Dios" y "Sin Dios estoy desamparado, pues si soy capaz de hacer algo es por el poder de Dios", entonces te conviertes en un instrumento en las Manos de Dios. Llegarás a sentir la Gracia de Dios. Dios o tu *Guru* te ayudarán finalmente. (M.S.5)

* Nosotros sólo somos capaces de actuar por medio de la Gracia de Dios. Por tanto, necesitamos dedicar cada acción a Dios, antes de iniciarla. El granjero ruega antes de sembrar las semillas, y sólo entonces las plantará. El esfuerzo humano siempre es limitado. Para completar una acción y disfrutar de sus frutos necesitamos las bendiciones de Dios. La semilla que es sembrada brota y madura. Pero si hay una inundación durante el tiempo de la cosecha, toda la producción se perderá.(M.S.6)

* Lo que le da a una acción un buen resultado es la Gracia. Por ese motivo deberíamos tener la actitud de ofrecerle a Dios todo lo que consigamos antes de aceptarlo. Eso fue lo que nuestros antepasados nos enseñaron. Incluso cuando comamos, debemos ofrecer el primer bocado a Dios. (Una comida de mediodía, típica de Kerala consiste en arroz y curries. El comensal mezcla los curries y el arroz conformando con la mano una bola). Esto supone mantener el espíritu de ofrecimiento y solidaridad. A través de esa acción, somos conscientes de que la vida no gira sólo en torno a nosotros, sino que implica a los demás con los que tenemos que compartir. También es un acto de entrega al que se tiene que someter nuestra mente. (M.S.6)

* La Mente de un Maestro espiritual no es como la nuestra que va tras los placeres del mundo. Es como un árbol que da sombra y dulces frutos, incluso a los que tratan de derribarlo.

Aunque el sabio consume su vida en acciones desinteresadas, al igual que una barra de incienso da su fragancia a los demás a costa de su propia existencia, él siente una inmensa felicidad expandiendo amor y paz a toda la sociedad. Sólo una persona así nos puede conducir a nosotros, que estamos llenos de ego y apegos, por el camino de las buenas acciones, de la rectitud.

Esos sabios no se dirigen con sus acciones sólo a un individuo, clase social o secta, sino a todo el mundo, a toda la raza humana. (M.D.6)

* Si la Gracia de Dios o del *Guru* está con nosotros, la flecha del *karma*, que ya ha salido disparada del arco de nuestras vidas pasadas, no podrá herirnos. (M.S.7)

* El rasgo más importante que debería tener un verdadero buscador, es la actitud de entrega y aceptación. Al principio, es difícil entregarse y aceptarlo todo, sobre todo si no tienes un ejemplo que te guíe o a alguien a quien puedas considerar un ejemplo. El apego a la forma física del Maestro finalmente llevará al buscador a un desapego y libertad totales. Cuando amas la forma externa del Maestro, no estás amando a un individuo limitado, estás amando a la conciencia pura. El Maestro te revelará esto poco a poco. (M.D.7)

* A veces, quizás no seamos capaces de entender el significado de las palabras del *Guru*. Esto no se debe a las limitaciones de las palabras, sino a la incapacidad de nuestra mente para entenderlas. Si no podemos entender las palabras del *Guru* apropiadamente pero las obedecemos sin dudar, podemos convertirnos en recipientes adecuados de su Gracia y alcanzar la meta con rapidez.

Cuando el *Guru* critica a los discípulos o señala sus errores, lo hace sólo para conducirlos a la bondad. Limitarse a vendar una herida sin limpiarla no la curará. Si evitamos que alguien la limpie pensando que será doloroso, la herida nunca sanará. Si el

Guru no señala nuestros fallos, ¿cómo podremos superarlos? El *Guru* sólo intenta ayudarnos a corregir nuestros defectos.

El *Guru* aconseja a cada uno según su *samskara* (rasgo de personalidad condicionado a lo largo de múltiples vidas; la propia manera de ser, que se manifiesta como pautas de conducta o tendencias mentales latentes). Puede ofrecer dos consejos diferentes a dos personas en idénticas circunstancias. Es absurdo que el discípulo se pregunte: "¿Por qué el *Guru* no me aconsejó como al otro?" Él conoce la mejor manera de guiar al discípulo en cada situación, mejor que el propio discípulo. Por eso, la manera más fácil de alcanzar la meta es obedeciendo al *Guru*.

Independientemente de lo que el *Guru* aconseje, lo primero que surgirá en la mente del discípulo será su propia voluntad. Actuará guiado por su mente y cometerá errores. Esta será la causa de su sufrimiento. Entonces verá claro que sólo obedeció a su propia voluntad y no a la del *Guru*. Discernir esto hará que el discípulo esté preparado para actuar según la voluntad del *Guru*. La paz y el gozo que experimentará como consecuencia de su entrega, le inspirará para mantenerse firme en ella. Al final, el discípulo estará listo para entregar su voluntad totalmente a la voluntad del *Guru*. De esta manera, los sinceros esfuerzos del discípulo despertarán al *Guru* en su interior. Para que esto ocurra, son necesarios *shraddha* (atención sincera a las palabras del *Guru*), paciencia, actitud de entrega y fe optimista. (M.D.7) *Ver Inocencia*

Hábitos y vasanas

❋ Nuestras mentes están siempre inquietas por el temor y la ansiedad. Cuando Amma realizó el año pasado su gira mundial, tuvo que contestar a muchas preguntas sobre los cambios que el nuevo milenio nos iba a traer. La gente tenía mucho interés en conocer que es lo que iba a ocurrir.

Muchos estaban preocupados por los problemas que acarrearía en los ordenadores el cambio de año 2.000 y querían saber que impacto iba a causar este hecho en sus vidas. Temían que los millones de dólares depositados en sus bancos se transformaran de pronto en mil dólares. Querían saber si era seguro viajar en avión ese día o si el suministro de agua y electricidad iba a fallar, o si debían hacer acopio de alimentos por si sucedía algo inesperado, etc. Algunos no podían dormir preocupados por si sucedían tales cosas. Todos estaban sumamente ansiosos por saber que cambios iban a ocurrir en el siglo XXI, vemos que nada ha cambiado. El sol sigue saliendo por el este y ocultándose por el oeste, tal como lo hacía en el siglo XX, y de igual modo la luna. Nada realmente ha cambiado, salvo el número del año. El auténtico cambio tiene que venir de nuestro interior. Si el nuevo milenio ha de traer algo nuevo, que sea una nueva belleza y fragancia en nuestro interior. Dejemos que la belleza y la fragancia de lo "novedoso" llenen nuestros corazones.

Para celebrar el nuevo año, algunos jóvenes que nunca antes se habían emborrachado, se dedicaron a beber para dejar huella de tal celebración. Algunos que nunca habían fumado, empezaron a fumar el día de año nuevo. Esta no es la mejor manera de celebrarlo. Poco a poco, se irán aficionando a tales hábitos, que acabarán arruinando su carácter y también sus vidas. De ese modo están creando más y más tendencias latentes, que los conducirá hacia una mayor oscuridad. (M.J.1)

❋ Aunque ansiemos alcanzar la meta de la Auto-Realización, nuestra mente se desviará del camino correcto por la atracción que ejercen nuestras *vasanas* innatas. La ayuda y guía de un *Guru* es indispensable para controlar y dirigir la mente en la dirección adecuada. (M.S.1)

❋ "Hijos míos, el hedor del excremento no desaparecerá por mucho que lo dejemos expuesto al sol, a menos que el viento sople sobre él. De igual modo, meditar años y años no eliminará nuestros *vasanas*, a menos que vivamos unidos a un *Guru*. La Gracia del *Guru* es necesaria. Sólo en una mente inocente derramará el *Guru* su Gracia." (M.M.2)

❋ Hijos, no basta con amar a un *Guru* para destruir vuestros *vasanas*. Nuestra devoción y fe deben estar basadas en los principios esenciales de la espiritualidad. La dedicación de cuerpo, mente e intelecto es necesaria para ello. Los *vasanas* pueden ser erradicados por medio del desarrollo de la fe y la obediencia al *Guru*. (M.J.3) *Ver Devoción*

❋ En este momento, vuestras reacciones espontáneas proceden de vuestras viejas *vasanas* (tendencias). Se trata de eliminarlas y reemplazarlas por los más nobles valores de la vida. (M.J.3) *Ver Actitud*

❋ Declara una guerra abierta a tu mente. La mente tratará de empujarte hacia los mismos viejos hábitos. Comprende que se trata sólo de una trampa que te tiende el más grande de los tramposos, la mente, para desviarte del camino. No te rindas. (M.M.4)

* Nuestro pasado no sólo está formado por los acontecimientos de esta vida; incluye todos los de las vidas pasadas. Igual que las olas del mar aparecen en varias formas y aspectos, también el *jiva* (alma individual) adopta nuevos cuerpos, de acuerdo con los *vasanas* (tendencias latentes) que ha ido adquiriendo. (M.M.5) *Ver Karma*

* De forma parecida, aquellos que aman a Dios sinceramente dejarán sus malos hábitos. No harán nada que disguste a Dios. Si cometen un error, intentarán mejorar para no repetir ese error. Ahorrarán el dinero que podrían malgastar en hábitos perjudiciales y lo utilizarán para ayudar a los pobres y necesitados. (M.S.5) *Ver Orar*

* El *Guru* aconseja a cada uno según su *samskara* (rasgo de personalidad condicionado a lo largo de múltiples vidas; la propia manera de ser, que se manifiesta como pautas de conducta o tendencias mentales latentes). Puede ofrecer dos consejos diferentes a dos personas en idénticas circunstancias.

Un bebé que no ha dejado de tomar leche materna no podrá digerir la carne. Si le das carne, vomitará. De manera parecida, el *Guru* aconseja a alguien sólo después de considerar su constitución física y mental. El *Guru* ofrece consejo según la actitud mental del discípulo. Con esta historia, Amma no quiere decir que esté bien fumar. A una persona le puede gustar fumar, mientras que otra puede que no sea capaz ni de soportar el humo de un cigarro. Esto demuestra que la dicha no se halla en el objeto, sino en nuestro interior. (M.D.7) *Ver Inocencia*

* Los malos hábitos son como una cama confortable. Es fácil meterse en ella, pero difícil salir. Para eliminarlos, hace falta que apliquemos un esfuerzo constante. (M.M.8) *Ver Rabia*

Hablar

* Una cara sonriente, palabras de consuelo, miradas de compasión, todo esto son también meditaciones. (C.5)

* Al hacer buenas acciones en el presente, podemos disminuir en gran medida las consecuencias negativas de nuestros errores pasados. Por eso Amma dice que pongamos siempre sumo cuidado en cada una de nuestras acciones, ya sea una simple mirada, un pensamiento, un roce o una palabra, pues tarde o temprano, recogeremos los frutos de cada una de ellas. Si nos dedicamos a hacer buenas acciones y a hablar sin hacer daño, podemos estar seguros de que nuestra cosecha será buena. Desde esta perspectiva, debemos desarrollar un corazón lleno de amor.

Según la tradición hindú, la principal deidad del discurso se considera que es Agni (el Señor del Fuego), cuya naturaleza está compuesta de luz, calor y humo. Estos tres elementos simbolizan el discurso, la palabra. Nuestras palabras deberían transmitir luz (sabiduría) y ser una fuente de inspiración y de paz. Deberían ser palabras agradables, de forma que los otros las recuerden siempre. Pero, a través de las palabras, también podemos dañar a los demás, haciendo que se sientan molestos y tristes, provocando en ellos más agitación (calor y humo). Las heridas físicas causadas por el fuego pueden ser curadas y superadas con el tiempo, pero las heridas emocionales causadas por las palabras molestas no se curan jamás. Por ello, Amma pide que pronunciemos cada palabra con atención, sumo cuidado y discernimiento. (M.J.1) *Ver Karma*

* Amma dice que nuestra vida debería convertirse en una sonrisa expresada con un corazón abierto, una sonrisa que se manifiesta espontáneamente cuando experimentamos el auténtico gozo espiritual en nuestro interior. Esta es la auténtica oración, la auténtica religión, la auténtica espiritualidad. Allí donde se encuentra esa sonrisa, se encuentra Dios. La sonrisa inocente que brota de nuestro interior es el Dios auténtico. Cuando hacemos que surja una sonrisa en nuestra vida, hacemos que surja Dios en nuestra vida y en la vida de los demás. Una sonrisa es el reflejo de nuestra divinidad interior.

Actualmente, cuando sonreímos, sólo movemos nuestros labios y mejillas. Esa sonrisa no procede de nuestro corazón. Además, cuando sonreímos miramos a los demás con recelo, pues tenemos muchos temores. Reflexionamos y nos decimos con preocupación ¿es mi pariente, mi amigo o mi enemigo? Si le sonrío, puede creer que le estoy ofreciendo mi casa o, tal vez, me pida algún favor o dinero.

Amma recuerda que nuestra vida es mucho más corta de lo que creemos. En realidad, nos pasamos la mitad de nuestra vida durmiendo, y una cuarta parte la pasamos entretenidos en nuestra infancia y adolescencia. No nos queda más que un cuarto de vida para hacer alguna cosa útil o de valor. Deberíamos dedicar ese tiempo limitado que nos queda a expresar palabras agradables, desarrollar acciones benéficas o a compartir lo que tenemos con los que tienen necesidad. Hagámoslo ahora, pues no nos queda tiempo para perderlo inútilmente. (M.J.1)

* Al igual que la falta de cuidado en nuestras palabras puede generar dolor en los demás y en nosotros mismos, lo contrario también puede darse. Si ponemos especial atención a nuestras palabras y acciones, nuestra influencia sobre los demás será positiva.

Amma nos dice que aunque no tengamos nada material para dar, podemos hacer, al menos, buenas acciones, ofrecer una palabra amable o una sonrisa amorosa. (M.J.2)

* Nuestros pensamientos, palabras y acciones se contradicen en lugar de estar en armonía. Cuando existe acuerdo entre nuestro conocimiento y nuestras acciones, a esa combinación la llamamos conciencia. Si tuviéramos esa conciencia, no cometeríamos tantos errores. (M.J.2) *Ver Conocimiento*

* Nuestro proceso mental es tan sutil que resulta difícil mantener la atención y la vigilancia *(shraddha)* en cada uno de nuestros pensamientos. Las palabras y las acciones, sin embargo, se sitúan en un nivel más bajo y es más fácil observar con atención su funcionamiento. Cuando hablamos y actuamos sin *shraddha* generamos dolor y tristeza en nosotros. (M.J.2) *Ver Mente*

* La comunicación empieza cuando se comprende totalmente el punto de vista del otro.

Si no puedes hablar con amor y respeto, espera hasta que te sea posible.

Un exceso de palabras mantiene la actividad mental y asfixia la sutil voz interior de Dios.

(M:S.2) *Ver Actitud*

* Hay cuatro formas de comunicarse efectivamente con los demás:
1. Leyendo
2. Escribiendo
3. Hablando
4. Escuchando

Desde nuestra infancia se nos ha dado una buena formación para leer, escribir y hablar. Pero nuestra facultad para escuchar no ha sido estimulada como las otras tres. Por tanto la mayoría de la gente escucha poco.

Dios nos ha dado dos orejas y una boca. Debemos escuchar el doble de lo que hablamos. Pero sucede al contrario. Hablamos y hablamos sin escuchar adecuadamente. Necesitamos desarrollar el arte de escuchar. Si sabemos escuchar, saldremos beneficiados y podremos dar felicidad a los otros. Este arte nos ayudará a actuar apropiadamente en todas las situaciones y nos liberará de muchos problemas. (M.D.3)

❋ Un exceso de palabras mantiene la actividad mental y asfixian la sutil voz interior de Dios.

❋ El mundo de hoy necesita personas que expresen su bondad mediante la palabra y la acción. Si proliferan estas personas, se convertirán en un ejemplo para los demás, harán desaparecer la oscuridad en la sociedad y conseguirán que la luz de la paz y la no-violencia irradien de nuevo sobre la faz de esta tierra.

● Que el árbol de nuestra vida quede firmemente enraizado en la tierra del amor.
● Que las buenas acciones sean las hojas de este árbol.
● Que las palabras amables sean sus flores.
 ● Y que la paz sea sus frutos.
 (M.D.4) *Ver Religión*

❋ Vivir de acuerdo con los principios verdaderos es la auténtica ofrenda a Dios. Comer sólo cuando lo necesitamos, dormir sólo lo necesario, hablar cuando sea conveniente, hablar de modo que no dañemos a los demás, no perder el tiempo, proteger a los ancianos, hablarles mostrándoles atención y afecto, ayudar a que los niños se formen, aprender algún pequeño oficio que podamos hacer en casa y dedicar el dinero obtenido a ayudar a los pobres

y necesitados. Todo esto son oraciones dedicadas a Dios. (M.S.5)
Ver Orar

* Es el ego la cosa menos interesante que está contenida en nosotros. Debemos deshacernos del ego. Conviene establecer una rutina para tratar de eliminarlo. Un día deberíamos decidir: "Hoy no me enfadaré con nadie", Al día siguiente: "Hoy no hablaré innecesariamente. Sólo hablaré cuando sea conveniente." Al otro día decidiremos pedir perdón a todos aquellos con los que nos hayamos enfadado. Ese día trataremos de ver a cada uno de ellos y pedirles perdón. Debemos dedicar al menos dos horas al día al servicio de los pobres. Mientras desarrollamos estas cualidades, nos iremos deshaciendo poco a poco de nuestro ego. (M.D.5)

* "Meditar y hacer práctica espiritual no sólo significa que nos sentemos con los ojos cerrados en la postura de loto. También significa hacer servicio desinteresado a los que sufren, consolar a los apenados, sonreír a alguien y decirle palabras amables." (M.D.6)

* Esta es la era de los discursos y las charlas. Discursos religiosos, discursos culturales, discursos políticos, discursos contra las religiones, discursos por todas partes, de hecho todo el mundo tiene que hablar, hablar sobre muchos temas.

Todos piensan que tienen derecho a hablar sobre cualquier cosa de este mundo. Esto me recuerda a una niña que decía: "Tenemos un profesor que es muy importante" Cuando se le preguntó porqué se le consideraba tan importante respondió: "Puede hablar con soltura durante horas sobre cualquier tema. Puede hablar durante cinco horas o más del tema más insignificante".

Al oír esto, otro niño dijo: "¿Y qué? Tu profesor puede hablar cinco horas únicamente si le propones un tema. Nosotros tenemos un vecino al que no hace falta que le saques ningún tema, puede hablar días y días aunque no sea de nada en particular".

Hoy en día, la mayoría de las charlas han degenerado en esto. Lo que realmente necesitamos es acción, no meros discursos. Tenemos que practicar y enseñar a los demás, a través de nuestras acciones, lo que queremos expresar con las palabras.

En estos tiempos, cuando hablamos sale de nuestra boca, fuego y humo. De la misma manera que *Agni* da calor y luz, cada una de nuestras palabras debería inspirar e iluminar a los demás, no contaminarles como el humo.

Una sola palabra nuestra debería poder transformar y alegrar a los demás. Deberíamos ser modelos y cada palabra ser convincente. Esto sólo será posible si nuestras palabras reflejan humildad y dulzura.

Por desgracia, si hacemos un minucioso examen de nuestras palabras, no encontramos ningún rastro de humildad. Están llenas de ego, caracterizadas por la actitud: "Debería ser más que los demás".

Ignoramos esta gran verdad: que la grandeza de una persona radica en su humildad. Todos nuestros esfuerzos se concentran en ser "grandes" ante los demás. En realidad, de esta forma sólo hacemos el ridículo. (M.D.6) *Ver Paciencia*

Humildad

* Durante un ciclón, los grandes árboles son arrancados de raíz y los edificios se desploman. Sin embargo, las hojas de hierba no se ven afectadas por muy fuerte que sea el ciclón. Esta es la grandeza de la humildad. (M.D.0)

* El discípulo que se entrega totalmente piensa: "No soy nada, ni nadie. Tú lo eres todo". La actitud de discípulo se despierta en aquellos que tienen esta humildad, y en ellos fluye la Gracia del *Guru*. Que mis hijos desarrollen madurez mental y humildad para merecer y recibir esa Gracia. (M.S.1) *Ver Guru*

* Para alcanzar el conocimiento, se necesita humildad. Podemos conseguir verdadero conocimiento cuando mantenemos la actitud interior de "yo no sé nada". (M.S.1) *Ver Conocimiento*

* Amma también considera que esta clase de orgullo les hace perder la facultad de escuchar. Y en el camino espiritual, es muy importante saber escuchar. Una persona que no escucha no puede ser humilde. Sólo cuando somos realmente humildes, puede florecer la pura Conciencia que ya existe en nosotros. Sólo aquel que es más humilde que el más humilde puede ser considerado el más grande de entre los grandes. (M.D.1) *Ver Ego*

* Lo más importante es la unidad entre la gente, una comprensión mutua, la humildad y la capacidad de perdonar y olvidar. Esos son los valores que representa un *ashram*. También dice Amma que si no hay unidad ni una adecuada comprensión entre los devotos, la misma idea de creación de un *ashrams* carece de sentido. (M.D.1)

* Para construir una canoa, la madera se calienta al fuego para que pueda adoptar la forma conveniente. Podemos decir que este proceso modela la madera hasta adquirir su auténtica forma. De modo similar, nuestra humildad revela nuestra verdadera forma. (M.M.2) *Ver Entrega*

* La vida es un misterio que resulta imposible percibirlo si no nos abandonamos a la voluntad divina, pues nuestra mente no puede captar su inmensa naturaleza infinita, su plenitud y significado auténticos. Postraros y sed humildes, y os será revelado el sentido de la vida. (M.S.2)

* Si somos conscientes, seremos espontáneamente humildes, nuestra actitud hacia el Todopoderoso será una actitud de adoración. En cada paso que demos, y nuestra mente estará concentrada en Él y nuestros esfuerzos se verán coronados por el éxito. (M.D.2) *Ver Ego*

* Pero existe algo que trasciende al esfuerzo personal y es la Gracia divina. Para recibir esa Gracia, tenemos que ser humildes. La devoción nos insuflará humildad. (M.D.2) *Ver Mente*

* Debemos esforzarnos para resolver nuestros problemas. Pero se debe hacer desarrollando la devoción y humildad, y recordando que Dios es el poder motriz de todas nuestras acciones. Eso es lo que todas las grandes almas y todas las Escrituras nos enseñan. (M.D.2) *Ver Entrega*

* Si nos mostramos humildes en cada una de nuestras acciones y también con los demás, conseguiremos que esta vida sea realmente una gozosa celebración. (M.M.3) *Ver Amor*

* Observamos claramente que todo sucede, en este mundo, de acuerdo con la voluntad de Dios. Eso no significa que sea inútil intentarlo. Debemos realizar las acciones con la humilde actitud de que somos meros instrumentos en las manos de Dios. Ni siquiera las manos con las que hacemos el trabajo, tienen la sensación de ser ellas las que actúan. De igual forma, deberíamos observar todo el trabajo como si estuviera siendo realizado por Dios, y no dejarnos llevar por la ilusión de que somos nosotros los autores de la acción. Sólo así recibiremos la Gracia de Dios.

Sin humildad resulta imposible adquirir un nuevo conocimiento. La humildad nos abre todas las puertas del saber.

Observad a los estudiantes. Aunque sean jóvenes, acuden a clase con la actitud de aprender lo que se les va a enseñar. Su humildad procede de la inocencia infantil.

Sólo aprendemos cuando somos humildes. (M.S.4) *Ver Actitud*

* *¿Quiénes son los enemigos internos?*

El ego, los celos, el odio, y la codicia son algunos de esos enemigos.

Para derrotarlos, necesitamos fortalecer el ejército de nuestro interior. Discernimiento, humildad, servicio y amor por Dios constituyen ese ejército. Si utilizamos efectivamente estas fuerzas positivas, podremos alcanzar la victoria y la verdadera felicidad.

Actualmente, hemos alcanzado otra cima, la cima del *adharma* (lo incorrecto) y del *asatya* (la falsedad). Sólo los ejemplos de humildad permitirán que la humanidad se percate de la oscuridad en la que actualmente está envuelta. (M.D.3) *Ver Amor*

* "Aunque uno pueda entrar en contacto con un *Guru*, sólo será aceptado como discípulo si es apto. Sin la Gracia del *Guru*, no se puede conocer al *Guru*. Aquel que realmente busca la Verdad será humilde y sencillo. La Gracia del *Guru* sólo se derramará sobre una persona así. Una persona llena de ego no puede tener acceso al *Guru*." (M.D.4)

* Una sola palabra nuestra debería poder transformar y alegrar a los demás. Deberíamos ser modelos y cada palabra ser convincente. Esto sólo será posible si nuestras palabras reflejan humildad y dulzura.

Por desgracia, si hacemos un minucioso examen de nuestras palabras, no encontramos ningún rastro de humildad. Están llenas de ego, caracterizadas por la actitud: "Debería ser más que los demás".

Ignoramos esta gran verdad: que la grandeza de una persona radica en su humildad. Todos nuestros esfuerzos se concentran en ser "grandes" ante los demás. En realidad, sólo hacemos el ridículo. (M.D.6) *Ver Paciencia*

* En realidad, no lo era. Mahabali se había olvidado de Dios. Pero Dios nunca se olvida de nosotros. Sabía que era el momento de enseñar a Mahabali humildad y reverencia hacia el Todopoderoso.

Para su sorpresa, el joven brahmín empezó a crecer y a crecer. Sobrepasó a la persona más alta, después al árbol más grande y siguió creciendo hasta que, finalmente, su cabeza desapareció entre las nubes. Vamana dio el primer paso. Cubrió toda la tierra. Con el segundo paso cubrió el cielo. ¿Dónde iba a dar el tercer paso? Mahabali se dio cuenta de su estupidez, pensar que era mayor que el más grande. Sólo le quedaba una cosa: su ego. Humildemente, se postró ofreciendo su cabeza al Señor. Al ver su entrega, Vamana quedó complacido y le concedió el cumplimiento de un deseo. (M.D.6) *Ver Ego*

* Para que una semilla crezca y se convierta en árbol, tiene que sembrarse bajo tierra. Los grandes edificios se mantienen firmes porque sus cimientos están bajo tierra. Tenemos que ser humildes si deseamos ser elevados. (M.M.7)

✳ Vishnu dirigió una expresiva mirada a Viswamita, que se dio cuenta de su estupidez. Se dio cuenta de lo realmente humilde que era Vasishtha, ya que sólo podía ver al único Ser en todos. Se dio cuenta de que Vasishtha había alcanzado la última meta de la espiritualidad, mientras que él, por el contrario, era egoísta e irascible, y sólo podía ver sus propios talentos. Se dio cuenta de que todavía le quedaba un largo camino para llegar a ser humilde y ver al único Ser en todos. Finalmente comprendió por qué la gente le mostraba más respeto a Vasishtha: porque verdaderamente era un Brahmarshi. (M.M.7) *Ver Ego*

✳ Hoy, nuestro cuerpo ha crecido horizontal y verticalmente, pero nuestras mentes no han crecido en absoluto. Si nuestras mentes han de crecer y expandirse como el universo, deberíamos convertirnos en niños pequeños, ya que sólo un niño puede crecer. Deberíamos tener la inocencia y la humildad de un niño. Sólo la humildad permite que una persona crezca, se expanda. Por eso se dice que para serlo todo tienes que convertirte en nada. (M.M.7) *Ver Actitud*

✳ Hoy en día todos desean convertirse en líderes. Nadie quiere ser un sirviente. Pero el mundo tiene necesidad de sirvientes, no de líderes. Un auténtico sirviente es un verdadero líder. El verdadero líder es aquel que sirve a los demás sin ego o sin deseos egoístas. La grandeza no se obtiene adquiriendo riquezas, no puede medirse por el modo en que vistes. La auténtica grandeza reside en la verdadera humildad y sencillez. (M.M.7)

✳ Un deseo sincero de alcanzar a Dios y ser humilde ante los demás son las cualidades que un discípulo debería tener. Despertad estas cualidades. Entonces, estaremos listos para recibirlo todo. Alcanzaremos la plenitud. Sin que nos demos cuenta, el conocimiento del Ser fluirá en nosotros y nos llenará. (M.D.7) *Ver Inocencia*

Inicios - Inauguraciones

* Nosotros sólo somos capaces de actuar por medio de la Gracia de Dios. Por tanto, necesitamos dedicar cada acción a Dios, antes de iniciarla. El granjero ruega antes de sembrar las semillas, y sólo entonces las plantará. El esfuerzo humano siempre es limitado. Para completar una acción y disfrutar de sus frutos necesitamos las bendiciones de Dios. La semilla que es sembrada brota y madura. Pero si hay una inundación durante el tiempo de la cosecha, toda la producción se perderá.(M.S.6)

* Los *gurus* son la luz del mundo. Nuestro deber es seguir sus pasos. Si lo hacemos así, nuestras virtudes innatas florecerán y el Ser brillará a través de nosotros. Conoceremos la dicha eterna, y la paz y la prosperidad reinarán en este mundo.

* Hijos míos,

Es necesario recitar este *mantra* al inicio de todos los ritos favorables y al emprender una nueva empresa. El *Guru* (el maestro) y el *guru tattva* (el principio del *Guru*), brillan más que cualquier otro principio, creencia, ceremonia o costumbre. Sólo el *Guru* emana el conocimiento de todos los *tattvas* (principios) y *vidyas* (disciplinas, ciencias). En la cultura y tradición hindúes, el *Guru* ocupa el lugar privilegiado. Sólo él merece la más elevada veneración. (M.S.1) *Ver Guru*

**Guru-brahma gurur-visnuh gurur-devo mahesvarah
Guru-saksat param-brahma tasmai sri gurave namah**

Alabanzas al venerado Guru que es Brahman, que es Vishnu, que es Maheshvara (Shiva), y que ciertamente es el Brahman Supremo, la Conciencia Absoluta.

Dhyana mulam guror murtih
Puja mulam guroh padam
Mantra mulam gurorvakyam
Moksha mulam gurohkrpah

La fuente de la meditación, la imagen del Guru
La fuente de las pujas, los pies del Guru
La fuente de los mantras, las palabras del Guru
La fuente de la liberación, la Gracia del Guru

Guru Gita

Om
Dhyayamo - dhavalavagunthanavatim
Tejomayim - naisthikim
snigdhapanga - vilokinim - bhagavatim
Mandasmita - sri - mukhim
Vatsalyamrita - varsinim sumaduram
Sankirttanalapinim
Syamangim madhu - sikta - suktim
Amritanandatmikam - isvarin

Om Amriteswaryai namah

Meditamos en Mata Amritanandamayi, la que va
Ataviada de blanca y pura vestidura, la resplandeciente,
La que siempre está establecida en la Verdad, aquella
Cuyas benignas miradas nos envuelven de amor, la que
Es morada de las seis cualidades divinas (*) cuya faz
Divina brilla con una suave y delicada sonrisa, aquella que
Derrama de forma incesante el néctar del afecto, la que
Canta las glorias de Dios con la mayor dulzura, la que
Brilla bajo nubes de lluvia y cuyas palabras están
Empapadas en miel, la que es dicha inmortal encarnada,
y es la Diosa Suprema en Sí misma

(*) **aisvarya** - abundancia, **virya** - valor, **yasas** - fama,

sri - buena fortuna, **jnaman** - conocimiento,
vairagya - ecuanimidad

Inocencia

* Amma insiste constantemente en la importancia de desarrollar una actitud inocente y un amor infantil.

* Después de cuidar las vacas durante todo el día en el bosque, el Señor Krishna volvía a casa con su rebaño tan pronto oscurecía. En cierta ocasión, el Señor volvió con un amigo que se había encontrado. Mientras caminaban juntos, dirigiendo las vacas de vuelta a casa, el señor Krishna fue mostrándole a su nuevo amigo todos los lugares favoritos y conversaron sobre muchos temas.

Las Gopis aguardaban el día entero, a la orilla del río Yamuna, el regreso de su Bien Amado Señor y, tan pronto aparecía, se lanzaban a su encuentro. Caminaban a su alrededor y lo acompañaban hasta la casa, donde lo tenían todo dispuesto para lavar los Pies de Loto de Krishna. Pero aquel día, cuando finalmente llegó el Señor a la entrada del jardín, las Gopis se quedaron atrás. Mientras tanto, el mismo Krishna cogió la vasija de agua y se lavó los pies. Después tomó la toalla que las Gopis le tenían preparada y Él mismo se secó los pies. Durante todo aquel tiempo, las Gopis permanecieron con los ojos bien cerrados.

El nuevo amigo del Señor presenció esta escena e, incapaz de controlarse por más tiempo, le preguntó confuso: "¿Por qué las Gopis han perdido esta oportunidad de oro para ofrecerte un pada *puja*? ¿Por qué se han quedado quietas con los ojos cerrados?" El Señor le respondió:" Querido amigo, tú no lo entiendes. En realidad, estas Gopis no tienen otro pensamiento, más que el Mío, en su corazón. No pueden soportar la idea de que sienta el más mínimo dolor o sufrimiento. Después de andar durante todo el día por el bosque, en mis pies se clavan algunas espinas, ramas o pequeñas piedras. Cuando se vierte agua en mis Pies heridos, realmente escuece. Las Gopis no pueden soportar ver el dolor en mi rostro, y no se deciden a lavar mis Pies. En vez de eso, cierran los ojos mientras Yo mismo lo hago. Así de grande es el amor que ellas sienten por mí.

Al oír la alabanza que hacía el Señor del amor incomparable y de la devoción de las Gopis, el muchacho se quedó atónito y sobrecogido por aquella reverencia sagrada. (M.S.2)

* La actitud de un discípulo supone discernimiento, al mismo tiempo que obediencia y entrega al *Guru*. La actitud de un niño es de inocencia y dependencia de su madre. Para el progreso espiritual son necesarias las dos actitudes.

Cuando Amma nos anima a desarrollar la inocencia del niño, no quiere decir que cultivemos el infantilismo. Hay una diferencia entre tener el corazón de un niño y ser infantil. Lo que se necesita es tener el corazón de un niño dotado de discernimiento. El niño sabe que sólo puede contar con su madre. Cualquiera que sea nuestra edad, siempre habrá un niño en cada uno de nosotros. (M.S.3) *Ver Actitud*

* Dios es el siervo de aquellos que son inocentes. Los que carecen de inocencia no progresarán, por mucho que se esfuercen. Esa es la razón por la que hay muchas personas que no consiguen nunca nada, aunque hayan estado meditando muchos años. Cuando caminas por el sendero de la devoción, te vuelves inocente. El devoto tiene que mantener la actitud de que es el siervo de Dios, sentir que él y todo lo demás no son más que manifestaciones de Dios. De esa forma, beneficiará al mundo. (M.S.4)

* Hijos míos, Dios mora en lo más profundo de nosotros como inocencia, como puro e inocente amor. Esta inocencia está ahora velada por los sentimientos egoístas de la mente. Pero el amor inocente está siempre ahí, sólo que lo hemos olvidado. Para redescubrirlo y recordarlo, necesitamos ir a lo más profundo de nuestro interior. (M.J.7)

* Nos hace falta inocencia para captar el significado real de lo que oímos. Si somos inocentes, podremos ver la bondad en todo.

Podremos ver al mismo Dios, porque Dios es bondad. Él es inherente a todo. Todo lo que necesitamos son ojos para verle. Los científicos dicen: "Todo es energía". Los *rishis* (videntes) dicen: "*Sarvam brahmamayam*" ("Todo está impregnado de *Brahman*" –la Conciencia Divina-).

Si imaginamos que hay bondad en todo lo que vemos, seremos capaces de ver la bondad en todo. Eso es así porque la bondad está en nuestras mentes. Si la podemos ver en alguien, la satisfacción resultante la disfrutaremos nosotros. Si el amante tiene fe en su amada, la felicidad es para el amante. La ganancia es para el que cree. Pero si tenemos ideas preconcebidas, no podremos percibir la verdad. Por tanto, sólo si se es un *jijnasu* (alguien que tiene jijnasa, ansia por conocer la verdad espiritual) se puede entender la verdadera trascendencia de cualquier cosa. Pero hoy son muchos los que llevan gafas con cristales de colores y, por eso, no pueden ver la verdad. Si llevamos gafas con cristales verdes, todo nos parecerá verde. Nuestra perspectiva se refleja en los demás objetos.

En una ocasión, un médico fue a un pueblo y decidió organizar una campaña para concienciar sobre los peligros del alcoholismo. Para ello, reunió a un grupo de alcohólicos. Intentó de muchas maneras que se dieran cuenta de las consecuencias dañinas de la bebida, pero cuando vio que no producían el impacto necesario, decidió explicarlo con más claridad mediante un experimento. Para ello cogió dos vasos, echó agua fresca en uno y alcohol en el otro. Luego metió en el vaso de agua un gusano, que empezó a nadar alegremente. Luego cogió otro gusano y lo metió en el vaso de alcohol. Éste empezó a retorcerse para después desintegrarse en trocitos hasta que, finalmente, se disolvió por completo en el alcohol. Al ver esto, el público presente se quedó atónito. El médico estaba convencido de que todo el mundo por fin había entendido las consecuencias nocivas del alcohol. Entonces preguntó: "¿Qué habéis aprendido con este experimento?"

Inmediatamente, uno de los alcohólicos, que estaba tan bebido que no podía ni ponerse en pie, se levantó y dijo a gritos: "¡Genial! ¡Podemos beber todo lo que queramos! ¿No lo habéis visto? ¡Si bebes, se mueren todos los gusanos del estómago!".

Si abordamos algo con ideas preconcebidas, no podremos entender su esencia. Interpretaremos lo que oigamos según nuestras preferencias. Pero si tenemos *jijnasa* e inocencia, no nos resultará difícil captar su significado correcto. Al igual que un relámpago ilumina el camino en medio de la oscuridad total, la inocencia nos muestra la dirección correcta.

A veces, quizás no seamos capaces de entender el significado de las palabras del *Guru*. Esto no se debe a las limitaciones de las palabras, sino a la incapacidad de nuestra mente para entenderlas. Estamos en el nivel de la mente y el intelecto. Debido a nuestro apego e identificación con muchos objetos del mundo material, la visión de nuestra mente ha disminuido. Si no podemos entender las palabras del *Guru* apropiadamente pero las obedecemos sin dudar, podemos convertirnos en recipientes adecuados de su Gracia y alcanzar la meta con rapidez.

Cuando el *Guru* critica a los discípulos o señala sus errores, lo hace sólo para conducirlos a la bondad. Limitarse a vendar una herida sin limpiarla no la curará. Si evitamos que alguien la limpie pensando que será doloroso, la herida nunca sanará. Si el *Guru* no señala nuestros fallos, ¿cómo podremos superarlos? El *Guru* sólo intenta ayudarnos a corregir nuestros defectos.

El *Guru* aconseja a cada uno según su *samskara* (rasgo de personalidad condicionado a lo largo de múltiples vidas; la propia manera de ser, que se manifiesta como pautas de conducta o tendencias mentales latentes). Puede ofrecer dos consejos diferentes a dos personas en idénticas circunstancias. Es absurdo que el discípulo se pregunte: "¿Porqué el *Guru* no me aconsejó como al otro?" Él conoce la mejor manera de guiar al discípulo en cada situación, mejor que el propio discípulo. Por eso, la manera más fácil de alcanzar la meta es obedeciendo al *Guru*.

Había dos personas que trabajaban en un *ashram*. Una de ellas quería fumar. Su amigo le advirtió:

"Aquí está prohibido fumar. Está mal hacerlo."

El otro respondió:

"No hay nada de malo en ello. Uno puede fumar incluso mientras reza."

"Si es así como lo ves, vamos a aclarar el asunto con el *Guru*". Dicho esto, el primer hombre se fue a hablar con él. Cuando volvió, le dijo a su amigo: "Fumar está mal. El *Guru* ha dicho que es especialmente pecaminoso fumar mientras se reza."

"¿En serio? Voy a preguntárselo yo" dijo el segundo hombre. Fue a hablar con él y cuando volvió, iba fumando un cigarro.

"¿Qué haces? ¿No te ha dicho el *Guru* que no puedes fumar?"

El amigo replicó: "El *Guru* me ha dado permiso para hacerlo."

"¿Pero que le has preguntado?"

El amigo contestó:

"Sólo le he preguntado esto: Oh *Guru*, ¿puede uno rezar mientras fuma? Y me ha dicho que no hay nada malo en ello. ¡Incluso ha dicho que así es como debería ser!".

En el primer ejemplo – fumar mientras se reza – la mente está ocupada en la acción mientras se reza. En el segundo ejemplo

– rezar mientras se fuma – la mente está en oración incluso cuando se trabaja.

Cuando preguntemos algo al *Guru*, deberíamos hacerlo con la mente abierta. Si en lugar de eso le preguntamos con la intención de conseguir un objetivo, nuestras mentes tratarán de influir sobre sus palabras para que se ajusten a nuestras intenciones. Pero después tendremos que afrontar las consecuencias. Sólo entonces nos daremos cuenta del error que hemos cometido, pero ya será demasiado tarde. La única manera de que podamos evitar el error es acercándonos al *Guru* con inocencia, prestando atención y obedeciendo sus palabras.

Quizá no obtengamos dos veces la misma respuesta a la misma pregunta. El *Guru* responde de acuerdo a la madurez de la persona. Puede que el *Guru* no le diga a alguien que lleva años fumando y no puede superar la adicción que lo deje ya. Quizá le aconseje que vaya reduciendo el consumo poco a poco. Al decir que se puede rezar mientras se fuma, el *Guru* intentaba que la mente de la persona se concentrara en la oración incluso mientras fuma. Según la concentración vaya aumentando progresivamente, su interés por fumar irá disminuyendo por sí solo. Al final podrá renunciar a fumar por completo. Por el contrario, el *Guru* puede aconsejar a alguien con fuerza de voluntad que lo deje radicalmente.

Un bebé que no ha dejado de tomar leche materna no podrá digerir la carne. Si le das carne, vomitará. De manera parecida, el *Guru* aconseja a alguien sólo después de considerar su constitución física y mental. El *Guru* ofrece consejo según la actitud mental del discípulo. Con esta historia, Amma no quiere decir que esté bien fumar. A una persona le puede gustar fumar, mientras que otra puede que no sea capaz ni de soportar el humo de un cigarro. Esto demuestra que la dicha no se halla en el objeto, sino en nuestro interior.

Puede que el *Guru* le diga a alguien que está sentado sin hacer nada de nada: "¡Es mejor ir a robar!". Cuando el *Guru* dice que es mejor robar que limitarse a comer, beber y no hacer nada más, deberíamos tener inocencia para entender el alcance de sus palabras. El *Guru* quiere decir que los perezosos, que son tamásicos, deberían elevarse por encima de sus *tamas* (en la filosofía hindú, *sattva*, *rajas* y *tamas* son las tres gunas o cualidades que caracterizan a la naturaleza. *Sattva* significa calma, equilibrio y sabiduría, *rajas* actividad o inquietud y *tamas*, inercia o apatía) y ser más rajásicos. Los que son rajásicos por naturaleza pueden alcanzar la meta más rápidamente que los tamásicos, que pierden el tiempo sin hacer nada. La idea aquí es que *rajas* es preferible a *tamas*.

Entregarse completamente al *Guru*, este es el modo más rápido de que el discípulo acelere su crecimiento. Obedecer cada palabra del *Guru*, sin albergar la más mínima duda. Cultivar una mente así y todo será más fácil.

Independientemente de lo que el *Guru* aconseje, lo primero que surgirá en la mente del discípulo será su propia voluntad. Actuará guiado por su mente y cometerá errores. Esta será la causa de su sufrimiento. Entonces verá claro que sólo obedeció a su propia voluntad y no a la del *Guru*. Discernir esto hará que el discípulo esté preparado para actuar según la voluntad del *Guru*. La paz y el gozo que experimentará como consecuencia de su entrega le inspirará para mantenerse firme en ella. Al final, el discípulo estará listo para entregar su voluntad totalmente a la voluntad del *Guru*. De esta manera, los sinceros esfuerzos del discípulo despertarán al *Guru* en su interior. Para que esto ocurra, son necesarios *shraddha* (atención sincera a las palabras del *Guru*), paciencia, actitud de entrega y fe optimista.

Es natural cometer errores en el camino espiritual. Pero no hay que venirse abajo por eso, ya que es desde el error desde donde uno se eleva hacia la verdad. El loto surge del lodo. Si somos inocentes, podemos corregir nuestros errores y avanzar. El mayor peligro viene de no intentarlo siquiera.

Cuando los niños pequeños están aprendiendo a andar se caen, pero se levantan y lo intentan de nuevo. Sin embargo, se vuelven a caer. Pero la fe en que su madre está ahí para ayudarles en caso de que se caigan de nuevo les inspira para seguir adelante. De la misma manera, la fe en el que el *Paramatman* (Ser Supremo) nos salvará de cualquier peligro es nuestra fuerza e inspiración para continuar. Debido al ego del discípulo, puede que esta fe no surja inicialmente. Pero si tiene inocencia y es consciente de la meta, dicha fe se irá desarrollando progresivamente.

Nuestros cuerpos crecen. Pero nuestras mentes no. Para que nuestras mentes crezcan, deberíamos convertirnos en niños. Y para que esto ocurra, debemos aprender a ser siempre unos principiantes. Si pensamos: "Lo sé todo", no podremos aprender nada. ¿Cómo se puede echar algo en un recipiente que está lleno? Sólo si metemos el cubo vacío en el pozo se llenará. Incluso si uno es un premio Nobel, debería tener la actitud de un principiante si quiere aprender a tocar la flauta y convertirse en el alumno de un flautista experto. Si por el contrario, la persona piensa: "Yo soy un premio Nobel", no podrá aprender a tocar la flauta.

Se puede ser un experto en muchos campos del conocimiento de la vida mundana y, sin embargo, ser un principiante en lo que atañe al conocimiento espiritual. Para obtener conocimiento espiritual, uno debe inclinarse. Una única llave no puede abrir todas las cajas. Mientras uno no se incline, no avanzará ni un centímetro en la espiritualidad.

Si nos acercamos al *Guru* con *jijñasa* (sed de conocimiento espiritual) e inocencia, no tendremos ninguna dificultad para entender sus palabras. La inocencia y la actitud de entrega al *Guru* son la clave para abrir el cofre del tesoro del conocimiento espiritual.

Un deseo sincero de alcanzar a Dios y ser humilde ante los demás son las cualidades que un discípulo debería tener. Despertad estas cualidades. Entonces, estaremos listos para recibirlo todo. Alcanzaremos la plenitud. Sin que nos demos cuenta, el conocimiento del Ser fluirá en nosotros y nos llenará. (M.D.7)

Instrumento

❋ Recordad siempre que no sois más que un instrumento en manos de Dios. Debéis tener la actitud interior siguiente: "Yo no soy el que actúa, es Dios el que me hace hacer todas las cosas." Si mantenéis esa actitud, poco a poco, desaparecerá vuestro egoísmo. (M.D.2) *Ver Ego*

❋ El discípulo es un instrumento, un medio para que el mundo reciba la sabiduría del *Guru*. Es como lograr alcanzar el agua contenida en un gran tanque y distribuirla a la gente a través de un pequeño tubo.

Observamos claramente que todo sucede, en este mundo, de acuerdo con la voluntad de Dios. Eso no significa que sea inútil intentarlo. Debemos realizar las acciones con la humilde actitud de que somos meros instrumentos en las manos de Dios. Ni siquiera las manos con las que hacemos el trabajo, tienen la sensación de ser ellas las que actúan. De igual forma, deberíamos observar todo el trabajo como si estuviera siendo realizado por Dios, y no dejarnos llevar por la ilusión de que somos nosotros los autores de la acción. Sólo así recibiremos la Gracia de Dios.

De forma similar, proclamamos: "el que actúa soy yo, yo soy el que actúa". Pero realmente, ¿de dónde conseguimos la fuerza para actuar y hablar? La conseguimos de Dios. No deberíamos olvidarlo. Desarrollemos esta actitud y esforcémonos siempre para ser conscientes de que sólo somos instrumentos del poder divino. Sólo si alimentamos esa actitud podemos conseguir la Gracia de Dios. Cuando nos vemos como meros instrumentos en las manos de Dios, cada uno de nuestros pensamientos y palabras están en consonancia con los deseos del *Guru*. Pero esto sólo puede darse cuando nos entregamos. (M.S.4) *Ver Actitud*

* Pero puede que no desarrollemos esa actitud rápidamente. Sólo cuando sale el sol desaparece por completo la oscuridad. Sólo cuando surja el conocimiento florecerá totalmente esa actitud. Pero no tenemos que esperar hasta ese momento. Es suficiente con que cultivemos la actitud correcta y sigamos adelante. No debemos olvidar que nuestra fuerza proviene de Dios. Ni siquiera nuestra respiración está bajo nuestro control. Debemos dar el primer paso diciendo: "Allá voy". Pero hemos oído casos de personas que mueren de un ataque al corazón antes de haber terminado la frase. Por tanto, debemos fomentar la actitud de: "Sólo somos un instrumento en Tus manos. (M.J.5) *Ver Orar*

* Todos tienen la noción de "Soy una persona importante" o de "Soy bastante bueno en muchas cosas". Siempre predomina el ego. Cuando desaparece el ego y mantienes la actitud de "Sólo soy un instrumento en las Manos de Dios" y "Sin Dios estoy desamparado, pues si soy capaz de hacer algo es por el poder de Dios", entonces te conviertes en un instrumento en las Manos de Dios. Llegarás a sentir la Gracia de Dios. Dios o tu *Guru* te ayudarán finalmente. (M.S.5)

Karma

* Aquellos que hieren a otros por egoísmo están, de hecho, cavando un foso en el que caerán al final ellos mismos. Equivale a lanzar una piedra al aire y esperar a que caiga: la piedra caerá finalmente sobre nuestra propia cabeza. (M.D.0)

* La ley del *karma* es muy compleja, está más allá de nuestra comprensión. Las consecuencias de nuestras acciones pasadas pueden tener repercusiones sutiles e imprevisibles. A menudo, algunos sufren en la vida desgracias incomprensibles que ni el intelecto ni la lógica pueden explicar. Por ejemplo, en ciertas familias, todos los hijos han muerto a una edad temprana, antes de los 45 ó 50 años de edad. Los científicos pueden justificarlo, asegurando que se trata de una anomalía en los genes de sus padres. Pero, ¿cómo explicar que en una familia de cinco hijas, todas lleguen a enviudar muy jóvenes? En este caso, no podemos asegurar que la muerte de sus esposos sea debida a un defecto genético común, porque todos ellos proceden de diferentes padres.

Se dan otras situaciones, como personas que han sido sentenciadas sin que hayan cometido ningún delito, o bien que sufren un accidente cuando van a visitar a un pariente hospitalizado. Estos son ejemplos de tragedias que parecen injustas. Amma dice que la única explicación a tan extrañas coincidencias se encuentra en que son el resultado de acciones pasadas o *karma*, realizados en esta vida o en vidas anteriores. Al hacer buenas acciones en el presente, podemos disminuir en gran medida las consecuencias negativas de nuestros errores pasados. Por eso Amma dice que pongamos siempre sumo cuidado en cada una de nuestras acciones, ya sea una simple mirada, un pensamiento, un roce o una palabra, pues tarde o temprano, recogeremos los frutos de cada una de ellas. Si nos dedicamos a hacer buenas acciones y a hablar sin hacer daño, podemos estar seguros de que nuestra cosecha será buena. Desde esta perspectiva, debemos desarrollar un corazón lleno de amor.

Según la tradición hindú, la principal deidad del discurso se considera que es Agni (el Señor del Fuego), cuya naturaleza está compuesta de luz, calor y humo. Estos tres elementos simbolizan el discurso, la palabra. Nuestras palabras deberían transmitir luz (sabiduría) y ser una fuente de inspiración y de paz. Deberían ser palabras agradables, de forma que los otros las recuerden siempre. Pero, a través de las palabras, también podemos dañar a los demás, haciendo que se sientan molestos y tristes, provocando en ellos más agitación (calor y humo). Las heridas físicas causadas por el fuego pueden ser curadas y superadas con el tiempo, pero las heridas emocionales causadas por las palabras molestas no se curan jamás. Por ello, Amma pide que pronunciemos cada palabra con atención, sumo cuidado y discernimiento. (M.J.1)

✳ El discípulo debe asumir su propio *karma* (*prarabdam*). Pero cuando uno se entrega, el *Guru* elimina el noventa por ciento del *karma*. Si colocamos una pila eléctrica en una linterna o en un aparato eléctrico, como un magnetófono o una radio, se irá descargando lentamente, y para que se consuma la pila, habrá que utilizar durante un tiempo esos aparatos. En cambio, si enlazamos el polo positivo y negativo de la pila, ésta se descarga inmediatamente. De igual forma, si nos presentamos ante el *Guru* con una actitud de entrega, él podrá "descargar" nuestro *karma*. De otro modo, el discípulo deberá asumir su *karma* íntegramente. Para el auténtico discípulo, no existe placer, ni dolor, sólo existe carga kármica. En otras palabras, cuando un discípulo así se vea sometido a duras pruebas, las considerará propias de la voluntad divina del maestro. (M.S.1) *Ver Guru*

* Con frecuencia, algunas personas sufren acontecimientos negativos de forma extraña, sin que entendamos su causa por medio de la lógica o de nuestro intelecto. Hay personas que son condenadas a penas de prisión sin ser culpables. Un padre hospitalizado puede perder a un hijo en accidente cuando éste va a visitarlo. La única explicación para estas tragedias incomprensibles es que son el fruto de acciones *(karma)* pasadas. Lo que llamamos destino no es más que el resultado de nuestras acciones. Cuando actualmente hacemos buenas acciones, reducimos en gran medida la intensidad de la parte negativa de nuestro destino.

Por eso Amma nos dice siempre que seamos muy cuidadosos con todas nuestras acciones, ya se trate de una mirada, un pensamiento o una acción, porque más pronto o más tarde recibiremos el resultado de cada una de ellas. Por tanto, si hacemos el bien, podemos estar seguros de recoger sólo buenos frutos.

La vida no es sólo fiesta y placer. También hay dolor y sufrimiento. A veces suceden cosas impensables y la vida misma cambia en un sentido u otro. Pueden sucederle desgracias a la gente buena. A menudo vemos que no es posible elegir en cuestiones esenciales. No podemos elegir, por ejemplo, a nuestros padres o las circunstancias de nuestro nacimiento. Algunas personas han nacido con minusvalías físicas o malformaciones, como cojera o ceguera. En tales circunstancias, ¿qué podemos hacer? ¿Debemos lamentarnos o avanzar? Somos nosotros los que tenemos que decidir. Aunque el viento sople en una dirección, una embarcación podrá ir en todas direcciones. La dirección dependerá de cómo se navegue. Nuestra vida funciona de modo parecido. No podemos elegir la dirección del viento, pero podemos elegir como queremos remar y la dirección hacia donde queremos ir. No podemos elegir nuestras circunstancias, pero podemos elegir la actitud con la que vamos a afrontarlas.

A lo largo de nuestra vida, se nos presentan situaciones enojosas o frustrantes. Pero en tales momentos, en lugar de obstinarse y preguntarse: "¿Por qué me sucede a mí?", deberíamos entender que esas situaciones son inevitables. A través de la espiritualidad podemos aprender paciencia, ver las cosas de forma distante y manejar cada situación con calma y confianza. (M.J.2)

❋ También puede suceder que, ante una visita importante, los niños se presenten corriendo y, para llamar la atención, hagan todo el ruido del mundo o algo que pueda hacer enfadar a sus padres. En esas situaciones, no tendremos la suficiente paciencia para atender a los niños o escuchar lo que nos quieren decir. Desesperados, les regañaremos, les gritaremos o los echaremos con algún cachete. No somos conscientes de que estamos perdiendo una de las mejor oportunidades para aprender paciencia. Y tampoco nos damos cuenta de las heridas que causamos en los sentimientos del niño cuando perdemos nuestra paciencia. Creamos una profunda herida en el corazón del niño, que quizá no se le cure a lo largo de su vida. Cuando aprendemos a actuar en esas situaciones, con paciencia y equilibrio mental, desarrollamos amor y espiritualidad, y conseguimos que nuestras vidas se realicen, transformándolas en hermosas flores que expanden su fragancia alrededor. (M.J.2)
Ver Amor

❋ Una vez un devoto le dijo a Amma: "Si el futuro se puede predecir, ¿significa eso que nosotros no tenemos ninguna capacidad de elección? ¿Qué papel desempeña la ley del *karma*?"

Amma nos dice que tenemos libre albedrío, pero lo que nos llega en el presente es el fruto de nuestras acciones pasadas. Los antiguos sabios, conocedores del pasado, presente y futuro, predecían la ley del *karma* y su influencia en nuestras vidas. Sin embargo, este hecho no resta importancia al esfuerzo personal.

Por ejemplo, un experimentado doctor, después de examinar a un paciente, puede decirle: "Tienes muy elevado el número de glóbulos blancos de tu sangre. Si continúas así, tu vida podría verse afectada, pero si a partir de ahora tomas las medicinas adecuadas y sigues mis consejos, tu salud tal vez mejore. Independientemente de lo que diga el doctor, tenemos libertad para seguir o no seguir sus consejos. Si seguimos sus recomendaciones, es posible que mejore nuestra salud, e incluso tal vez nos libremos de padecer un cáncer. También es posible que algunos tomen las medicinas recomendadas y sin embargo no mejoren. Algunas personas se quejan de que aún realizando grandes esfuerzos, no obtienen resultados. Esto se debe a su *prarabdha karma* o resultado de acciones pasadas, no sólo de este nacimiento, sino también de nacimientos anteriores. Existen diversas variedades de té. Algunos son muy fuertes y necesitan más cantidad de leche. La cantidad de leche vendrá determinada por la propia naturaleza del té. De igual forma, la gente que tiene un *prarabdha karma* más fuerte tendrá que hacer mayores esfuerzos para reducir su efecto. (M.S.2)

* Encolerizarse es como lanzar polvo al viento, al final caerá sobre nosotros. El polvo se limitará a caer sobre nuestras cabezas y ensuciarnos. (M.S.2) *Ver Rabia*

* Observamos que muchas personas sufren graves dificultades durante ciertos períodos. Las catástrofes se encadenan a veces. Un inocente puede ser acusado de un delito que no ha cometido y ser encarcelado, o bien que el hijo de un enfermo sufra un accidente cuando se dirige al hospital. Algunos fracasan en todos sus esfuerzos. En algunas familias, todas las mujeres han podido quedar viudas antes de cumplir los cuarenta. Las desgracias se suceden a veces. La mayor parte de la gente ha sufrido alguna serie de desgracias en algún período de su vida. Debemos estudiar estos casos cuidadosamente y aprender lo que nos enseñan. La única explicación es que estas tragedias son el resultado de acciones desarrolladas en vidas anteriores. Los frutos de esos actos se manifiestan durante determinados períodos astrológicos, de ciertas confluencias planetarias. Durante esas etapas, si las personas se dedican mucho más a la plegaria y a la adoración, conseguirán un gran consuelo. Obtendrán más fuerza interior, lo que les ayudará a afrontar los obstáculos que surjan. (M.D.2) *Ver Entrega*

* *¿Cree en el karma y la reencarnación? ¿Puede una persona honesta y decidida cambiar su destino?*

Por supuesto. Una persona honesta que hace el bien con determinación, sin duda puede salir del ciclo del nacimiento y la muerte. Pero eso también depende de otros aspectos como la Gracia de Dios. Sin la Gracia de Dios, ninguna acción es completa.

Aunque nuestras acciones fueran correctas, podrían incluso salir mal si los demás actúan incorrectamente. Así ocurre en los accidentes. También es necesaria una comprensión verdadera. No basta con leer libros para conseguir el conocimiento. Uno debe experimentar realmente la verdad.

Del mismo modo, la gente debería ser consciente de la naturaleza del trabajo.

Si una persona sabe que van a estallar petardos cerca de donde está, no se llevará ningún susto. En caso contrario, sí que se lo llevará. Así, si eres consciente de la naturaleza constantemente cambiante del trabajo, todo se convertirá en una fiesta. La vida es como el péndulo de un reloj. Cuando llega a uno de sus extremos no se queda ahí parado. En realidad, está tomando impulso para volver al otro extremo.

Necesitamos observar ciertas reglas. Este elemento espiritual debería existir en nuestra vida. Es como añadir agua dulce al agua salada. Si sigues añadiendo agua dulce, poco a poco el agua salada se irá purificando y convirtiendo en dulce.

Del mismo modo, si tienes algún defecto o negatividad, puedes añadir ese elemento espiritual para que tus defectos se vayan corrigiendo paulatinamente. Por esa razón, conviene estar atentos para que la negatividad no nos afecte. El ayer no puede convertirse en hoy. Tienes que vivir el presente para poder ser feliz. (M.D.4)

* *Los occidentales se sienten atraídos por el camino de la pura lógica. Muchos de nosotros nos preguntamos si la doctrina de la reencarnación del Sanatana Dharma es cierta.*

Nuestro presente no sólo está formado por los acontecimientos de esta vida; incluye todos los de las vidas pasadas. Igual que las olas del mar aparecen en varias formas y aspectos, también el *jiva* (alma individual) adopta nuevos cuerpos, de acuerdo con los *vasanas* (tendencias latentes) que ha ido adquiriendo. Cuando nos ponemos a pensar en la reencarnación y en las vidas anteriores, llegamos a la doctrina del *karma*. Vemos a inconfundibles malhechores que viven felizmente, mientras que personas decentes que han realizado muchas obras virtuosas, están sufriendo sin una razón aparente. Cuando pensamos sobre esto, limitado por el telón de fondo de esta vida, parece que se contradice la ley del *karma*. Si queremos entender la correlación causa y efecto que subyace en este hecho, tenemos que aproximarnos a la ley del *karma* con una mirada más profunda.

El alma individual nace muchas veces, de acuerdo con las acciones *(karma)* que ha realizado, consciente o inconscientemente, en sus vidas anteriores. Cada experiencia individual, dolorosa o placentera, es el resultado de acciones hechas en vidas previas. Igual que la rueda de la vida va girando, el *karma* previo de una persona va cosechando los frutos de la experiencia. No es posible decir qué tipo de fruto *kármico* vamos a experimentar, en qué momento sucederá, ni de qué forma nos llegará. Este es un misterio que sólo conoce el Creador. Tanto si lo crees como si no, la ley del *karma* irá actuando a su manera. Sólo las acciones hechas con la noción de "yo soy el hacedor" producen *karma*. Las acciones del ego pueden ser conocidas como *karma* en sentido estricto.

No es fácil indicar el principio del *karma*, pero sí su final. Cuando, una vez eliminado el ego, el alma individual realiza su naturaleza original, todos sus *karmas* se evaporan. Pero no es fácil erradicar el sentido de hacedor en sí mismo. Sólo es posible cuando aparece el sentido de desapego respecto al placer y al dolor, una vez se ha pasado por muchas vidas.

Dios nos está modelando hacia este final, haciendo que experimentemos placer y dolor. Es una transformación laboriosa concebida a largo plazo. Se requiere mucho trabajo, para despostillar, esculpir y pulir. Todavía no podemos comprender del todo el poder divino que actúa silenciosamente detrás de estos misterios. Uno sólo puede tener fe. Cuando la mente se vuelva pura y sutil a través de la práctica espiritual, seremos capaces de recordar nuestras vidas pasadas.

No tiene sentido lamentarse por las acciones pasadas. Se trata de un capítulo ya superado, cualquiera que sea lo que haya sucedido. No podemos hacer nada. Sólo el momento presente es relevante, pues nuestro futuro dependerá de las acciones que hagamos ahora.

Dejemos que la presencia del Espíritu Supremo se revele en todo su esplendor en cada momento de nuestras vidas. Entonces nada nos aprisionará. Vivamos este momento en Dios, en nuestra auténtica naturaleza. Esto nos liberará de la influencia que ejerce sobre nosotros el círculo del *karma*, y nos liberaremos del temor a la muerte.

Nada en este universo, es accidental, pues si no fuera así, sólo habría caos. El orden y la increíble belleza que encontramos en toda la Creación, evidencian que un corazón expansivo y una inteligencia, incomprensible a la mente humana, está detrás de todo esto.

Cuando realizamos a Dios, trascendemos todas las leyes del *karma*. Los *Mahatmas* (Grandes Almas) han abandonado sus cuerpos con una sonrisa en los labios, aunque estuvieran enfermos o sufrieran intensamente. Ellos han aceptado la vida con una amplia sonrisa. Han aceptado todas las situaciones placenteras y dolorosas de igual modo. Por eso han sido capaces de admitir, incluso la muerte, con una sonrisa. Aquellos que aceptan todo lo que viene con gratitud, reciben también la muerte con esta misma actitud. Saben que la muerte no es el final de nada. La muerte no es el enemigo de nuestro Ser auténtico; sólo es el principio de otra existencia. (M.M.5)

* Cielo e infierno están aquí ahora mismo. Se encuentran dentro de nosotros. El cielo y el infierno surgen de nuestras acciones. Por tanto, necesitamos purificar nuestras acciones.

Al hacer buenas obras, recogemos sus buenos frutos y eso es el cielo. Si nuestras acciones son malvadas, recogemos sus correspondientes resultados, y eso es el infierno. (M.J.6)

* En algunas familias se observa que sus miembros fallecen uno tras otro. En otras, se puede ver una larga cadena de accidentes. Para algunos, por mucho que lo intenten, ninguna de sus propuestas de matrimonio fructifica y algunas parejas no son bendecidas con hijos. En algunas familias, sus miembros mueren jóvenes y

en otras, las mujeres enviudan entre los 30 y 40 años. Podemos decir que todo esto es el efecto del *karma*. (M.M.7) *Ver Actitud*

* Si la Gracia de Dios o del *Guru* está con nosotros, la flecha del *karma*, que ya ha salido disparada del arco de nuestras vidas pasadas, no podrá herirnos. (M.S.7)

Kundalini

* Sobre este tema Amma dice: "La *kundalini* o energía de la serpiente, es la fuerza vital que fluye en el interior y a través de todos los seres vivos. Este poder está situado debajo de la columna vertebral en forma de una serpiente hembra enroscada que duerme. Despierta mediante la contemplación continua y la Gracia del *Guru*. Cuando despierta, asciende a través de sushuma (un conducto o nervio), que se encuentra en la columna vertebral, anhelando ver a la serpiente macho. (Shiva)

Cada plexo (chakra), que es más sutil que lo más sutil, es un depósito de energía espiritual o conciencia, que sólo se puede experimentar a través de la intuición yóguica. Cuando la *kundalini* alcanza cada plexo, el buscador obtiene distintos tipos de visiones, tanto divinas como tentadoras. El *sadhak* o aspirante, que no esté bajo la estricta guía de un *satguru* o maestro realizado, puede malinterpretar estos estados inferiores como grandiosos o incluso iguales a la autorrealización, y sufrir una caída espiritual. Por eso se dice expresamente que un *Satguru* es absolutamente necesario para guiar al aspirante durante el curso de su *sadhana* o práctica.

La energía de la serpiente, al llegar a cada plexo, hace que esa región en concreto florezca y madure plenamente antes de pasar a la siguiente. Cuando esta energía se mueve de un plexo a otro, se producen en el cuerpo varios cambios. Se puede sentir una sensación de gran ardor por todo el cuerpo. También se puede experimentar un tremendo calor y temblar de vez en cuando. Puede que se exude agua o incluso sangre por los poros. Durante ciertas fases, puede llegar a demacrarse como un esqueleto. El *sadhak* que por primera vez pase por estas experiencias puede asustarse, e incluso sufrir alteraciones o trastornos mentales debido a la falta de fuerza interior para soportar la situación. Esta es otra razón por la que se indica expresamente que la meditación en la *kundalini* debería hacerse sólo en presencia de un *Satguru*.

Durante ese estado, el aspirante debería tener mucho cuidado y atención. Se le debería cuidar con tanto mimo como a una mujer embarazada. No se debería mover el cuerpo innecesariamente. Ni siquiera debería acostarse sobre un colchón, ya que el más mínimo pliegue o hendidura puede resultarle insoportable. Para tumbarse tendría que usar una plancha de madera plana y suave. La columna vertebral no debería sufrir ningún golpe, ya que los efectos pueden ser perjudiciales. Cuando la *kundalini* despierta, el aspirante se convierte en un tremendo centro de atracción y, engañado por esto, puede ejercer una gran atracción sobre el sexo opuesto. En este estado, la ausencia de un *satguru* que imparta instrucciones adecuadas puede tentarle y permitirse placeres sensuales, perdiendo de esta manera toda la energía espiritual acumulada.

Trascendidos los seis chakras, finalmente alcanza la cabeza (*sahasrara* o loto de cien pétalos, el séptimo chakra). Cuando por fin llega a su morada verdadera, el cuerpo experimenta un frescor rejuvenecedor, a lo cual le sigue una lluvia de ambrosía divina por todo el cuerpo. El antiguo cuerpo se transforma en un nuevo recipiente de tremendo poder espiritual. Las raíces absorben agua y nutrientes del suelo y los conducen a las hojas. A su vez, éstas hacen su parte del proceso, dividiendo y distribuyendo los nutrientes por todas las partes del organismo, incluidas las raíces. Esta refinada energía mantiene al árbol. De la misma manera, la energía espiritual que llega al loto de cien pétalos se transforma en ambrosía y fluye a través de los nervios, impregna todo el cuerpo y lo nutre, proporcionándole un rico brillo y esplendor, una maravillosa energía y vitalidad.

Hay un río Ganges dentro de nosotros, que tiene el poder de purificar nuestra mente. Por eso se dice que el río Ganges fluye desde la cabeza del Señor Shiva. Cuando alcanzamos la perfección gracias a la meditación, nos convertimos en Él, en el Dueño de la Ambrosía. Por eso se dice que la Diosa Ganga está escondida en el pelo enmarañado del Señor Shiva. La Diosa Ganga representa a la *kundalini* Shakti y su incesante fluir es el del Ganges. Fluye desde el Señor Shiva, el Perfecto, impregnándolo todo y purificando el universo entero. Esto es lo que hace un mahatma (gran alma). Mediante una intensa práctica espiritual, controla y sublima todas sus pasiones, y con su energía vital purificada, santifica al mundo entero. ¡No es que el Señor Shiva oculte a su segunda esposa en su pelo enmarañado, como afirman algunos!

En la actualidad se ha puesto de moda hablar de la *Kundalini* y su despertar. Es, sencillamente, una charla vacua. Que la gente se esfuerce al menos en comprender el verdadero significado de la *kundalini*, que sólo puede ser conocido a través de la *sadhana* y la experiencia. Cuando empieces a adquirir una experiencia real, es decir, cuando vayas profundizando en tu propio Ser, dejarás de hablar sobre esto. Según vayas sumergiéndote cada vez más en los sutiles retiros de la espiritualidad, las olas de pensamientos se irán parando lentamente. Sólo habrá silencio.

¿Para qué pensar y preocuparse por el despertar de la *kundalini*? Algunas personas acuden a diferentes *sannyasines* y *gurus* preguntando si su *kundalini* está despierta o no. Otros tratan de encontrar a un *guru* que lo haga con un toque. Hijos, no desperdiciéis vuestro tiempo preguntando esas cosas. Hacer vuestra *sadhana* sinceramente con amor y devoción. El avance se producirá. Por otro lado, si estáis siempre preocupados por el despertar de la *kundalini*, entonces vuestra mente estará dividida y esto afectará a vuestro crecimiento espiritual.

Tanto si seguís el camino de la devoción como el del *karma* o *jnana*, el despertar de la *kundalini* debe realizarlo la misma *kundalini* Shakti, ya sea en forma de Krishna, Rama, Devi, Jesús o Buda. No perdáis tiempo y energía pensando: "¿Cuándo va a despertar la *kundalini*? ¿Despertará si sigo este camino o será mejor el otro?". Hijos, haced vuestra *sadhana* correcta y sinceramente. El *satguru* se ocupará de lo demás."

Diosa Ganga, o Diosa Parvati, o Energía Primordial, es la energía que reside en forma de serpiente hembra, debajo de la columna vertebral, y al despertarse mediante la práctica espiritual, asciende por los chakras para unirse al Señor Shiva, la Conciencia Pura. (M.M.8)

Llorar

* Las lágrimas derramadas por el intenso amor a Dios, son lágrimas que brotan de un manantial de alegría y un fluir de amor. (C.2)

* *Algunos lloran cuando rezan. ¿No es eso una debilidad? ¿No supone una pérdida de energía?*

Llorar cuando se reza a Dios no es una debilidad. Llorar por cosas corrientes es como desperdiciar madera quemándola. Pero llorar a Dios es como usar madera para preparar *payasam* (un pudding dulce): nos ayuda a disfrutar de su dulzor.

Cuanto más arde una vela, más grande es el brillo de su llama. Llorar por asuntos mundanos puede ayudar a aliviar la carga de nuestros corazones, pero no sirve de nada llorar por lo que ya ha pasado o puede pasar. Si seguimos llorando, pensando en si nuestro hijo estudiará o le irá bien en los exámenes, en lo que los demás puedan decir de él y cosas por el estilo, estaremos preparando el camino hacia la depresión y otras enfermedades. Esto es debilidad. Pero cuando abrimos nuestros corazones y rezamos a Dios, nuestras mentes se llenan de paz.

Rezar a Dios aumenta nuestras buenas cualidades. Ayuda a fijar la mente, pues de otra manera correría tras los objetos. Así la mente consigue concentración. Por tanto, la oración no supone una pérdida de energía, sino una ganancia. Es un atajo para poner la mente bajo nuestro control.

Aunque Dios está en nuestro interior, en el momento presente nuestras mentes no miran hacia adentro. La oración es una manera de fijar la mente en Dios.

Es como cuando los niños lloran para atraer la atención de sus madres. Si el niño llora de hambre, la madre se apresurará a cogerlo para darle de comer. Llorar cuando se reza es un medio efectivo para poner la mente bajo nuestro control. Por tanto, no es una debilidad.

Podemos experimentar dolor en las relaciones mundanas. Si la persona amada nos muestra menos amor, nos podemos enfadar o estar resentidos. Esto es porque la relación está basada en el deseo y las expectativas. Pero no ocurre así cuando lloramos por Dios o cantamos *bhajans*. No esperamos nada a cambio (aun cuando lo conseguimos todo). "Concédenos tus cualidades divinas, danos fuerza para hacer servicio desinteresado", esta es la verdadera oración. (M.D.5) *Ver Orar*

Libertad

✳ Tenemos libertad para realizar cualquier acción que deseemos, pero no poseemos el control sobre el resultado de nuestra acción. Por ejemplo, somos libres para comprar el coche que más nos guste, construir la casa de nuestros sueños, etc., pero el coche en cuestión puede verse implicado en un accidente, sin que nosotros podamos controlarlo. Las alegrías que podemos conseguir de este mundo son limitadas, mientras que sus sufrimientos son ilimitados. (M.J.1) *Ver Felicidad*

✳ El "vivir liberado" es un estado en el que se adquiere conciencia de la gloria de Dios, de su poder infinito en todo lo creado. No sólo en la bondad y belleza, sino también en la maldad y fealdad. (M.D.1)

✳ Amma nos dice que tenemos libre albedrío, pero lo que nos llega en el presente es el fruto de nuestras acciones pasadas. Los antiguos sabios, conocedores del pasado, presente y futuro, predecían la ley del *karma* y su influencia en nuestras vidas. Sin embargo, este hecho no resta importancia al esfuerzo personal. Por ejemplo, un experimentado doctor, después de examinar a un paciente, puede decirle: "Tienes muy elevado el número de glóbulos blancos de tu sangre. Si continúas así, tu vida podría verse afectada, pero si a partir de ahora tomas las medicinas adecuadas y sigues mis consejos, tu salud tal vez mejore." (M.S.2)

✳ El apego a la forma del *Guru* os llevará finalmente, a no sentir apego por nada y a una libertad absoluta. Cuando amamos la forma entera del Maestro, no amamos a un individuo limitado, sino a la Pura Conciencia, la cual el Maestro os la revelará poco a poco. (M.S.2) *Ver Guru*

✳ El único camino para ser libres es desarrollar *saksi bhava* (la actitud del testigo). Esta es también la meta de la oración. (M.D.5) *Ver Orar*

✳ Si no hay despertar interior, si cada uno no despierta en su interior, no se alcanzará la verdadera libertad.

Aunque tenemos un sistema en el que impera la ley y el orden o policía para hacerlos cumplir, sigue habiendo ladrones y delincuencia. Aunque la mayoría de los países tiene ejército, no dejan de surgir multitud de terroristas en muchos países. Aunque tenemos políticos y buenos administradores, sigue habiendo muchos problemas y conflictos internos en cada país. Esto demuestra que algo no funciona en el sistema. Seguimos mejorando las circunstancias externas pero las cosas siguen igual.

Por supuesto que esto ayuda en cierta medida, pero no totalmente. Creo que si no hay despertar interior, si cada uno no despierta y se empapa de la verdad espiritual, no llegará la verdadera libertad. (M.S.7)

Mantra japa

* Hijos, acabáis de recitar el *mantra*. "Om Amriteswaryai Namaha" Ese nombre, esa Diosa, representan el néctar (amrita) del *Átman* en el *sahasrara chakra* (centro de energía espiritual situado en la parte superior de la cabeza). El *mantra* recitado significa: "¡Encuentra la dicha que hay en tu interior!". Es ese Ser el que debe ser descubierto y no este cuerpo humano (señalándose a sí misma) de un metro cincuenta. (M.M.1)

* Cualquiera que sea la actividad que estéis realizando, recitad vuestro *mantra* o reflexionad sobre las Enseñanzas védicas, o bien, sobre las verdades espirituales que habéis adquirido. En la atmósfera del *ashram* conviene estar muy vigilantes. El servicio desinteresado y la repetición del *mantra* son suficientes para alcanzar la meta. Sin estas dos cualidades, no llegaréis a vuestro objetivo, por lo que os conviene realizar grandes austeridades. Hacer ejercicios espirituales sin dedicarse al servicio desinteresado, es como construir una casa sin puertas. Tened coraje y no estéis ociosos. (M.D.1)

* Es difícil atrapar a una vaca que se escapa, persiguiéndola. Pero si le enseñas algo de comer que le guste, se acercará. Entonces puedes sujetarla y atarla. Del mismo modo, el *mantra japa* (repetición del *mantra*) ayuda a mantener la mente bajo control. En este momento, nuestra mente va saltando de objeto en objeto. La recitación del Nombre del Señor es una manera fácil de ponerla bajo nuestro control y hacer que se vuelva hacia Dios.

Aunque digamos que el Creador y la creación no son dos, en este momento no controlamos nuestras mentes. Hemos de tener la mente bajo nuestro control del mismo modo que utilizamos el mando a distancia para la televisión. Con el mando podemos ir cambiando de canal y seleccionar el que queremos ver a nuestra voluntad. Deberíamos ser capaces de controlar nuestra mente de la misma forma. La mente debería estar donde nosotros queramos que esté. Ahora corre tras distintos objetos. Prácticas como el *japa* o repetición del *mantra* son necesarias para tener la mente bajo nuestro control y evitar, así, que vaya de aquí para allá.

Mediante *tapas* (austeridades) la mente adquiere la capacidad de adaptarse a distintas situaciones. Por lo general, la gente está siempre nerviosa. *Japa,* es una disciplina que alivia esta tensión.

Al principio, se enseña a los niños a contar con la ayuda de semillas de *manjadi* (semilla roja del árbol Adanthara Pavonia). Más tarde, harán cálculos mentales sin depender de ellas. Aquel que tiene mala memoria tendrá cuidado en anotar las cosas que necesita comprar. Después de haber hecho la compra, puede tirar la lista.

De modo parecido, ahora nos encontramos en un estado de olvido, no somos conscientes. Hasta que surja esa conciencia, el *japa* y otras prácticas espirituales son necesarias.

Entonces no hay ni venganza ni enemistad. La mente se vuelve pacífica por lo menos durante el *japa.* También crea vibraciones positivas en la naturaleza.

Los pensamientos no deseados se evitan durante el *japa.* Así podemos reducir la tensión que nos causan. La mente gana en pureza. El egoísmo disminuye y la mente se hace más expansiva.

Si reconducimos el agua de varios canales hacia uno sólo, con esa energía podemos producir electricidad. Podemos conservar mucha de la energía mental que se pierde con los pensamientos gracias al *japa* y la meditación. Podemos superar los conflictos mentales mediante el *japa* y las oraciones. Podemos olvidar todas las cosas innecesarias. Generalmente, olvidamos las cosas por falta de conciencia. Lo que suele ocurrir es que en cuanto vuelve la conciencia recordamos esas cosas y nos ponemos nerviosos de nuevo. Pero a través de la práctica espiritual somos capaces de olvidar conscientemente, de manera que esos problemas no vuelvan a molestarnos más.

Escribiendo en las paredes las tres palabras "Prohibido fijar carteles" podemos evitar que se escriban muchas otras palabras. "Prohibido fijar carteles" es un tipo de anuncio, pero ¡qué útil es!.

El *mantra japa* es parecido. Podemos reducir el número de pensamientos con el *mantra japa*.

Si una persona corriente es como un poste eléctrico, un *tapasvi* (el que hace prácticas espirituales austeras) es como un generador. (M.J.5) *Ver Orar*

✳ Amma da a sus hijos cristianos el *mantra* de Cristo, y a los musulmanes les da el *mantra* correspondiente a su creencia. Lo que Amma quiere decir es que no importa nuestra fe, sino que basta con desarrollar cualidades como el amor, la compasión y el perdón en nuestra vida, y entonces podremos disfrutar de paz. (M.M.6) *Ver Actitud*

✳ Hijos míos, obligar a la mente a que medite es como tratar de sumergir una pieza de corcho en el agua. Tan pronto dejemos de presionar y hundir el corcho, éste volverá a flotar inmediatamente. Si no es posible la meditación, hacer *japa*. A través de *japa* la mente se volverá más receptiva y flexible para la meditación. (M.M.8)

Maternidad - Femineidad

* *Nos sentimos muy felices al saber que Amma se había referido especialmente a las mujeres en su discurso en la ONU.*

En muchas naciones, las mujeres están oprimidas, no poseen siquiera los derechos básicos de una vida digna. Dios creó por igual al hombre y a la mujer. Deberían tener iguales libertades. En Occidente, las mujeres caen en la opresión al actuar como hombres: se cortan el cabello, fuman y beben, creyendo que esto las igualará socialmente a los hombres. De igual modo, los hombres se sienten infelices con lo que les ha tocado en suerte en esta vida e intentan parecerse mucho más a las mujeres. Ambos andan perdidos. Las mujeres deberían asumir las cualidades positivas masculinas y los hombres deberían asumir las cualidades femeninas. Todas las personas deberían poseer coraje y compasión. Las mujeres dan nacimiento a los hombres. Como ellas son las creadoras, si pierden la paciencia, la armonía del mundo llegará a desaparecer. Ahora los habitantes de la India han empezado a imitar a los occidentales. Amma se siente feliz si las mujeres indias llegan a tener el coraje propio de las mujeres occidentales, pero siempre que mantengan sus cualidades maternas. Si se pierde el corazón, se pierde la cultura. (M.D.0)

* Ninguna religión auténtica menosprecia a la mujer o habla despectivamente de ella. Para los que han realizado a Dios, no hay diferencia entre masculino y femenino, ya que tienen una visión igualitaria. Si en algún lugar de este planeta existen reglas que impiden a la mujer gozar de su genuino derecho a la libertad, o normas que obstaculizan su avance y progreso espiritual, éstas no proceden de los mandamientos de Dios, sino del egoísmo del hombre.

Hay un hombre en lo profundo de cada mujer, y una mujer en lo profundo de cada hombre. Esta verdad les fue revelada, en la meditación, a los grandes sabios y videntes de la antigüedad. Esto es lo que el concepto *ardhanariswara* (mitad dios/mitad diosa) quiere simbolizar en la espiritualidad hindú. Pero, independientemente de que seáis mujer u hombre, vuestra verdadera humanidad sólo saldrá a la luz cuando las virtudes femeninas y masculinas encuentren un equilibrio en vuestro interior. (M.M.3)

* Amma se inclina ante todos vosotros, que sois ciertamente la encarnación del amor supremo y de la pura conciencia.

Este premio fue instituido para recordar a dos grandes personalidades: Mahatma Gandhi y al Reverendo Martín Luther King. En esta ocasión, la plegaria de Amma va dirigida a todos aquellos que rezan y trabajan por la paz en todo el mundo, con el fin de que logren más fuerza e inspiración y hacer que cada día sean más las personas que trabajen por la paz mundial. Amma recibe este premio en nombre de todos ellos. La vida de Amma ha sido ofrecida al mundo y, por tanto, Ella no tiene nada que objetar.

Tanto Mahatma Gandhi como el Reverendo Martín Luther King soñaron con un mundo en el que todos los seres humanos fueran valorados y amados como seres humanos, sin ningún tipo de prejuicio. Al recordarlos, Amma desea expresar su visión de futuro ante vosotros. Amma también tiene un sueño. Es una visión del mundo en el que mujeres y hombres progresan juntos, un mundo en el que todos los hombres respeten el hecho de que, al igual que las dos alas de un pájaro, las mujeres y los hombres poseen igual valor. La humanidad no podrá progresar sin un perfecto equilibrio entre los dos.

El Dr. King tenía el coraje de un león, aunque su corazón era tan suave como una flor. Arriesgó su vida por amor, igualdad y otras nobles ideas que él promovió. Tuvo que luchar con gran perseverancia contra aquellos que se oponían a estas ideas en su propio país. Y Mahatma Gandhi no se limitó a predicar. Puso sus palabras en acción. Dedicó toda su vida a defender la paz y la no violencia. Aunque hubiera podido ser Primer Ministro o Presidente de la India, Gandhi no aceptó estos cargos porque no tenía ningún deseo de fama o de poder. De hecho, cuando sonaban las campanas de medianoche que anunciaban la independencia de la India, Gandhi se encontraba consolando a las víctimas de una zona afectada por disturbios.

Resulta fácil despertar a alguien que duerme. Basta con darle una o dos sacudidas. Pero a una persona que simula dormir le puedes dar mil sacudidas y no reaccionará. La mayoría pertenece a esta última categoría. Ha llegado la hora que todos nosotros despertemos. Mientras no se suavicen en el ser humano las más bajas tendencias animales, no se logrará nuestra visión para el futuro de la humanidad y la paz seguirá siendo un sueño distante.

Consigamos el coraje y la perseverancia, que proceden de la práctica espiritual, para realizar ese sueño. Para que esto suceda, cada uno de nosotros necesita descubrir y hacer surgir la luz de nuestras cualidades innatas: la fe, el amor, la paciencia y el auto-sacrificio para el bien de todos. Esto es lo que Amma denomina auténtica maternidad. (M.M.3)

❋ (Palacio de las Naciones, Ginebra, 7 de octubre de 2.002)

Las mujeres son la fuerza y el fundamento mismo de nuestra existencia en el mundo. Por eso es crucial que las mujeres de todo el mundo hagan un gran esfuerzo por reencontrar su naturaleza fundamental, pues sólo así podremos salvar este mundo.

Amma se postra ante todos los presentes, quienes son ciertamente la manifestación de la conciencia suprema y del amor.

A los ojos de Amma, las mujeres y los hombres son iguales. Amma desea expresar sinceramente su punto de vista sobre este tema en particular. Estas observaciones no son necesariamente aplicables a todo el mundo, pero sí pueden servir para una gran mayoría. En la actualidad, son muchas las mujeres que están dormidas. ¡Deben despertar y levantarse! Es una de las necesidades más apremiantes de este momento. No sólo deben despertar las mujeres que viven en países en vías de desarrollo, sino también las mujeres de cualquier parte del mundo. En los países donde el materialismo es predominante, las mujeres deberían despertar a la espiritualidad. (La espiritualidad a la que Amma se refiere no es la de adorar a un Dios sentado en algún lugar del cielo, más allá de las nubes. La auténtica espiritualidad implica conocernos a nosotros mismos y realizar el infinito Poder que hay en nuestro interior. La espiritualidad y la vida no son entidades separadas, sino una sola. La verdadera espiritualidad nos enseña a vivir en el mundo. La ciencia material nos enseña a refrigerar el mundo externo, mientras que la ciencia espiritual nos enseña a "refrigerar" nuestra mente interna.) Y en aquellos países en los que las mujeres se ven forzadas a permanecer en los limitados muros de la tradición religiosa, deberían despertar al pensamiento moderno. Se ha generalizado la idea de que las mujeres y la cultura de su entorno, despertarían gracias a la educación y al desarrollo del materialismo, pero el tiempo nos ha demostrado que se trata de una visión muy limitada. Sólo cuando las mujeres puedan asimilar la sabiduría eterna de la espiritualidad, además de recibir una educación moderna, se despertará en ellas el poder innato que poseen y se alzarán para actuar.

¿Quién debe despertar a la mujer? ¿Qué dificulta su despertar? De hecho, no hay fuerza externa que pueda obstaculizar el desarrollo de su cualidad maternal innata, u otras cualidades como el amor, la empatía y la paciencia. Es ella, y sólo ella, la que debe despertarse. Sólo se lo impide su propia mente.

En la mayoría de los países, siguen prevaleciendo las normas y las creencias supersticiosas que degradan a la mujer. Las primitivas costumbres, inventadas por los hombres en el pasado para explotar y subyugar a la mujer, permanecen todavía vivas, hoy en día. La mujer y su mente se han quedado atrapadas en la tela de araña de estas costumbres. La mujer vive hipnotizada por su propia mente y, si desea liberarse de este campo magnético, tiene que hacerlo ella misma. Este es el único camino.

Si observamos a un elefante, vemos como puede con su trompa arrancar de raíz un enorme árbol y levantarlo. Cuando es pequeño y vive en cautiverio, se le ata a un árbol con fuertes cuerdas o con cadenas. Pero como su naturaleza es la de vivir libremente, el pequeño elefante trata instintivamente, con toda su fuerza de liberarse. Pero no es lo suficientemente fuerte para lograrlo. Al ver que sus esfuerzos resultan vanos, abandona la lucha. Más tarde, cuando crece y es adulto, puede ser atado a un pequeño árbol con una cuerda fina. Podría liberarse fácilmente si quisiera, pero como su mente está condicionada por la experiencia anterior, no hace ni el más mínimo esfuerzo.

Esto es lo que le está sucediendo a la mujer.

La sociedad no permite que emerja la fuerza de la mujer. Hemos creado un obstáculo que impide que fluya esa gran fortaleza.

Tanto la mujer como el hombre poseen un mismo potencial, inherente e infinito. Si la mujer realmente se lo propusiera, no le sería difícil romper las ataduras, las reglas y los condicionamientos que la sociedad le ha impuesto. La gran fortaleza de la mujer está en su maternidad innata, en su poder de crear, de dar vida.

Y este poder puede ayudarle a plasmar un cambio en la sociedad mucho más significativo del que pudieran realizar los hombres.

Las ideas anticuadas y paralizantes que se sentaron en el pasado, impiden que la mujer alcance altas cotas espirituales. Estas son las sombras que aún persiguen a la mujer, generando miedo e inseguridad en su interior. Son simples ilusiones, que tendría que abandonar. Las limitaciones que la mujer piensa que tiene, no son reales. Necesita hacer un esfuerzo para eliminar esas limitaciones imaginarias. En realidad, ya poseen ese poder, ¡se encuentra aquí mismo! Y cuando ese poder se despierte, nadie podrá detener su marcha hacia delante, en todos los ámbitos de la vida.

Los hombres, normalmente, creen en el poder de la fuerza. A nivel superficial, ven a las mujeres como madres, esposas o hermanas, pero no podemos ocultar que, a un nivel más profundo, los hombres aún muestran una gran resistencia cuando se trata de entender, aceptar y reconocer adecuadamente a la mujer y el aspecto femenino de la vida.

Amma recuerda una historia. En una aldea vivía una mujer que era muy espiritual y se sentía inmensamente feliz por ayudar a los demás. Los sacerdotes de la aldea la nombraron sacerdotisa, pero como era la primera mujer de toda la región, a muchos sacerdotes no les gustó nada la idea de su nombramiento. Algunos sacerdotes sintieron celos por la gran compasión, humildad y sabiduría que muchos aldeanos apreciaban en ella.

Un día, se celebró un encuentro religioso en una isla de la región y fueron invitados todos los sacerdotes. La isla se encontraba a tres horas en barca desde la aldea. Cuando subieron a la barca, los sacerdotes descubrieron consternados que la sacerdotisa ya se encontraba a bordo. Susurraron entre ellos: ¡Qué desdicha, ni siquiera en esta ocasión nos deja solos! La barca arrancó, pero no había transcurrido ni una hora, cuando el motor se paró y la barca se detuvo. El capitán exclamó: "¡Oh, no! ¡Estamos perdidos, me olvidé de llenar el depósito!" Nadie supo que hacer. No había ninguna otra barca a la vista. En ese momento, la sacerdotisa se levantó y dijo: "No os preocupéis hermanos, iré en busca de gasolina." Dicho y hecho, salió del bote y caminó sobre las aguas. Los sacerdotes se quedaron asombrados, pero no tardaron en remarcar: "¡Mírenla, ni siquiera sabe nadar!".

Esta es, en general, la actitud de los hombres. Forma parte de su naturaleza el infravalorar y despreciar los logros de la mujer.

Las mujeres no son objetos decorativos, destinados a ser controlados por los hombres. Éstos las tratan como si fueran plantas de maceta, impidiendo el pleno crecimiento del potencial de la mujer.

La mujer no ha sido creada para el disfrute del hombre, ni para que sirva el té a los invitados. Los hombres utilizan a las mujeres como si fueran cintas de casete, les gusta que actúen según sus caprichos y fantasías, como si estuvieran presionando las teclas de puesta en marcha o parada.

Los hombres se consideran a sí mismos superiores a las mujeres, tanto física como intelectualmente. Resulta evidente la arrogancia de su concepción errónea sobre la mujer, pues en todo lo que hacen sostienen la idea de que las mujeres no pueden sobrevivir en la sociedad sin la dependencia de los hombres.

Una mujer que goce de mala reputación, aunque sea una víctima inocente, será rechazada socialmente y, a menudo, incluso por su propia familia. En cambio, el hombre puede ser tan inmoral como le plazca y salir airoso, ya que raramente se cuestiona su actuación.

Incluso en países desarrollados, la mujer queda relegada a un segundo plano cuando trata de compartir poder político con los hombres. Resulta interesante constatar como, en este terreno, algunos países en vías de desarrollo están comparativamente mucho más adelantados. Y sin embargo, ¿cuántas mujeres reconocidas actúan en la arena de la política mundial? Se podrían contar con los dedos de una mano. ¿Acaso es debido a la incompetencia de la mujer o se debe a la arrogancia del hombre?

Las circunstancias adecuadas y el apoyo de otros ayudarán, con seguridad, a que la mujer se despierte y eleve. Pero no basta con eso, son ellas las que deberían extraer consecuencias de estas experiencias y fortalecerse interiormente. El verdadero poder y la fuerza no proceden del exterior, sino del interior mismo.

Las mujeres tienen que hallar su propio coraje. El coraje es un atributo de la mente, y no una cualidad del cuerpo. Ellas tienen la fuerza necesaria para combatir las reglas sociales que impiden su progreso. Esta es la experiencia personal de Amma. A pesar de que en la India ha habido muchos cambios, aún se puede observar la supremacía del hombre. Incluso, hoy en día, la mujer sigue siendo explotada en nombre de determinadas convenciones religiosas y de la tradición. También en la India se están despertando las mujeres y dando pasos hacia delante. Hasta hace muy poco, no se les permitía venerar a Dios en el santuario interior de los templos, ni podían consagrar un templo o realizar rituales védicos. Pero Amma está impulsando el coraje de la mujer y las designa para que realicen esas tareas. También es Amma la que realiza la ceremonia de consagración en todos los templos construidos por nuestro *ashram*. Fueron muchos los que se opusieron a que las mujeres realizaran estos rituales ya que, durante generaciones, habían sido los hombres los únicos que podían hacer este tipo de ceremonias. A los que cuestionaron lo que hacíamos, Amma les explicó que veneramos a un Dios que está más allá de toda discriminación, que no diferencia entre masculino y femenino. Al final, la mayoría de la gente ha apoyado este cambio revolucionario, ya que estas prohibiciones impuestas a las mujeres nunca formaron parte de la antigua tradición hindú. Con toda probabilidad, estas reglas se establecieron más tarde por hombres que pertenecían a una clase social privilegiada, con el fin de explotar y oprimir a la mujer. No existían en la antigua India.

En aquella época, las palabras sánscritas que utilizaba el marido para referirse a su esposa eran *Pathni,* (la que guía al esposo a través de la vida) *Dharmapathni,* (la que guía a su esposo por la senda del *dharma*, lo recto, la responsabilidad), y *sahadharmacharin* (la que avanza conjuntamente con su esposo por la senda del *dharma).* El empleo de estos términos implica que las mujeres gozaban del mismo estatus que el hombre o quizás, incluso, de uno más elevado. La vida conyugal era considerada sagrada, y si se vivía con la correcta actitud y comprensión, apoyándose mutuamente, podían alcanzar la meta final de la vida: la Auto-Realización o la Realización de Dios.

En la India, nunca ha sido venerado el Ser Supremo exclusivamente en su forma masculina. También es venerado como Diosa, bajo distintos aspectos. Por ejemplo, es venerada como Saraswati, la Diosa del aprendizaje y la sabiduría. Es adorada como Laksmi, la Diosa de la prosperidad, así como Santana Laksmi, la Diosa que brinda nueva vida en el seno mismo de la mujer. También se venera bajo la forma de Durga, la Diosa del poder y la fuerza. Hubo una época en la que el hombre adoraba a la mujer como la manifestación de sus atributos en la tierra. En algún momento posterior, por la influencia egoísta de ciertos hombres influyentes con deseos de poder y dominio sobre todas las cosas, se desvirtuó esta profunda verdad y quedó apartada de nuestra cultura. Y así fue como la gente se olvidó o ignoró la profunda conexión entre la mujer y la Madre Divina.

Normalmente, se tiende a pensar que la religión que concede a la mujer un menor estatus social es el Islam. Sin embargo, el Corán habla de cualidades como la compasión y la sabiduría, además de utilizar términos femeninos para referirse a la naturaleza esencial de Dios.

En el cristianismo, el Ser Supremo es adorado exclusivamente como el Padre en el cielo, el Hijo y el Espíritu Santo. El aspecto femenino de Dios no está tan ampliamente reconocido. Cristo consideró iguales a los hombres y a las mujeres.

Para que pudieran nacer Cristo, Krishna y Buda, fue necesaria una mujer. Un hombre no pudo realizar esta tarea. Para poder encarnarse, Dios necesitó de una mujer que sobrellevase todos los dolores y las dificultades durante el embarazo y el nacimiento. Sin embargo, nadie considera injusto que la mujer sea gobernada por el hombre. Ninguna religión auténtica menos precia a la mujer o habla despectivamente de ella.

Para los que han realizado a Dios, no hay diferencia entre masculino y femenino, ya que tienen una visión igualitaria. Si en algún lugar de este planeta existen reglas que impiden a la mujer gozar de su genuino derecho a la libertad, o normas que obstaculizan su avance y progreso social, éstas no proceden de los mandamientos de Dios, sino del egoísmo de los hombres.

¿Qué ojo es más importante? ¿El derecho o el izquierdo? Ambos son importantes. Lo mismo sucede con el estatus social del hombre y la mujer. Ambos deberían adquirir conciencia de sus responsabilidades sociales o *dharma*. Los hombres y las mujeres tendrían que apoyarse mutuamente. Sólo de esta manera es posible mantener la armonía en el mundo. Cuando las potencialidades de ambos se complementen y se muevan en la misma dirección, cooperando y respetándose mutuamente, entonces lograrán, tanto hombres como mujeres, la perfección.

En realidad, el hombre es una parte de la mujer. Cada niño se encuentra primero en el útero de la madre, como parte misma del ser de la mujer. Respecto a un nacimiento, el papel que desempeña el hombre es el de ofrecer su semilla. Para él constituye un momento de placer, pero para la mujer son nueve meses de austeridad. Es la mujer la que recibe, concibe y hace de esa vida una parte de su propio ser. Ella crea la atmósfera más propicia para que esa vida se desarrolle en su interior y luego le da la luz. Las mujeres son esencialmente madres, las creadoras de la vida. Cada hombre aspira en secreto a ser nuevamente abrazado en el seno del amor incondicional de la madre. Esa es una de las razones sutiles de la atracción que el hombre siente por la mujer, pues el hombre ha nacido de una mujer.

Nadie puede cuestionar la realidad de la maternidad, el que el hombre haya sido creado por la mujer. Este hecho nunca lo podrán comprender aquellos que se niegan a salir del limitado reducto de sus mentes. No se puede explicar la luz a aquellos que sólo conocen la oscuridad.

El principio de la maternidad es tan inmenso y poderoso como el mismo universo. Con el poder de la maternidad que emana de su interior, la mujer puede incidir sobre la totalidad de este mundo.

¿Es Dios un hombre o una mujer? La respuesta a esta pregunta es que Dios no es ni masculino ni femenino. Dios es "Eso". Pero si insistimos en que Dios debe tener un género, entonces concluiremos que es más femenino que masculino, pues lo masculino está contenido en lo femenino.

Cualquier persona, ya sea hombre o mujer, que tenga suficiente coraje para superar las limitaciones de la mente, puede alcanzar el estado de maternidad universal. El amor maternal consciente es amor y compasión, tanto hacia el propio hijo como hacia todas las personas, animales, plantas, rocas o ríos. Es un amor que se prodiga a toda la naturaleza, a todos los seres. De hecho, cuando se despierta en una mujer el estado de verdadera maternidad, considera a todas las criaturas sus hijos. Este amor, esta maternidad, es Amor Divino, y eso es Dios.

Más de la mitad de la población mundial son mujeres. Constituye una gran pérdida el que se le niegue la libertad de desarrollo a la mujer, o se le niegue el elevado estatus social que le corresponde. Cuando se le limita o se le veda, es toda la sociedad la que pierde esa contribución potencial.

Si la mujer se ve debilitada, sus hijos se ven afectados, tornándose débiles. De esa manera, toda una generación pierde su fuerza y vitalidad. Sólo podremos crear un mundo de luz y de conciencia cuando las mujeres reciban el honor que se merecen.

Las mujeres pueden realizar todas las tareas al igual que los hombres, quizás incluso mejor. Las mujeres poseen la fuerza de voluntad y la energía creativa que les permite desarrollar cualquier tipo de actividad. Amma puede afirmarlo por propia experiencia. Las mujeres pueden alcanzar metas extraordinarias en toda actividad que desarrollen, y esto es especialmente cierto en el sendero espiritual. Las mujeres tienen la pureza mental y la capacidad intelectual necesarias para lograrlo. Pero, todo aquello que se propongan tiene que ser, en sus inicios, positivo. Si el inicio es bueno, su proceso y resultado final, también lo serán automáticamente. No obstante, se necesita paciencia, fe y amor. Los inicios erróneos, basados en algo imperfecto, constituyen la causa de que la mujer pierda tanto en la vida. No se trata sólo de que la mujer comparta el mismo estatus social que el hombre. El problema radica en que se le da a la mujer un mal comienzo en la vida producto de una incorrecta comprensión y de la creencia de una conciencia apropiada. De esta manera, las mujeres tratan de obtener resultados, sin haber obtenido los beneficios de un buen principio.

Si queremos aprender a leer el alfabeto Romano, tendremos que empezar por las primeras letras A, B, C... y no por X, Y, Z. ¿Y cuál es el ABC de la mujer? ¿Cuál es el pilar fundamental de la mujer, de su existencia? Es su cualidad intrínseca, los principios esenciales de la maternidad. Cualquiera que sea el área de trabajo que ella escoja, no debería olvidar estas virtudes que Dios o la Naturaleza tan graciosamente le han concedido. La mujer tendría que realizar todas sus acciones fuertemente enraizadas en la base de estas cualidades maternales. Éstas constituyen, al igual que el ABC del alfabeto, los principios fundamentales de la mujer. No debería olvidar esta parte crucial de su esencia cuando actúe en otros niveles de la vida.

La mujer posee habilidades que no suelen darse en los hombres. Una mujer tiene la capacidad de dividirse en varias. A diferencia del hombre, pueden realizar diferentes labores al mismo tiempo. Cuando tiene que dividirse y hacer simultáneamente varias actividades, la mujer posee el don de realizarlas con una gran belleza y perfección. Incluso en su papel de madre, posee la virtud de expresar diferentes facetas de su ser. Será afectuosa y delicada, pero también fuerte y protectora, y si es necesario, se mostrará estricta para disciplinar a su familia. Rara vez vemos esta confluencia de cualidades en un hombre. De hecho, la responsabilidad de la mujer es mayor que la del hombre. La mujer sostiene las riendas de la integridad y de la unidad, tanto familiar como social.

La mente de un hombre se identifica fácilmente con sus pensamientos y acciones. La energía masculina podría compararse con las aguas estancadas, que no fluyen. Por lo general, el intelecto del hombre se queda atrapado en la actividad que está realizando. Le resulta difícil variar el punto de concentración de su mente. Por esta razón, la vida profesional y familiar de muchos hombres termina entre mezclándose. La mayoría no puede separarlas. Las mujeres, por el contrario, poseen una capacidad innata para establecer esa separación. En el hombre existe la tendencia, muy arraigada, de trasladar su comportamiento profesional a su hogar y actuar de igual manera en la relación que mantiene con su esposa e hijos. Y son muchas las mujeres que saben cómo mantener separada la vida familiar de la profesional.

La energía femenina o la de la mujer fluye como un río. Esto facilita su labor de madre, de esposa y de buena amiga, aportando confianza a su marido. Tiene el don especial de ser la guía y consejera de toda la familia. Las mujeres que, además, trabajan fuera del hogar, tienen todas las posibilidades para triunfar también allí.

La fuerza de la maternidad innata en la mujer, le permite hallar en sí misma un profundo sentimiento de paz y armonía. Esto hace que puedan reflexionar y actuar al mismo tiempo, mientras que el hombre tiende a reflexionar menos y a reaccionar más. Una mujer posee la capacidad de escuchar el dolor de los demás y responder con compasión, y si tiene que hacer frente a un desafío, sabe elevarse por encima de la situación y responder con la misma fuerza que cualquier hombre.

En el mundo actual, todo se ha contaminado y carece de naturalidad. Ante esta situación, la mujer debería actuar con especial precaución para que sus cualidades maternales y su propia naturaleza de mujer, no se vean también afectadas y distorsionadas.

Hay un hombre en lo profundo de cada mujer y una mujer en lo profundo de cada hombre. Esta verdad les fue revelada, en la meditación, a los grandes sabios y videntes de la antigüedad. Esto es lo que el concepto *ardhanariswara* (mitad dios/mitad diosa) quiere simbolizar en la espiritualidad hindú. Pero, independientemente de que seáis mujer u hombre, vuestra verdadera humanidad sólo saldrá a la luz cuando las virtudes femeninas y masculinas encuentren un equilibrio en vuestro interior.

El hombre también ha sufrido muchísimo a causa del exilio del principio femenino en el mundo. Por la opresión de la mujer y la represión del aspecto femenino en el interior del hombre, la vida de éste se ha visto fragmentada, y a menudo le resulta dolorosa. El hombre también debe despertar a sus cualidades femeninas. Tiene que desarrollar empatía y comprensión en su actitud hacia la mujer y en la forma cómo se relaciona con el mundo.

Las estadísticas muestran que los hombres -no las mujeres- cometen los mayores delitos y crímenes de este mundo.

Existe también una estrecha correlación entre la forma cómo los hombres destruyen la Madre Naturaleza y su actitud hacia la mujer. A la Naturaleza se le debería dar la misma importancia, en nuestro corazón, que a nuestra propia madre biológica.

Sólo el amor, la compasión y la paciencia -que son las cualidades fundamentales de la mujer- pueden disminuir las tendencias intrínsecamente agresivas del hombre. De igual forma, hay mujeres que necesitan de las cualidades de los hombres para no quedar inmovilizadas por su bondad y naturaleza gentil.

Las mujeres son la fuerza y el fundamento mismo de nuestra existencia en el mundo. Cuando las mujeres pierden el contacto con su ser real, deja de existir la armonía en el mundo y comienza la destrucción. Por eso es crucial que las mujeres de todo el mundo hagan un gran esfuerzo por reencontrar su naturaleza fundamental, pues sólo así podremos salvar este mundo.

Lo que nuestro mundo actual necesita realmente es la cooperación entre hombres y mujeres. Una cooperación basada en un sentimiento sólido de unidad, tanto familiar como social. Las guerras y los conflictos, el sufrimiento y la ausencia de paz que aflige al mundo actual, podrán ciertamente disminuir si hombres y mujeres empiezan a cooperar y a apoyarse mutuamente. Hasta que no se reestablezca la armonía entre lo masculino y lo femenino, entre hombres y mujeres, la paz continuará siendo un sueño difícil de alcanzar.

Hay dos tipos de lenguajes en el mundo: el lenguaje del intelecto y el lenguaje del corazón. Al lenguaje del intelecto racional le gusta argumentar y atacar. La agresión forma parte de su propia naturaleza. Es puramente masculina, desprovista de amor o de cualquier sentido de interacción con los demás. Se expresa de esta manera: "No sólo tengo razón y tú estás equivocado, sino que además voy a demostrártelo a cualquier precio con el fin de desarmarte." Es normal que los que hablen ese lenguaje intenten dominar y hacer bailar a los demás como marionetas al son de sus propios caprichos. Tratan de forzar sus ideas sobre los demás. Sus corazones están cerrados y raramente tienen en cuenta los sentimientos de los demás. Lo único que valoran y consideran es el dictado de su propio ego y su vana idea de victoria.

El lenguaje del corazón, el lenguaje del amor, el que se relaciona con el principio femenino, es bien diferente. Los que lo hablan no prestan atención a su ego. No están interesados en probar que tienen razón o que el otro está equivocado. Están profundamente interesados en el prójimo, y lo que realmente desean es ayudar, apoyar y elevar a los demás. En su presencia, surge la transformación espontáneamente. Son los dadores de una esperanza tangible y de luz en este mundo. Los que se acercan a ellos, renacen. Cuando hablan, no lo hacen para impresionar, imponer ideas o discutir, su hablar se convierte en una verdadera comunión entre corazones.

El amor verdadero no tiene nada que ver con el placer o el egocentrismo. En el amor verdadero, tú no eres el importante, es el otro el que importa. En el amor, el otro no es un instrumento para satisfacer vuestro deseo egoísta, eres tú el instrumento de la Divinidad para hacer el bien en el mundo. El amor no sacrifica a los demás, el amor se entrega alegremente, sin esperar nada a cambio. El amor es desinteresado, y no se impone a la mujer para relegarla a un segundo plano, para tratarla como un objeto. Cuando hay amor verdadero, no te sientes menos preciado, más bien te engrandeces y te transformas en uno con la totalidad, lo contienes todo y te sientes eternamente dichoso.

Lamentablemente, el lenguaje del intelecto es el que prevalece en el mundo actual, y no el lenguaje del corazón. Los representantes de la lujuria y del egoísmo, y no los del amor, dominan el mundo. Personas de mente estrecha influyen en las de mente débil y las utilizan para satisfacer sus objetivos egoístas. Las antiguas enseñanzas de los sabios se han distorsionado y se han adaptado a los deseos egoístas de los seres humanos. El concepto de amor ha quedado desfigurado. Por eso dominan en el mundo los conflictos, la violencia y la guerra.

La mujer es la creadora de la raza humana. Es la primera *Guru*, la primera guía y maestra de la humanidad. Pensemos en la tremenda fuerza, positiva o negativa, que puede desplegar un ser humano en el mundo. Cada uno de nosotros incide profundamente en los demás, con independencia de que seamos conscientes o no de ese hecho. La responsabilidad de una madre no puede ser menos preciada cuando trata de formar, incidir o motivar a su hijo. Hay mucha verdad en la frase que afirma que detrás de un gran hombre, siempre hay una gran mujer. Cada vez que nos encontremos con seres felices y tranquilos, con niños de nobles virtudes y buena predisposición, con personas de portentosa energía capaces de superar situaciones adversas o fracasos, con seres que poseen una gran capacidad de comprensión, simpatía, amor y compasión hacia los que sufren y se entregan a los demás, encontraremos normalmente una gran madre que ha sido ejemplo y fuente de inspiración para que sean como son.

Las madres son las más aptas para plantar las semillas del amor, de solidaridad universal y de paciencia en la mente de los seres humanos. Hay un lazo especial entre una madre y su hijo. Las cualidades propias de la madre son transmitidas al hijo, incluso a través de la leche materna. La madre comprende el corazón de su hijo, vierte su amor en el niño, le enseña los aspectos positivos de la vida y corrige sus errores. Si atravesamos frecuentemente un campo de hierba tierna, se formará rápidamente una senda. Los buenos pensamientos y las virtudes positivas que desarrollemos en nuestros hijos, permanecerán siempre. Es sencillo moldear el carácter de un niño en una edad temprana, y resulta más difícil a medida que crece.

En cierta ocasión, cuando Amma estaba dando *dharsan* en la India, se le acercó un joven. Era de una región del país, asolada por el terrorismo. A causa de las frecuentes matanzas y saqueos, la gente de esa zona sufría mucho. Él era el líder de un grupo de jóvenes que se dedicaba a realizar una gran labor social en la zona. Le suplicó a Amma: "Por favor, haz que esos terroristas, tan llenos de rabia y violencia, lleguen a tener una correcta comprensión. Y a todos los que han sufrido, que han sido torturados con tantas atrocidades, llénales el corazón con el espíritu del perdón. De otra manera, la situación se deteriorará y no acabará nunca la violencia."

Amma se sintió muy contenta al escuchar aquella plegaria de paz y perdón. Al preguntarle que le había motivado a emprender su labor social, contestó: "Mi madre fue la inspiradora. Mi niñez estuvo marcada por la oscuridad y el terror. Cuando tenía 6 años vi con mis propios ojos el asesinato despiadado, a manos de los terroristas, de mi padre, que era un amante de la paz. Mi vida quedó destrozada. Sólo sentía odio hacia los asesinos y todo lo que deseaba era vengarme. Pero mi madre me hizo cambiar de actitud. Cada vez que le decía que algún día vengaría la muerte de mi padre, ella me respondía: "Hijo, ¿acaso volverá tu padre a la vida si los matas? Mira a tu abuela, siempre triste. Mírame a mí que apenas puedo seguir adelante sin tu padre. Y mírate a ti mismo, lo triste que estás y lo que sufres por no tener a tu padre. ¿Te gustaría que hubiera más niños y madres que sufran como lo hacemos nosotros? Ellos sentirán la misma intensidad de dolor que sentimos nosotros. En lugar de eso, trata de perdonar a los asesinos de tu padre por sus terribles acciones y divulga el mensaje de amor y solidaridad universal." Cuando crecí, me ofrecieron unirme a diversos grupos terroristas para vengar la muerte de mi padre. Pero las semillas del perdón sembradas por mi madre habían dado su fruto, y rechacé todas esas propuestas. Además, transmití a algunos jóvenes los mismos consejos que me había dado mi madre. Esto cambió al corazón de muchas personas que, desde entonces, me ayudan a servir a los demás."

El amor y la compasión, en lugar del odio, que este joven eligió derramar en el mundo, se derivan del manantial de amor de su madre.

Es así, como a través de la influencia que tiene sobre su hijo, la madre también incide sobre el futuro del mundo. Una mujer que ha despertado su maternidad innata trae el cielo a la tierra, en cualquier lugar donde se encuentre. Sólo las mujeres pueden crear un mundo de paz y felicidad. Y es así como la mano que acuna al bebé también sostiene la lámpara que expande su luz por el mundo.

Los hombres nunca deberían obstaculizar el progreso que, por derecho, le corresponde a la mujer en el seno de la sociedad. Tendrían que comprender que la contribución de la mujer es de vital importancia. Ellos deberían retirarse de su camino, es más, deberían facilitarle el camino para que sus avances sean más suaves.

La mujer, por su parte, tendría que pensar en lo que puede aportar a la sociedad, en vez de pensar en lo que puede tomar de ella. Esta actitud le ayudará, sin duda, a progresar. Hay que subrayar que una mujer no necesita recibir ni tomar nada de nadie, simplemente necesita despertar. Sólo así podrá contribuir socialmente de la forma que mejor considere, y recibirá todo lo que necesite.

En lugar de corroerse, permaneciendo toda su vida entre las cuatro paredes de la cocina, la mujer tendría que salir y compartir con los demás lo que tiene para dar y así realizar su meta en la vida. Hoy en día que impera la competencia y el odio en todas partes, son la paciencia y la tolerancia de la mujer las que generan la armonía que tenemos en el mundo. De la misma forma que un circuito eléctrico no se puede dar sin la presencia de los polos negativo y positivo, la vida también requiere, para que fluya en su plenitud, la presencia y contribución tanto de la mujer como del hombre. Y sólo florecerán interiormente cuando las mujeres y los hombres se complementen y apoyen de forma mutua.

En general, las mujeres viven actualmente en un mundo creado por y para los hombres. Las mujeres no necesitan de este mundo, más bien tendrían que establecer su propia identidad para generar una nueva sociedad. Pero deberían recordar el verdadero significado de la libertad, pues no se trata de vivir y comportarse de la manera que quieran, sin prestar atención a las consecuencias sobre los demás. No significa que las esposas y las madres deban abandonar sus responsabilidades familiares. La libertad de una mujer, su elevación, tiene que empezar en su interior. Además, para que la *shakti,* es decir, la pura energía, pueda despertar y elevarse en una mujer, es necesario que ésta se conciencie de sus propias limitaciones. Más tarde podrá superarlas a través de su fuerza de voluntad, del servicio desinteresado y de la práctica espiritual.

En su esfuerzo por restablecer sus derechos y estatus social, la mujer nunca debería perder su naturaleza esencial. Esa tendencia que se da en muchos países, nunca ayudará a la mujer a lograr su verdadera libertad. Es imposible lograr la auténtica libertad limitando al hombre. Si la misma mujer da la espalda a los principios femeninos, este proceso culminará con un completo fracaso de la mujer y de la sociedad. Lejos de resolver los problemas del mundo, los agravaremos. Si la mujer rechaza sus cualidades femeninas y trata de comportarse como el hombre, cultivando sólo las cualidades masculinas, el desequilibrio del mundo se acentuará. Y eso no es lo que ahora se necesita. Lo realmente necesario es que la mujer contribuya socialmente, lo mejor que pueda, desarrollando su maternidad universal, así como sus cualidades masculinas.

Mientras la mujer no haga el esfuerzo de despertar, ella misma será, por así decirlo, la responsable de crearse un mundo limitado.

Cuanto más se identifique la mujer con su maternidad interna, más rápidamente se despertará su *shakti* o energía pura. Si desarrolla este poder en su interior, el mundo escuchará cada vez más su voz.

Son muchas las personalidades y organizaciones que, como la ONU, apoyan el progreso de la mujer. Esta conferencia es una oportunidad para todos nosotros de construir sobre esta base. Amma le gustaría /compartir algunas sugerencias:

● Los guías espirituales deberían esforzarse por lograr que sus seguidores se reencuentren con la esencia verdadera de la espiritualidad, y condenar, en este sentido, todo tipo de opresión y violencia dirigida a la mujer.

● La ONU tendría que acudir a las zonas de guerra y allí donde se produzcan conflictos sociales para, con su presencia, dar amparo seguro a mujeres y niños que se ven particularmente amenazados.

• Todas las religiones y naciones tendrían que condenar las prácticas vergonzosas como la matanza de fetos femeninos y de niñas y la ablación de genitales en mujeres.

• Debe dejar de existir el trabajo infantil.

• El sistema de dote vigente en muchos países tendría que ser abolido.

• La ONU y los mandatarios de cada país deberían intensificar sus esfuerzos para detener el tráfico y la explotación sexual de menores. Las consecuencias legales por estos comportamientos deberían ser tan efectivas que desterraran este tipo de prácticas.

• Asombra el número de violaciones que se suceden en todo el mundo. Es incomprensible que, en muchos países, sean las víctimas de estos actos las que finalmente resultan castigadas. ¿Podemos permanecer impasibles ante estos hechos? Se tendría que llegar a un acuerdo internacional sobre la educación de los jóvenes con el fin de evitar la violación y otras formas de agresión hacia la mujer.

• La dignidad de la mujer se ve atacada por la propaganda que la presenta como objeto sexual. No deberíamos tolerar esta explotación.

• Los guías espirituales tendrían que animar a sus seguidores a realizar servicio desinteresado, como si esta tarea formara parte integral de sus vidas.

La esencia de la maternidad no está restringida a las mujeres que han dado a luz, es un principio inherente tanto en mujeres como en hombres. Es una actitud de la mente. Es amor, y ese amor es la respiración misma de la vida. Nadie puede afirmar: "Respiraré sólo en presencia de mi familia y amigos, y no respiraré ante mis enemigos". De igual manera, en aquellos en los que se ha despertado la maternidad, el amor y la compasión hacia los demás forman parte de su propio ser, como el mismo respirar.

Amma considera que, en los tiempos que se avecinan, habrá que hacer un esfuerzo por volver a despertar el poder curativo de la maternidad. Es la única vía para que se realice nuestro sueño de paz y armonía para todos. ¡Y puede lograrse! Depende completamente de nosotros. Recordemos esto y avancemos.

A Amma le gustaría agradecer el trabajo de todos aquellos que han participado en la organización de esta Cumbre. Amma valora profundamente vuestros esfuerzos por conseguir la paz en este mundo. Que las semillas de la paz que estamos sembrando, aquí y ahora, den frutos para todos. (M.M.3)

* *Los guías espirituales de la India, proclaman que la India tienen la más elevada cultura espiritual. Sin embargo, algunos de nosotros hemos visitado la India y hemos visto a muchos tratando muy mal a las mujeres y a personas de castas inferiores.*

Como buscadores espirituales, ¿no deberíamos unirnos y luchar contra la pobreza, el abuso a las mujeres, el sectarismo y otras plagas?

Lo que comentas sobre la condición de la mujer en la India actual no tiene nada que ver con la cultura de la antigua India. Todos estos problemas han surgido por la erosión de la moral y de los valores espirituales.

En la antigua India, a las mujeres se les otorgaba un estatus muy elevado. Las mujeres no tenían que salir a trabajar ni buscar trabajo. Permanecían en casa y cuidaban de la familia.

Actualmente esto ha sido deliberadamente mal interpretado como un maltrato a la mujer, pero esa no era la intención. Las mujeres nunca pensaron que se les impedía su libertad. Es cierto que en la sociedad moderna se anima a las mujeres a que busquen trabajo fuera de casa. Pero la maternidad fundamental que hay en ellas no debería ser desatendida. Cualidades como el amor, la paciencia, la amabilidad y la tolerancia no deberían descuidarse o abandonarse.

Cambiar sólo las circunstancias externas no producirá ningún avance significativo. El auténtico cambio tiene que darse dentro de nosotros mismos; y para que esto suceda, las mujeres tienen que extraer la masculinidad latente en ellas. Esa masculinidad consiste en cualidades nobles como el coraje, la libertad hacia todo apego, la persistencia en lograr y establecerse en el auténtico Ser (aquí Amma se refiere a un arquetipo "masculino", cualidades que no suelen darse en hombres y mujeres, pero que existen en ambos) de uno. Fomentando esas cualidades se abrirá un mundo totalmente nuevo para la mujer y le llevará a la Auto-Realización. (M.M.5)

* *¿Puede explicar qué hay detrás del Devi Bhava Darshan de la Madre? ¿Cuál es la importancia y relevancia de Devi (la Madre Divina) en el momento presente?*

De la misma manera que el mundo es un escenario en el que se representa la obra de nuestras vidas, el *Devi Bhava* es uno de los personajes de ese juego. Pero es un personaje que se convence de que la vida es una representación teatral.

La maternidad está desapareciendo lentamente de entre nosotros. Para una Madre, no existen penalidades cuando se trata de cuidar a su hijo. Para un sirviente, sin embargo, puede ser un tedioso trabajo.

Hoy en día hasta las madres piensan que criar a sus hijos es un trabajo duro. Esto ocurre porque han perdido la maternidad en sus corazones. La mayoría de nosotros sólo pensamos en lo que podemos obtener. No pensamos en lo que podemos hacer por los demás. Nadie da tanto como una madre. Esa es la grandeza de la maternidad.

El propósito del *Devi Bhava* es devolver esta maternidad perdida al mundo. Devi es la encarnación de la paciencia y la compasión. Sólo ella puede despertar la maternidad en nosotros.

¿Cómo puede llamarse "madre" a alguien que no ha tenido un hijo?

Hay madres que matan al hijo que han alumbrado con tanto dolor. Hay madres que venden a sus propios hijos. Una mujer no se convierte en madre sólo por haber tenido un hijo.

Una madre es quien cría a un hijo con amor y atención y le enseña los valores verdaderos. Sólo una persona así es una verdadera madre. Hay mujeres que no han tenido hijos. En lugar de eso, adoptan a un niño y lo cuidan con gran amor.

Alguien se convierte en madre sólo cuando su corazón está lleno de amor maternal. Y eso ocurre cuando la verdadera maternidad despierta en nuestro interior, independientemente de que hayamos tenido hijos o no. (M.J.6)

* Cuando Amma abraza a la gente, no sólo hay contacto físico. El amor que Amma siente por toda la creación fluye hacia cada persona que acude a ella. Esa vibración pura de amor purifica a la gente y le ayuda en su despertar interior y en su crecimiento espiritual. Ayuda tanto a hombres como a mujeres a despertar a las cualidades asociadas a la maternidad, que tanto escasean en el mundo actual.

Lo que se necesita hoy es despertar las cualidades asociadas a la maternidad: amor, compasión, aceptación y paciencia. Yo quiero despertar estas cualidades en la humanidad.

Sólo una verdadera madre que pueda amar a todos como a sus propios hijos puede ser verdaderamente humanitaria y servir al mundo desinteresadamente. (M.J.7) *Ver* Amma: ¿Quién es?, *y* Amor

* *Su visita a Estados Unidos ha recibido mucha atención por parte de la prensa y algunos periódicos la han calificado de feminista. ¿Qué piensa de esto? Se dice que ha ayudado a cambiar el modo de interactuar entre hombres y mujeres en la India y también entre las diferentes castas. ¿Qué piensa de esto?*

No me pongo del lado de las mujeres ni tampoco señalo con dedo acusador a los hombres. Pero al mismo tiempo, deberíamos considerar los hechos tal cual son y reconocerlos. Las mujeres tienen enormes capacidades que podrían beneficiar a la sociedad y se les debería permitir hacer su contribución a la misma con sus capacidades, talentos y habilidades sin tantas trabas. Si observamos el sistema actual, vemos que las mujeres obtuvieron el derecho al voto muy recientemente. En muchos países, todavía no ha habido ninguna mujer presidenta del gobierno o del país. Por eso, pienso que se han cometido injusticias.

En algunos países, más de la mitad de la población son mujeres y todavía no tienen la consideración que merecen. La justicia no las trata como es debido. En algunos lugares, no pueden rezar, no se les permite la entrada en el templo, en la iglesia o en la mezquita, por eso pienso que si se les permite hacer su contribución, la sociedad obtendrá un enorme beneficio. Por eso hablo en nombre de ellas. Se les debería permitir salir a la luz pública y hacer su contribución a la sociedad. Esto mejorará realmente la situación y ayudará a la sociedad a avanzar.

No pretendo poner a las mujeres en un nivel superior, o a los hombres en un nivel inferior. Eso no es lo que quiero hacer. Los hombres y las mujeres son iguales. Deberíamos aceptar el hecho de que hay ciertas cosas que los hombres no pueden hacer y las mujeres sí y ciertas cosas que las mujeres no pueden hacer y los hombres sí

Me pregunta si soy feminista. Me preocupo de otros aspectos de la vida o de cosas que son realmente importantes, como la pobreza o el hambre. Hay personas menos afortunadas, personas oprimidas, personas que no pueden tomar ni una comida al día. Amma se compadece de ellos y les tiene en cuenta.

Hay costumbres primitivas que todavía existen en algunos países africanos, donde a las mujeres se les ponen una especie de anillas en el cuello que si se las quitan, se mueren. Las mujeres mueren de esta manera. En algunos países, los tribunales sólo atienden a las mujeres si llevan cuatro testigos. Esto es injusto. Estas leyes no se les aplican a los hombres.

¿Se puede hablar de dharma cuando se cierran los ojos al ver las injusticias que se cometen contra las mujeres? Ellas son las madres. Ellas son las que nos traen a todos al mundo y eso es algo que la humanidad debería tomar en consideración. Es un gran regalo, un regalo hecho por Dios. Suelo recordar a las mujeres que deberían tener más paciencia porque ellas son las creadoras. Sólo ellas tienen ese regalo especial de Dios, un seno. Hasta los dioses y las diosas necesitaron de una mujer que les trajera al mundo. Estas son las injusticias que se cometen contra las mujeres. En algunos países tienen que llevar velo. Nadie pone en cuestión las debilidades de los hombres, pero ellos siempre señalan con dedo acusador a las de las mujeres. No pretendo criticar a ninguna religión, sólo expongo ciertos hechos.

En algunos países hay costumbres primitivas como lapidar a las mujeres hasta la muerte. Imagina que una mujer está embarazada, le sacan el bebé, y después la apedrean hasta morir. Si una mujer es violada, no es por su culpa. Y sin embargo, será castigada. Le quitarán a su hijo y la apedrearán hasta que muera, aunque no sea en absoluto culpa suya. El es el que cometió el delito, pero no es castigado.

Y sin embargo a las mujeres se les castiga por esto.

No tengo ningún interés en señalar las faltas de ninguna religión en particular. Es una cuestión de hábitos. Por ejemplo, si has estado dando una comida determinada a una persona desde muy pequeña, se acostumbrará a ella. De manera parecida, ellas se acostumbran a ir cubiertas, pero eso no significa necesariamente que les guste, sólo que están acostumbradas. Es la fuerza de la costumbre. (M.S.7)

Meditación

* Dios es pura experiencia y la meditación es el medio por el cual llegamos a Él. (C.4)

* Una cara sonriente, palabras de consuelo, miradas de compasión, todo esto son también meditaciones. (C.5)

* "Hijos míos, el hedor del excremento no desaparecerá por mucho que lo dejemos expuesto al sol, a menos que el viento sople sobre él. De igual modo, meditar años y años no eliminará nuestros *vasanas*, a menos que vivamos unidos a un *Guru*. La Gracia del *Guru* es necesaria. Sólo en una mente inocente derramará el *Guru* su Gracia." (M.M.2)

* Podemos alcanzar nuestra meta más rápidamente a través de un servicio compasivo hacia los demás, y no sólo por medio de *tapas. (Riendo)* Pues, ¿qué sentido tiene que alguien tome asiento por ahí, medio dormido, diciendo que hace *tapas* y sin servir a nadie? (M.M.2) *Ver Seva*

* La acción realizada con un espíritu desinteresado es muy superior a la acción con fines egoístas. Un ser que actúa movido por el ideal de sacrificio está menos apegado a la acción y más al ideal. Esta actitud generosa tiene una belleza intrínseca. A medida que la Gracia y la alegría de la acción desinteresada se intensifican, os situáis, cada vez con más fuerza, en un estado en el que la abnegación y la meditación surgen de forma natural. (M.J.2) *Ver Esfuerzo*

* Obtén provecho de la quietud de las primeras horas del día para la plegaria y la meditación. (M.S.2) *Ver Actitud*

* La devoción y la meditación nos preparan para alcanzar la meta espiritual. Gracias a la meditación, no sólo obtenemos la

paz interior, sino también la prosperidad. La meditación basada en la comprensión de los principios espirituales nos llevará, sin duda alguna, a la liberación. (M.D.2) *Ver Mente*

* Es posible que durante la meditación surjan malos pensamientos. En ese momento deberíamos preguntar a la mente: ¿Se consigue algún beneficio acariciando esos pensamientos? ¿Qué sentido tienen? Pensando así, debemos rechazar esos pensamientos innecesarios. (M.S.3)

* De hecho, tal como mencionó Amma, el baño puede ser un lugar adecuado y tranquilo para meditar, allí nadie nos molesta ni nos distrae. Sólo hay unas pequeñas limitaciones: por ejemplo, en la primera hora u hora y media después de comer, no se debería meditar centrando nuestra atención en el entrecejo. Esas limitaciones son por nuestro bien, ya que si lo hacemos podríamos sentir náuseas. Estas reglas no han sido propiciadas ni propuestas por ninguna deidad. (M.D.3) *Ver Sadhana*

* Dios es el siervo de aquellos que son inocentes. Los que carecen de inocencia no progresarán, por mucho que se esfuercen. Esa es la razón por la que hay muchas personas que no consiguen nunca nada, aunque hayan estado meditando muchos años. Cuando caminas por el sendero de la devoción, te vuelves inocente. El devoto tiene que mantener la actitud de que es el siervo de Dios, sentir que él y todo lo demás no son más que manifestaciones de Dios. De esa forma, beneficiará al mundo. (M.S.4)

* Nuestra búsqueda del Ser empieza con nuestro servicio desinteresado en el mundo. Si todo lo que hacemos es sentarnos en meditación con los ojos cerrados, esperando que se abra nuestro tercer ojo, nos sentiremos decepcionados. No podemos escapar del mundo manteniendo cerrados nuestros ojos. La práctica espiritual es el esfuerzo que hacemos para ver la unidad de todos los seres en la creación, con los ojos abiertos. Cuando esa visión sea espontánea, eso será la Auto-Realización. (M.M.5) *Ver Amor*

* La ecuanimidad mental es Yoga. Eso es Dios. (M.J.5) *Ver Amor*

* Cuando meditamos en una forma, no es la forma sino nosotros mismos los que sentimos paz y concentración. Cuando meditamos en una forma, nuestros pensamientos se calman y experimentamos un estado de quietud. En realidad estamos meditando en nosotros mismos, pues la forma es sólo un medio. Después de un tiempo, sentiremos que todas las formas son meras sombras. Todo será experimentado a través de la meditación. (M.J.6)

* Cuando se alcanza un determinado nivel en nuestra meditación, llegamos a captar el principio subyacente que hay detrás de cada fenómeno. Los sabios vedas compusieron los *Upanishads* y otras escrituras en ese estado trascendental. (M.S.6)

* "Meditar y hacer práctica espiritual no sólo significa que nos sentemos con los ojos cerrados en la postura de loto. También significa hacer servicio desinteresado a los que sufren, consolar a los apenados, sonreír a alguien y decirle palabras amables." (M.D.6)

* Las prácticas espirituales como la meditación y el servicio desinteresado son esenciales para purificar vuestras mentes. Es como limpiar un recipiente antes de echar leche en él. Si el recipiente no está limpio, la leche se echará a perder.

No es posible para todos meditar con total concentración todo el tiempo. Por tanto, recomiendo a esas personas que dediquen su tiempo libre a intentar hacer algo beneficioso para el mundo. De esta manera, todos se benefician. (M.J.7) *Ver Actitud*

* Hijos míos, obligar a la mente a que medite es como tratar de sumergir una pieza de corcho en el agua. Tan pronto dejemos de presionar y hundir el corcho, éste volverá a flotar inmediatamente. Si no es posible la meditación, hacer *japa*. A través de *japa* la mente se volverá más receptiva y flexible para la meditación. (M.M.8)

Mente - Pensamientos

* Cuando la mente es pura, disfrutamos plenamente de la presencia de Dios. (C.4)

* La mente apegada a mil cosas distintas te arrastra en todas las direcciones. (C.4)

* Los pensamientos son sutiles, controlarlos requiere una gran conciencia y estar alerta. (C.5)

* Todos hemos sido heridos muchas veces, nuestro ego ha sido lastimado. Pero la mejor cura es observar la mente. Deshacerse de todas las penas del pasado y relajarse.

¿Cómo?

Empieza por aprender a estar relajada durante los momentos de tensión. Aprende a hacerte a un lado y observar los pensamientos negativos, los sentimientos heridos y la agonía mental por la que estés pasando. No cooperes con la tensión y la agonía. (M.S.0) *Ver Amor*

* Estar contento y feliz depende únicamente de la mente, no de las circunstancias. En realidad la felicidad depende del dominio de uno mismo. Incluso el más sublime de los paraísos se transforma en un infierno si la mente está agitada, y viceversa. (M.S.0) *Ver Felicidad*

* El *Guru* nos muestra el camino. Todo lo demás depende de la mente y del esfuerzo del discípulo. (M.S.0)

* Hoy en día somos conscientes de proteger nuestro medio natural, y eso es desde luego esencial. Sin embargo, no solemos preocuparnos de la contaminación que crean los pensamientos y las acciones negativas en la atmósfera y en la conciencia de la

humanidad. La contaminación interior de la mente es en sus diversas formas mucho más letal que la contaminación química, ya que tiene el poder de destruir la humanidad en cualquier momento. En consecuencia, necesitamos purificar nuestra atmósfera mental. (M.D.0) *Ver Religión*

❋ Aunque ansiemos alcanzar la meta de la Auto-Realización, nuestra mente se desviará del camino correcto por la atracción que ejercen nuestras *vasanas* innatas. La ayuda y guía de un *Guru* es indispensable para controlar y dirigir la mente en la dirección adecuada. (M.S.1)

❋ Yo estoy aquí para que hagáis las cosas que no os gustan, pues si sólo hacéis aquello que os gusta, estáis diciéndole sí a la mente y danzando a su ritmo. Pero si hacéis lo que no os gusta, entonces estáis controlando vuestra mente. (M.S.1)

❋ El ego está formado por nuestros pensamientos y nuestra mente. Los pensamientos los creamos nosotros mismos. Hacemos que sean reales por nuestra voluntad. Si les retiramos nuestro apoyo, se disuelven. Basta con observar nuestros pensamientos. Las nubes en el cielo adoptan forman variadas y no cesan de cambiar. Podéis ver cómo pasan imágenes con distintas formas que evocan el rostro de una divinidad, un animal o un barco de vela. Un niño creerá, tal vez, que todas estas formas son reales, pero sabemos que son una ilusión. De igual manera, nuestros pensamientos atraviesan la mente, que es el ego. Ellos adoptan diferentes formas, pero no son más reales que la forma de una nube en el cielo. Si observamos nuestros pensamientos, actuando como testigos, mientras atraviesan la mente, éstos no nos causarán ningún efecto, no tendrán influencia sobre nosotros.

Cuando se trata de trascender el ego, se dice que es muy importante para el discípulo someterse a un Guru, ¿Por qué?

"El ego se asienta sobre la mente. Cualquier obstáculo puede sujetarse a través de la mente, pero no el ego, pues es más sutil que la mente. Sólo mediante la obediencia a aquel que está establecido en la experiencia suprema, es posible vencer al ego". (M.D.1) *Ver Ego*

* La mente es inadecuada e incapaz de medir la profundidad de la relación *Guru-shishya*. Para poder medirla se necesita un corazón inmaculado. (M.D.1) *Ver Guru*

* Nuestra mente se parece a un viejo coche. Si conducimos muy rápido un coche viejo, es probable que los frenos no respondan. Sólo se parará si el coche encuentra un obstáculo. De igual manera, la mente no nos escucha. Cuando le decimos que no haga tal o cual cosa, la hace, y si le decimos que haga determinada cosa, no nos atiende. Por ejemplo, cuando le decimos a la mente que ame a alguien en lugar de sentir ira hacia esa persona, hace justo lo contrario. No logramos que se calme hasta que explota. Sucede así porque la mente no está bajo nuestro control.

Por eso Amma aconseja hacer algún voto una vez a la semana. Ese día nos deberíamos comprometer a no sentir ira y a mostrar tanto amor, compasión y paciencia como nos sea posible. Así, si uno de nuestros compañeros de trabajo se equivoca, podremos aconsejarle y corregirlo amablemente, y no de una forma airada. También seremos capaces de afrontar, de manera tranquila, los problemas que surjan en nuestra casa.

A través de la observancia de estos votos y de otras prácticas espirituales, iremos dominando nuestra mente y desarrollaremos la capacidad de observación.

Nuestro proceso mental es tan sutil que resulta difícil mantener la atención y la vigilancia *(shraddha)* en cada uno de nuestros pensamientos. Las palabras y las acciones, sin embargo, se sitúan en un nivel más bajo y es más fácil observar con atención su funcionamiento. Cuando hablamos y actuamos sin *shraddha* generamos dolor y tristeza en nosotros. Este hecho le recuerda a Amma una historia.

Había una vez un hombre que circulaba por un puente con su esposa y su anciano padre, que estaba algo sordo. Al acabar de cruzar el puente, una patrulla de policía les pidió que pararan. Todos los policías se acercaron y felicitaron al hombre, dándole un gran ramo de flores. También le dieron un cheque de 600 euros. Completamente anonadado, el hombre preguntó, "¿qué es todo esto?" Un policía le contestó: "Vamos a entregar un premio especial al coche número cien que cruce este nuevo puente. ¡Usted es el afortunado ganador!" "Y ahora, ¿qué piensas hacer con este dinero?" Sin apenas pensárselo el hombre contestó: "Bien ahora que ya tengo suficiente dinero lo primero que voy a hacer es tratar de conseguir el carnet de conducir." Afectada por lo que oía, su mujer le gritó: "¡Pero hombre, no ves que cuando te emborrachas, no tienes ni idea de lo que dices!, ¡Cuántas veces te tengo que decir que no abras esta bocaza cuando estés bebido?" El padre que estaba sentado detrás y no tenía ni idea de lo que estaba sucediendo, a causa de su sordera, también quiso intervenir. "¡Todo esto os pasa por no haberme hecho caso, ya os dije que no iríamos muy lejos con este coche robado!".

En un momento, ¡no sólo perdió el dinero del premio, sino que tuvo que pagar por conducir sin carnet, y acabó entre rejas por conducir borracho y haber robado el coche! (M.J.2)

✳ Entrena y ejercita para liberar al pensamiento de los objetos de los sentidos. (M.S.2) *Ver Actitud*

✳ Esforcémonos por vaciar la mente de pensamientos inútiles y llenemos nuestro corazón de amor. Esa es la solución a todos los sufrimientos y a la confusión general de la sociedad moderna. (M.S.2)

* La vida es un misterio que resulta imposible percibirlo si no nos abandonamos a la voluntad divina, pues nuestra mente no puede captar su inmensa naturaleza, infinita, su plenitud y significado auténticos. Postraros y sed humildes, y os será revelado el sentido de la vida. (M.S.2)

* Predestinación y libre albedrío

Amma se postra ante todos sus hijos que son, ciertamente, la encarnación del amor y del Ser Supremo.

Amma nos dice que nuestra auténtica naturaleza es la de la Unidad, la del Ser Unico, la de *Atman*. Pero en la actualidad, ya estemos solos o en compañía de otros, nuestras mentes actúan como si fueran una multitud. Aunque estemos aquí sentados, seguimos pensando en muchas otras cosas. Nuestras mentes están siempre dando vueltas y nunca descansan en nuestra verdadera naturaleza, en el Ser. No miramos nuestro interior ni siquiera un momento.

Había una vez un maestro espiritual que estaba enseñando a sus discípulos. Uno de los discípulos se dio cuenta de que un ratón corría por la habitación mientras se desarrollaba la clase. Se dedicó a mirar al ratón con atención. Pronto vio que el ratón empezaba a hacer un agujero en la esquina de la cabaña, y metía la cabeza en el agujero, de manera que sólo se le veía la cola. El maestro se dio cuenta de que el discípulo estaba absorto en algo, así que le preguntó: "He estado explicando algunos textos sagrados, ¿se te ha metido algo en la cabeza?" El discípulo replicó: "Oh, sí, sí, Maestro, se metió, ahora sólo le falta la cola." Intentemos estar aquí completamente presentes y volvámonos hacia nuestro interior, hacia nuestro propio Ser. Sólo entonces será beneficioso el estar aquí.

Cuando nos enfrentamos a situaciones difíciles en la vida, acostumbramos a perder toda nuestra fuerza mental y empieza a disminuir nuestra fe en Dios. Amma nos dice que es en esos momentos cuando debemos sujetarnos con más intensidad a Dios y conseguir una mayor fuerza interior. Por ejemplo, con el calor del sol, el hielo se transforma en agua, mientras que la arcilla se vuelve más sólida y fuerte. Nuestra fe y nuestra fuerza mental no deberían ser como el hielo que se deshace fácilmente, sino como la arcilla que adquiere una mayor consistencia. Ante las dificultades de la vida, en lugar de perder la fe, debemos sujetarnos fuertemente a los pies del Señor. Es propio de la naturaleza humana sentir júbilo y saltar de alegría cuando tenemos éxito. Pero, tan pronto aparece el dolor, nos hundimos como un barco. Amma nos dice que es necesario cambiar esa forma de reaccionar y ver, en el sufrimiento, el signo de la voluntad de Dios que nos pide que seamos más cuidadosos en nuestra vida. (M.S.2)

* ¿Qué necesidad hay de venerar las representaciones de Dios? ¿Por qué algunas religiones se oponen a ellas?

No es más que una forma de adoración. A través de la imagen o de la estatua, veneramos a Dios omnipresente. Las representaciones visuales simbolizan el principio de la Divinidad. Son medios para llegar a concentrarse.

Los niños aprenden utilizando imágenes. Al ver el dibujo de un loro o una paloma, los nombramos y enseñamos a los niños a reconocerlos. Conviene hacerlo mientras son niños, pero, una vez se hacen adultos, esta práctica no es necesaria. De igual manera, para ayudar a la gente a fijar su espíritu en la Conciencia divina, son necesarios instrumentos como las imágenes. Cuando progresamos en nuestra *sadhana*, la mente aprende a permanecer concentrada sin el soporte de esos instrumentos. Una imagen es un medio excelente de entrenar la mente para la concentración. No es posible afirmar que Dios no reside en esa imagen. Está presente en todos los seres de este mundo, tanto en los seres vivos como en la materia inerte. De hecho, adorar una forma constituye un entrenamiento que nos permite ver a Dios en cada objeto del mundo, animado o inanimado, y servir a todos los seres en ese espíritu.

Si un amante ofrece un regalo a su amada, aunque sea de poco valor, ella no lo considerará como un simple objeto, sino como a su amado. Aunque el material empleado para fabricar una bandera sea de poco valor, nadie puede escupir en ella ni dejar de mostrar públicamente el respeto debido. En efecto, no se trata sólo de un simple trozo de tela, sino de algo que representa un gran ideal, por eso la gente la respeta y la venera. Así, vemos a Dios en una forma. Ella es el espejo de nuestra Divinidad interior. Ante la imagen, cerramos los ojos para rezar. Eso indica que la imagen nos ayuda a volver nuestro espíritu hacia dentro, hacia Dios que mora en nosotros. Incluso las religiones que se oponen a la adoración de toda forma, la utilizan de una manera u otra. Los cristianos adoran la forma de Cristo crucificado y los musulmanes rezan a Dios girando hacia la Meca, se trata también de la adoración de una forma. Esta práctica presenta, sin embargo, un inconveniente, algunos pueden apegarse únicamente a la forma que veneran, sin comprender los verdaderos principios espirituales. No obstante, si se educa correctamente a través de los *satsangs* y el conocimiento de las Escrituras, el problema quedará resuelto. Esforcémonos, pues, para crear en los templos las estructuras que ofrezcan a la gente la posibilidad de recibir esa educación espiritual. Ese es nuestro deber.

¿Cómo progresar en la vida espiritual?

Ante todo es necesario primero reformar nuestro carácter. Si vertimos leche en un recipiente sucio, se estropea. Antes de verter la leche, es necesario limpiar el recipiente correctamente. Así, aquel que desee progresar espiritualmente, debe primero esforzarse por purificarse. Purificarse significa purificar la mente, renunciar a los pensamientos inútiles o perversos y reducir el egoísmo y el número de deseos. Para ello, hay que esforzarse. Pero existe algo que trasciende al esfuerzo personal y es la Gracia divina. Para recibir esa Gracia, tenemos que ser humildes. La devoción nos insuflará humildad . La devoción y la meditación nos preparan para alcanzar la meta espiritual. Gracias a la meditación, no sólo obtenemos la paz interior, sino también la prosperidad. La meditación basada en la comprensión de los principios espirituales nos llevará, sin duda alguna, a la liberación. (M.D.2)

* Se dice, en verdad, que la mente debería ser ofrecida al Supremo. Pero la mente está inmersa en el dinero y en otros objetos mundanos. Por tanto, ofrecer dinero para una buena causa, es igual que ofrecer nuestra mente. Tales acciones harán que vuestra mente se abra cada vez más hacia el infinito. El infinito es Dios. No utilicéis el dinero para satisfacer sólo vuestros deseos y los de vuestra familia, guardad una pequeña cantidad para obras caritativas. Eso os hará más puros. (M.D.2)

* La felicidad no se halla en los objetos externos, sino en nosotros mismos. Cuando somos conscientes de este hecho y vivimos suficientemente desapegados, la mente deja de ir en busca de los placeres externos. (M.S.3)

* Es posible que durante la meditación surjan malos pensamientos. En ese momento deberíamos preguntar a la mente: ¿Se consigue algún beneficio acariciando esos pensamientos? ¿Qué sentido

tienen? Pensando así, debemos rechazar esos pensamientos innecesarios. (M.S.3)

* *¿Cómo puede ser restaurada la paz en el mundo?*

La paz mundial surge desde el refinamiento y la expansión de la mente de cada individuo. Son los individuos los que constituyen la sociedad. (M.S.3) *Ver Dharma*

* Es la mente la que hace que la vida sea bonita o fea. Primero, deberíamos embellecer la mente.

Hace siglos, durante el *Satya Yuga,* se sucedían las guerras entre los *asuras* y los *devas.* No obstante, vivían en mundos diferentes. Cuando Sri Rama se encarnó, el enemigo se acercó un poco más y ocupó las islas vecinas. Durante la época de Sri Krishna el enemigo se encontraba dentro de la misma familia. En esta época, los enemigos han llegado a estar incluso más cerca, en nuestro interior. Sólo venciendo a los enemigos internos podremos alcanzar la victoria real.

Esta es la situación de mucha gente. Tienen multitud de cosas pendientes, pero no son capaces de hacer nada. (M.D.3) *Ver Amor*

* *¿Por qué pasa esto?*

Porque la mente no permanece estable ni tranquila. No somos capaces de vivir el presente. Nuestros pensamientos están siempre situados en el futuro. No hay nada malo en hacer planes.

Para entender la causa raíz, debemos permanecer en estado de alerta. Debemos aprender acerca de nuestra mente y sus pensamientos.

La causa de las guerras y del incremento del terrorismo que vemos en el mundo actual, radica en el odio que hay en la mente de los individuos. Mantener en el interior el odio hacia nuestro enemigo, es como tomar veneno suponiendo que, de esta forma, vamos a eliminar a nuestro enemigo.

Destruye toda nuestra paz mental. (M.D.3)

* El cuerpo y la mente están mutuamente vinculados. Cualquier cosa que le suceda al cuerpo afectará a la mente, y viceversa. Ante todo, es necesario controlar la mente y ejercer un buen control sobre el alimento que ingerimos. (M.M.4)

* Declara una guerra abierta a tu mente. La mente tratará de empujarte hacia los mismos viejos hábitos. Comprende que se trata sólo de una trampa que te tiende el más grande de los tramposos, la mente, para desviarte del camino. No te rindas. (M.M.4)

* Sólo en una mente inocente derramará el *Guru* su Gracia. (M.M.2) *Ver Guru*

* A través de este lazo de unión con el maestro, adquirimos una mayor amplitud de miras. La mente del discípulo que va madurando mientras escucha las palabras del maestro y observa sus obras, se eleva hasta ese plano de visión sin que el discípulo sea consciente de ello. Por otro lado, el trabajo que realiza una persona para satisfacer su deseo de estar junto al maestro, por puro egoísmo, no es auténtico servicio. (M.M.4) *Ver Guru*

* Sólo cuando tenemos la actitud de que "no soy nada", puede el *Guru* hacer algo por nosotros. Ahora, nuestras mentes están llenas con la actitud del "yo soy". Si un vaso está lleno, todo lo que pongamos en él se derramará. Por tanto, deberíamos abandonar nuestra actitud egoísta y vaciar nuestra mente para que la Gracia de Dios fluya automáticamente y llene nuestros corazones.

Actualmente, nuestra concentración no se sitúa en el Ser sino únicamente en el nivel del cuerpo y de la mente. (M.S.4) *Ver Actitud*

* Hoy en día, buscamos en lo externo la causa y la solución de todos los problemas del mundo. Vivimos tan deprisa que se nos olvida la más grande de las verdades: que la fuente de todos los problemas se encuentra en la mente humana. Olvidamos que el mundo podrá ser bueno sólo cuando lo sea cada una de las mentes humanas. Por tanto, además de una comprensión del mundo exterior, es esencial que también lleguemos a conocer nuestro mundo interior. (M.D.4) *Ver Religión*

* El dominio de la mente genera una inmensa cantidad de energía. Es difícil conseguir el dominio sobre la mente, pero cuando queremos conseguir algo la mente se centra automáticamente.

Nuestro nivel de conciencia en cuanto seres humanos es muy bajo. Para despertar esa conciencia interior son necesarios hábitos regulares, una mente disciplinada o seguir un horario.

Supongamos que queremos asistir a una entrevista a las 7 en punto. Pondremos el despertador a las 4 y nos levantaremos. Generalmente nos levantamos a las 8, pero ese día en particular tenemos que estar ahí a las 7. El despertador nos ayuda a crear esa conciencia. Poco a poco podremos ir consiguiendo el dominio sobre la mente. Necesitamos esas reglas básicas, del mismo modo que un niño que va a la escuela primaria necesita un horario. (M.D.4) *Ver Actitud*

* Cuando trascendemos el ego, nos convertimos en Todo. Entonces nuestras mentes nunca se ven dominadas por la ira o la lujuria. Nos convertimos en la totalidad de la Creación. Experimentamos el estado de un *jnani* (el que ha alcanzado el supremo conocimiento y la sabiduría). Esa es la auténtica transformación. Esos seres que han experimentado la Verdad siempre han existido. También existen hoy en día. Hagamos todos los esfuerzos, para alcanzar este estado. Entreguémonos a la belleza del Ser Infinito. Seamos ejemplos perfectos para el mundo entero. (M.M.5) *Ver Ego*

✱ Nada en este universo, es accidental, pues si no fuera así, sólo habría caos. El orden y la increíble belleza que encontramos en toda la Creación, evidencian que un corazón expansivo y una inteligencia, incomprensible a la mente humana, está detrás de todo esto. (M.M.5) *Ver Karma*

✱ La mente llena de pensamientos es ignorancia. La misma mente desprovista de pensamientos es *Atman*, el Ser. Las personas están tan identificadas con el cuerpo que han perdido su identidad con la Realidad, el Principio Esencial. (M.M.5)

✱ Hemos de tener la mente bajo nuestro control del mismo modo que utilizamos el mando a distancia para la televisión. Con el mando podemos ir cambiando de canal y seleccionar el que queremos ver a nuestra voluntad. Deberíamos ser capaces de controlar nuestra mente de la misma forma. La mente debería estar donde nosotros queramos que esté. Ahora corre tras distintos objetos. Prácticas como el *japa* o repetición del *mantra* son necesarias para tener la mente bajo nuestro control y evitar, así, que vaya de aquí para allá.

Mediante *tapas* (austeridades) la mente adquiere la capacidad de adaptarse a distintas situaciones. Por lo general, la gente está siempre nerviosa. *Japa,* es una disciplina que alivia esta tensión.

Es difícil atrapar a una vaca que se escapa, persiguiéndola. Pero si le enseñas algo de comer que le guste, se acercará. Entonces puedes sujetarla y atarla. Del mismo modo, el *mantra japa* (repetición del *mantra)* ayuda a mantener la mente bajo control. En este momento, nuestra mente va saltando de objeto en objeto. La recitación del Nombre del Señor es una manera fácil de ponerla bajo nuestro control y hacer que se vuelva hacia Dios. (M.J.5) *Ver Orar*

* Pero cuando abrimos nuestros corazones y rezamos a Dios, nuestras mentes se llenan de paz.

Rezar a Dios aumenta nuestras buenas cualidades. Ayuda a fijar la mente, pues de otra manera correría tras los objetos. Así la mente consigue concentración. Por tanto, la oración no supone una pérdida de energía, sino una ganancia. Es un atajo para poner la mente bajo nuestro control.

Aunque Dios está en nuestro interior, en el momento presente nuestras mentes no miran hacia adentro. La oración es una manera de fijar la mente en Dios.

En el camino de la auto-indagación, con la ayuda de la mente afirmamos: yo no soy la mente, ni el intelecto, ni el cuerpo, ni el mérito, ni el pecado, sino el Ser.

Abrir nuestros corazones a Dios y llorar por la Verdad es un camino fácil de controlar la mente para los que no conocen técnicas de meditación, el yoga o las escrituras. Es una especie de anhelo.

Aunque Dios esté en nuestro interior, nuestras mentes no lo están. Suponer que hay un recipiente delante de nosotros. Si nuestra mente no está concentrada, aun cuando nuestros ojos estén abiertos no seremos capaces de verlo. No podremos oír lo que alguien dice si no dirigimos nuestra mente hacia él.

De la misma manera, no conocemos a Dios aunque está dentro de nosotros, ya que nuestras mentes no miran hacia adentro. Por lo general, nuestra mente está apegada a multitud de objetos. Debemos retirarla de ellos y fijarla en Dios.

Pero en lugar de rezar diciendo: "Dame esto... dame lo otro", deberíamos anhelar tener una mente llena de cualidades divinas como el amor, la compasión, la paz. Haced *japa* (repetición del *mantra*), buenas acciones y orad por su Gracia. Dios nos proveerá de todo lo que necesitemos. No hay necesidad de pedir nada en particular. (M.D.5) *Ver Orar*

* Antes de aquietar la mente, trata de aquietar el cuerpo. Eso no significa que tengas que perder el tiempo sin hacer nada. No tiene nada que ver con eso. Más bien, evita los movimientos innecesarios de tus manos, piernas y otras partes del cuerpo. (M.D.5)

* Deberíamos concentrar la mente de algún modo. Aquel que lo consigue no tiene problemas allí donde vaya. Puede desenvolverse en cualquier medio, pues nunca se desviará del camino. El poder de su mirada es tal que puede encaminar a otros hacia la vida espiritual con una simple mirada. (M.M.6)

* Sólo existe un único Ser que es omnipresente y omnisciente. A medida que nuestra mente se vuelve más expansiva, tenemos más posibilidad de quedar inmersos en el infinito. Lo infinito significa inconmensurable vastedad. Ahí es todo igual y, por tanto, no existe en esa vastedad egoísmo u ego. (M.M.6)

* Observad a lo que está apegada nuestra mente: en el 90% de los casos se apega al dinero.

Por tanto, la mente está apegada a las riquezas. Liberar a la mente de este apego no es algo fácil. Pero ofrecer a Dios nuestra mente es un medio fácil de conseguirlo. Cuando ofrecemos nuestra mente a Dios, se purifica. De forma similar, ofrecemos aquello que nos gusta a Dios, como un modo de ofrecer nuestra mente a Dios. (M.S.6) *Ver Dinero*

* Este mundo ha sido creado para vosotros. Ningún santo o escritura dicen que no debáis disfrutar de los placeres del mundo. Pero se os pide que ejerzáis ciertas restricciones mientras disfrutáis. Mantened siempre el auto-control y dominad los objetos y las circunstancias externas. No permitáis que nada os esclavice u os controle. Cuando vuestra actitud cambia, también cambia el objetivo de la vida, y conseguís que vuestra mente se vuelva más calmada y silenciosa. (M.S.6)

* Dejemos también que pasen nuestros pensamientos y *vasanas* igual que los distintos paisajes y distracciones que observamos por la ventanilla del autobús, sin que ellos nos atrapen. La mente es como un espejo, refleja todo lo que se presenta ante ella. No nos dejemos dominar por la mente, aprendamos a desapegarnos de ella. (M.S.6) *Ver Meta*

* Nuestras vidas están íntimamente unidas a la Naturaleza. Cualquier pequeño cambio en la Naturaleza afecta a nuestras vidas. De igual modo, los pensamientos y las acciones de los seres humanos tienen su efecto en la Naturaleza. Cuando se pierde el equilibrio de la Naturaleza, también se pierde la armonía de la vida humana, y viceversa. (M.S.6) *Ver Actitud*

* "Cuando muere el concepto de que has nacido, eso es Auto-Realización. Cuando eres consciente de que eres pura existencia, sin nacimiento, crecimiento o muerte, eso es realización. La Auto-Realización no es algo que obtienes desde algún otro lugar. Lo que necesitas es someter tu mente, controlarla. Eso es lo que se debe hacer". (M.D.6)

* ¡Cómo se contaminan nuestras mentes cuando albergamos ira hacia alguien!. La mente está tan perturbada que no podemos ni sentarnos, ni estar de pie ni dormir en paz. Hace que la sangre hierva y genera todo tipo de enfermedades inexistentes. Pero a causa de ese calor no somos conscientes de los cambios que se producen en nosotros.

Hoy, nuestro cuerpo ha crecido horizontal y verticalmente, pero nuestras mentes no han crecido en absoluto. Si nuestras mentes han de crecer y expandirse como el universo, deberíamos convertirnos en niños pequeños, ya que sólo un niño puede crecer. Deberíamos tener la inocencia y la humildad de un niño (M.M.7) *Ver Actitud*

* Nuestro egoísmo y las acciones egoístas resultantes de él se deben a nuestra identificación con el ego, el sentido de "yo" y "mío". Al considerarnos seres limitados e incompletos, es natural que luchemos para obtener y mantener las cosas que nos parece que necesitamos para ser felices. En realidad, somos el Ser eterno siempre gozoso, pleno y completo. Pero en este momento, nuestras mentes no son lo suficientemente puras para entender esta Verdad. Todos somos la Divinidad, pero se expresa más en las personas que tienen un corazón puro. La electricidad es la misma, pero se manifiesta de manera diferente según la capacidad del medio conductor. Hay bombillas de 1000 vatios, de 50 y de cero vatios. De manera parecida, cuanto más pura es tu mente, más divinidad se manifiesta en tu interior.

Las prácticas espirituales como la meditación y el servicio desinteresado son esenciales para purificar vuestras mentes. Es como limpiar un recipiente antes de echar leche en él. Si el recipiente no está limpio, la leche se echará a perder.

La disposición para escuchar a los demás, la capacidad de comprender y la amplitud de mente para aceptar incluso a quienes no están de acuerdo con nosotros, estos son los signos de la verdadera cultura espiritual. Por desgracia, estas cualidades son exactamente las que faltan en el mundo actual (M.J.7) *Ver Actitud*

* Hijos míos, Dios mora en lo profundo de nosotros como inocencia, como puro e inocente amor. Esta inocencia está ahora velada por los sentimientos egoístas de la mente. Pero el amor inocente está siempre ahí, sólo que lo hemos olvidado. Para redescubrirlo y recordarlo, necesitamos ir a lo más profundo de nuestro interior. (M.J.7)

* ¿Cómo podemos rechazar nada, hijo mío? Deberíamos saber disfrutar de la vida. Deberíamos ofrecer a Dios las ideas que hemos mantenido hasta ahora para que las corrija. Hemos de tener una actitud de entrega. Las creencias tan apreciadas por nuestra mente deberían ser eliminadas. (M.D.7)

* Para alcanzar la paz y la tranquilidad debemos cambiar, en primer lugar, nuestra errónea manera de pensar. Ahora pensamos que la paz viene del exterior. Esta falsa creencia nos hace buscar la paz afuera, en los objetos del mundo. Pero, de hecho, la paz verdadera viene de dentro. La fuente eterna de la paz está en nuestro interior. (M.D.7)

* Existe una falsa creencia muy extendida que afirma que los problemas proceden de las circunstancias externas de la vida, y que los mismos pueden eliminarse de una vez por todas. Tenemos que comprender que las dificultades se encuentran dentro de nuestra propia mente. Una vez seáis conscientes de ello, podréis iniciar el proceso de vencer a nuestra debilidad interior. (M.D.7)

* Si imaginamos que hay bondad en todo lo que vemos, seremos capaces de ver la bondad en todo. Eso es así porque la bondad está en nuestras mentes. Si la podemos ver en alguien, la satisfacción resultante la disfrutaremos nosotros. Si el amante tiene fe en su amada, la felicidad es para el amante.

A veces, quizás no seamos capaces de entender el significado de las palabras del *Guru*. Esto no se debe a las limitaciones de las palabras, sino a la incapacidad de nuestra mente para entenderlas. Estamos en el nivel de la mente y el intelecto. Debido a nuestro apego e identificación con muchos objetos del mundo material, la visión de nuestra mente ha disminuido. Si no podemos entender las palabras del *Guru* apropiadamente pero las obedecemos sin dudar, podemos convertirnos en recipientes adecuados de su Gracia y alcanzar la meta con rapidez.

Independientemente de lo que el *Guru* aconseje, lo primero que surgirá en la mente del discípulo será su propia voluntad.

Actuará guiado por su mente y cometerá errores. (M.D.7) *Ver Inocencia*

* Si deseas disfrutar de la belleza de un río caudaloso, siéntate en la orilla y obsérvalo. Si te lanzas al río serás llevado por la corriente y no podrás ver su belleza. Observa y no sientas temor.

Del mismo modo no te dejes llevar por la mente, aprende a desapegarte de ella. Debemos controlar nuestra mente y ser capaces de pararla; igual que los frenos de un nuevo Mercedes son capaces de controlar la velocidad y detener el vehículo cuando es preciso.

En realidad tenemos fe, pero no en el *Guru*, sino en nuestra mente. Tener fe en la mente es como fiarse de un idiota. La mente es errática, y se siente muy feliz reflejando la superficie de todo lo que ve, sin conocer la verdad más profunda. (M.M.8)

Meta - Realización

* Daros cuenta de que el éxtasis infinito se encuentra dentro de vosotros. (C.3)

* Al igual que el cuerpo necesita del cuerpo para crecer, el alma necesita del amor para revelarse. (C.3)

* Sólo pueden ver a Dios los de corazón puro. (C.4)

* El amor y la belleza se hallan dentro de ti. Trata de expresarlos a través de tus acciones y con certeza tocarás la esencia del éxtasis. (C.4)

* Cuando la mente es pura, disfrutamos plenamente de la presencia de Dios. (C.4)

* Brahma dentro de nosotros es como el árbol dentro de la semilla. (C.4)

* Todo ser humano, aunque sea cruel y egoísta, tiene la capacidad de obtener la realización.(C.5)

* Despertar a nuestra naturaleza inherente, que es el amor, es la auténtica Meta de la vida. (C.6)

* En esta vida, en este instante, aquellos que se concentran en el Señor son liberados. No existe ningún obstáculo. (M.S.0)

* Cuando llegas a conocer tu naturaleza esencial, el universo entero se convierte en tu riqueza. En ese estado supremo no tienes nada que ganar o perder. (M.M.1)

* Una vez que sabemos en que tienda podemos conseguir lo que deseamos ¿para qué vamos a ir preguntando por todo el mercado? Sería una pérdida de tiempo. De la misma manera, una vez que encontremos a un *Guru*, debemos dejar de dar vueltas y dedicarnos a nuestro *sadhana* (práctica espiritual), esforzándonos por alcanzar la meta.

El *Guru* mismo se acercará al buscador espiritual. No es necesario ir en busca de un maestro, pero el aspirante debe tener un intenso desapego hacia el mundo. (M.J.1)

* Aunque ansiemos alcanzar la meta de la Auto-Realización, nuestra mente se desviará del camino correcto por la atracción que ejercen nuestras *vasanas* innatas. La ayuda y guía de un *Guru* es indispensable para controlar y dirigir la mente en la dirección adecuada. (M.S.1)

* El camino que lleva a la Realización del Ser es muy estrecho. Ese camino se recorre sólo. (M.D.1)

* Se debe estar firmemente determinado para alcanzar la meta de la liberación, y poner toda nuestra atención en ello. Entonces despertarán en vosotros virtudes como el amor, la paciencia, el entusiasmo y el optimismo. Ellas os ayudarán a alcanzar vuestro objetivo. (M.D.1) *Ver Ego*

* Toda experiencia que la vida nos aporta, ya sea buena o mala, contiene un mensaje divino. Id más allá de la superficie y recibiréis el mensaje. Nada viene del exterior, todo está en vosotros. El universo está contenido en vosotros. Encontraréis el camino a pesar de las tentaciones y de los desafíos. Sólo una persona experimentada os puede ayudar. El camino que conduce a *moksha* (liberación) es muy sutil y es fácil, para un aspirante espiritual, sucumbir a la ilusión. (M.D.1) *Ver Ego*

* La disciplina es indispensable. Sin ella no podremos alcanzar la meta. (M.D.1) *Ver Ashram*

✴ El "vivir liberado" es un estado en el que se adquiere conciencia de la gloria de Dios, de su poder infinito en todo lo creado. No sólo en la bondad y belleza, sino también en la maldad y fealdad. (M.D.1)

✴ El servicio desinteresado y la repetición del *mantra* son suficientes para alcanzar la meta. (M.D.1) *Ver Mantra japa.*

✴ Podemos alcanzar nuestra meta más rápidamente a través de un servicio compasivo hacia los demás, y no sólo por medio de *tapas*. *(Riendo)* Pues, ¿qué sentido tiene que alguien tome asiento por ahí, medio dormido, diciendo que hace *tapas* y sin servir a nadie?

Hijos míos, si decís que no podéis hacer servicio, que sólo deseáis la liberación, ¡tenéis que demostrar esa clase de intensidad! Aquellos que tienen esa clase de anhelo no dejan pasar ni un solo momento sin pensar en Dios. Comer o dormir no significa nada para ellos. Sus corazones siempre están afligidos por Dios. (M.M.2) *Ver Seva*

✴ El hijo tenía una profunda fe en su padre, pero hasta que no la puso en acción, descendiendo por el pozo para conseguir la planta medicinal, no recibió los beneficios de su fe. Hijos, esta es la clase de fe que necesitamos tener en Dios. Deberíamos pensar: "Dios está aquí para protegerme, ¿para qué voy a apenarme? Ni siquiera estoy ansioso por la Auto-realización". Deberíamos tener esta clase de confianza. (M.M.2) *Ver Fe*

✴ Amma no puede comer nada que sea sabroso. Amma no sabe el porqué. No existe en ella ningún interés por esta clase de cosas. Hijos míos, ¿cómo podéis prestar tanta atención al gusto y a todo lo externo? Es "Este Sabor" lo que nosotros tenemos que obtener. Si no renunciáis al sabor que nos da el paladar, no podréis encontrar "Ese Sabor", el sabor de la Realización del Ser. No se puede descubrir el sabor del corazón mientras no renunciéis al sabor del paladar. (M.S.2)

* La meditación basada en la comprensión de los principios espirituales nos llevará, sin duda alguna, a la liberación. (M.D.2) *Ver Mente*

* Podéis alcanzar la meta si realizáis las acciones de forma desinteresada y se lo dedicáis todo a Dios. Un buscador tendría que mantenerse firmemente unido a la meta. No dejéis de practicar *sadhana* cuando os sintáis decepcionados o frustrados. Continuad siempre con la máxima perseverancia. (M.D.2)

* Hijos míos, un *sadhak* (buscador espiritual) es aquel que se esfuerza de todo corazón para llegar a la meta. ¿Cómo vamos a tomarnos todas nuestras acciones a la ligera, si lo que pretendemos es alcanzar la libertad eterna?

Sólo cuando se logre esa liberación, responderemos de manera espontánea a todas las situaciones. (M.J.3) *Ver Actitud*

* Cuando comprendemos lo que es la espiritualidad, nos percatamos de lo que somos. Descubrimos el secreto de la felicidad. Nos damos cuenta de nuestro deber y meta en esta vida. (M.D.3) *Ver Espiritualidad*

* *El devoto versado en Vedanta preguntó a continuación: "Amma, ¿hay alguna diferencia entre el Bhagavan Sakshatkara y Brama Sakshatkara – entre la realización de Dios y la realización de Brahman (la Verdad absoluta, no-dual e impersonal)?"*

Amma le dijo que no había realmente diferencia y añadió: "Algunos consiguen a veces una visión de su deidad o de Dios, pero mantienen su ego. Deberían ir más allá para conseguir la realización final. Por ejemplo, el santo Namdev solía tener visiones de Sri Krishna pero conservaba su ego."

Al oír aquella respuesta, otro devoto se animó a preguntar: "Amma, todos nosotros te estamos viendo en este momento. ¿Qué diferencia hay entre verte a ti y tener una visión de Dios?"

A lo que Amma contestó: "Eso depende de tu actitud. Arjuna vio en un primer momento al Señor Krishna como un amigo y camarada, pero más tarde, al alcanzar la realización de la Verdad, vio a Krishna como la encarnación perfecta de la Conciencia Suprema". (M.M.4)

* Hijos míos, cuando amanece en vosotros la conciencia de la meta, también despierta, de forma espontánea, el *Guru* interior. (M.S.4) *Ver Guru*

* Tanto si eres hombre de negocios, taxista, carnicero, político o te dedicas a cualquier otra actividad, conseguirás que tus acciones sean sagradas si las haces como tu *dharma*, como un medio para alcanzar *moksa* (la liberación). Así fue como las *gopis* (esposas de los pastores de vacas) de Vrindavan, que se ganaban la vida vendiendo leche y mantequilla, llegaron a estar tan cerca de Dios que consiguieron, finalmente, el objetivo de la vida. (M.D.4) *Ver Casarse*

* El "Estado Natural", eso es Perfección. (M.D.4)

* Los que alcanzan la Perfección nunca dicen: "Soy Dios" o "Dios es mi siervo". Su actitud es la de ser un siervo de los demás. Si dijeras: "Yo soy Brahman", significaría que todavía hay dos entidades como "Yo" y como "Brahman". Lo que implica movimiento. Cuando uno se funde en Brahman, nada puede decirse. Todo es absoluta quietud. (M.D.4)

* Una fe absoluta implica Liberación. El que tiene una fe absoluta es un Ser Liberado. Tiene la certeza de que sólo existe Dios, el *Paramatman*. (M.M.5)

* La disciplina surge automáticamente cuando existe el propósito de alcanzar la meta. (M.M.5)

* Por medio de la devoción se alcanza el Conocimiento Supremo. El Conocimiento es la Meta, y la Devoción es el medio que nos lleva hasta esta Meta (M.D.5)

* En el estado supremo se da la dicha perfecta. En ese estado no hay felicidad ni dolor. No existe la noción de tú o yo. Puede ser comparado con un profundo sueño, pero con una diferencia: en el estado supremo se da una conciencia absoluta. En el sueño profundo puede que no haya noción de tú o yo, pero tan pronto despertamos, el mundo se presenta con sus diferencias y sus nociones de "tú" y "yo". (M.M.6)

* Sólo existe un único Ser que es omnipresente y omnisciente. A medida que nuestra mente se vuelve más expansiva, tenemos más posibilidad de quedar inmersos en el Infinito. Lo infinito significa inconmensurable vastedad. Ahí es todo igual y, por tanto, no existe en esa vastedad egoísmo u ego. (M.M.6)

* Tengamos siempre presente nuestra meta. Nuestra meta es la liberación, no os distraigáis por el camino. Igual que cuando hacemos un largo trayecto en autobús hasta Delhi, vemos por la ventanilla muchísimos paisajes, algunos bellos y otros no tanto. Pero no pedimos que se detenga el autobús cada vez que vemos algo bello. Lo miramos por la ventanilla y decimos: "¡Qué bonito es!" y, sin detenernos, continuamos con la idea de llegar a nuestra meta. Si no lo hiciéramos así, nunca llegaríamos. Dejemos también que pasen nuestros pensamientos y *vasanas* igual que los distintos paisajes y distracciones que observamos por la ventanilla del autobús, sin que ellos nos atrapen. La mente es como un espejo, refleja todo lo que se presenta ante ella. No nos dejemos dominar por la mente, aprendamos a desapegarnos de ella. (M.S.6)

* Para alcanzar el estado de unidad con el Ser Supremo, tenemos que desaparecer nosotros mismos. (M.S.7) *Ver Muerte*

* Todo el mundo será nuestra familia cuando realicemos nuestra unidad con la energía universal. Cuando surge esta unión, no podemos trabajar sólo para unas cuantas personas, para una pequeña comunidad o una nación en particular.

Cuando alcanzamos esta verdad, el universo entero se convierte en nuestra propia morada. Toda la creación se transforma en algo propio. Vemos que todo está impregnado de la conciencia de Dios, de la suprema energía divina. Todo se ve como variaciones de esa energía divina. El universo se vuelve nuestro propio cuerpo, las diferentes naciones y personas llegan a ser parte de nuestro cuerpo universal.

Los que alcanzan esta visión, se sitúan más allá de cualquier división. Son personalidades totalmente indivisibles e integradas. Son la encarnación del amor puro. Al expresar este amor divino a través de sus palabras y obras, inspiran y transforman las vidas de los demás. (M.D.6)

* "Cuando muere el concepto de que has nacido, eso es Auto-Realización. Cuando eres consciente de que eres pura existencia, sin nacimiento, crecimiento o muerte, eso es realización. La Auto-Realización no es algo que obtienes desde algún otro lugar. Lo que necesitas es someter tu mente, controlarla. Eso es lo que se debe hacer". (M.D.6)

* Un deseo sincero de alcanzar a Dios y ser humilde ante los demás son las cualidades que un discípulo debería tener. Despertad estas cualidades. Entonces, estaremos listos para recibirlo todo. Alcanzaremos la plenitud. Sin que nos demos cuenta, el conocimiento del Ser fluirá en nosotros y nos llenará.

Estamos en el nivel de la mente y el intelecto. Debido a nuestro apego e identificación con muchos objetos del mundo material, la visión de nuestra mente ha disminuido. Si no podemos entender las palabras del *Guru* apropiadamente pero las obedecemos sin dudar, podemos convertirnos en recipientes adecuados de su Gracia y alcanzar la meta con rapidez. (M.D.7) *Ver Inocencia*

Miedos

* Hijos míos, cuando nos refugiemos en Dios, no habrá nada que temer, Dios se cuidará de todo. (C.3)

* No culpes a las circunstancias ni a los demás. Tus fracasos, tus sentimientos heridos y tus miedos son debidos a alguna debilidad, y esa debilidad es ignorancia. Deja de aferrarte al pasado y serás libre y tendrás paz.

El miedo bloquea la espontaneidad

Es el miedo a ser juzgado. El problema yace en el sentimiento de separación, en el sentir que los demás son otros. Mientras exista ese miedo, tu corazón estará cerrado. (M.S.0) *Ver Amor*

* Nuestras mentes están siempre inquietas por el temor y la ansiedad. (M.J.1) *Ver Hábitos*

* Gracias a postrarse humildemente ante Dios, supieron discernir sobre su propia naturaleza. Sólo a través de la humildad y la entrega a la Divinidad podemos percatarnos de nuestro Ser. Cuando descartamos nuestros prejuicios o concepciones sobre los demás, llegamos a darnos cuenta de que no somos diferentes de ellos. Todos los temores se desvanecen entonces. (M.M.6) *Ver Actitud*

* Para alcanzar el estado de unidad con el Ser Supremo, tenemos que desaparecer nosotros mismos. Pero, normalmente, ese proceso es nuestro mayor temor, pues perderse uno mismo es una forma de muerte y ¿quién está dispuesto a morir? Todos quieren vivir. Sin embargo, a fin de tener una vida plena, necesitamos amar la vida y su misma esencia, y abandonar todo lo demás. Aprendamos a abrazar la vida con los brazos abiertos, mientras nos desprendemos de nuestros apegos. Abandona todos tus deseos, todas tus penas, temores y ansiedades. Este abandono no supone perderlo

todo, pues en realidad no hay mayor ganancia que esa. A través de ello, se te ofrece el universo entero, y llegar a ser Dios. (M.S.7)

* Hay mucho miedo en la sociedad, pero mucha gente se ha preparado para aceptar o dar la bienvenida a cualquier cosa que ocurra, en particular quienes tienen una comprensión de la espiritualidad más profunda o de los principios esenciales de la vida. Están dispuestos a aceptar seguir adelante ocurra lo que ocurra. (M.S.7) *Ver Actitud*

* Padecemos muchos sufrimientos en la vida. Una de las razones es porque les tenemos miedo. (M.M.8) *Ver Sufrimiento*

Muerte

* Esas actividades constituyen la auténtica *pada puja*. Queridos hijos, el Átman, el Ser, no conoce el nacimiento, ni la muerte. La noción de "yo he nacido" debe morir. Ese es el propósito del nacimiento humano. (M.M.1)

* Nosotros somos tan solo visitantes en este mundo. Este cuerpo se parece a una vivienda de alquiler. Una persona que vive en una casa de alquiler no reivindica ningún derecho sobre ella. El inquilino tendrá que abandonar la vivienda al cabo de cierto tiempo. De igual modo, este cuerpo es como una casa de alquiler. El Ser que habita en esta casa no está sujeto a ella. Llegará un momento en que todos tendremos que abandonar esta casa, sin compromiso. Cuando llegue nuestra hora, no servirá de nada exclamar: "¡Oh, no! ¿Por qué tiene que ser en este momento? ¿No podría ser más tarde? Por favor, concédeme un poco más de tiempo", pues nadie nos prestará atención.

Cuando llegue el momento de partir, deberíamos abandonar esta morada como si se tratara de un juego, riendo gozosamente, en lugar de llorar o lamentarse de dolor. Por ello es importante la práctica de la ciencia de la espiritualidad.

En cierta ocasión, una persona fue a ver a un Mahatma. Al ver el lugar totalmente vacío de muebles, el hombre le dijo al maestro: "No tienes ningún mueble en tu habitación".

Él le respondió con esta pregunta: "¿Quién eres tú?"

"Soy un visitante", contestó el hombre.

"También lo soy yo. ¿Para qué voy a cargar con objetos inútiles?" (M.S.1)

* *Afrontar la muerte del ego exige un gran valor.*

"Sí, son muy pocos los capaces. Si tenéis el coraje y la determinación necesarios para llamar a la puerta de la muerte, veréis que no hay muerte. Pues la misma muerte, o la muerte del ego, es una ilusión". (M.D.1) *Ver Ego*

¿La obediencia perfecta al Guru es, en definitiva, lo mismo que la muerte del ego?

"Sí. Por eso el Sat*guru* (el maestro espiritual realizado) está descrito en la Katha Upanishad bajo los rasgos de Yama, el dios de la muerte. La muerte del ego del discípulo sólo se puede conseguir mediante la ayuda de un *Satguru*.

La obediencia no se le puede imponer a un discípulo. El maestro es para él una formidable fuente de inspiración, es la encarnación de la humildad. La obediencia y la humildad emergen espontáneamente en presencia del maestro". (M.D.1) *Ver Ego*

✳ Sed conscientes de que no nos llevaremos nada cuando muramos. Hemos venido al mundo con las manos vacías y partiremos con las manos vacías.

Había una vez un poderoso rey que tenía cuatro esposas. Su favorita era la cuarta y, dada su belleza, la llevaba con él en todos sus viajes por los reinos vecinos. También amaba bastante a la tercera esposa, le compraba vestidos y lujosos adornos y la trataba con gran refinamiento. Sólo le daba lo mejor. También apreciaba a la segunda esposa. Ésta era su confidente y ella se mostraba siempre amable, considerada y paciente con él. Cuando surgía algún problema, el rey confiaba en ella para que le ayudara a superar las dificultades. La primera esposa le era muy leal, pero el rey no la amaba. Aunque ella lo amaba profundamente, él apenas la consideraba.

Un día, el rey cayó enfermo, y supo que le quedaban pocos días de vida. Pensó en su ostentosa vida y reflexionó: "Tengo cuatro esposas conmigo, pero cuando me muera, estaré solo." Entonces le pidió a la cuarta esposa: "Eres la más amada, y te he mostrado un gran cariño. Ahora que me estoy muriendo, ¿me seguirás y me harás compañía?" "La vida es tan bella que cuando te mueras me volveré a casar", respondió la cuarta esposa, y salió de la sala sin decir nada más. Aquella respuesta fue tan cortante, que sintió como si le clavaran un cuchillo en el corazón. El entristecido rey se dirigió a la tercera esposa: "Te he amado toda mi vida. Ahora que voy a morir, ¿me seguirás y me harás compañía?" "No, en absoluto", respondió la tercera esposa. Aquella respuesta dejó helado el corazón del rey. A continuación se dirigió a la segunda esposa: "Siempre te he ayudado, y tú siempre has estado dispuesta a hacer lo que te pidiera. Cuando me muera, ¿me seguirás y me harás compañía?" "Lo siento, en esta ocasión no puedo ayudarte", respondió la segunda esposa. "Todo lo más que puedo hacer es acompañarte hasta el cementerio." Su respuesta la escuchó como un trueno y el rey se sintió desolado. Cuando la primera esposa se enteró de estas peticiones, le dijo: "Yo te seguiré allí donde vayas". Al levantar la cabeza, el rey se fijó en su esposa por vez primera, en muchos años. Estaba tan triste y desolada que parecía una moribunda. El rey sintió un profundo remordimiento y le confesó: "Tenía que haberte prestado mucha más atención cuando todavía tenía la oportunidad de hacerlo".

En realidad, todos nosotros tenemos cuatro esposas: la cuarta esposa es nuestro status social y riquezas. Cuando morimos, todo pasa a los demás. La tercera esposa es nuestro cuerpo. No importa el tiempo y los esfuerzos que le dediquemos para que tenga buena apariencia. Cuando morimos, nos abandona. Nuestros familiares y amigos representan la segunda esposa. Puede que nos acompañen hasta el cementerio, pero seguramente no irán más allá. La primera esposa es el *Atman*, nuestra alma, a la que apenas prestamos atención a lo largo de nuestra vida. Pero, en realidad, sólo el Ser es eterno y permanece después de la muerte. Todo lo demás, ya sea fama, riqueza, nuestro cuerpo o los seres más queridos, son bienes efímeros.

Intentemos mantener siempre la conciencia de nuestra verdadera naturaleza y refugiémonos sólo en Ella. Om Amriteshwaryai Namaha (M.J.2)

* Hijos, realizad todas vuestras acciones con el pensamiento entregado a Dios. Entonces podréis vencer incluso a la muerte, y la felicidad será vuestra para siempre. (M.S.3)

* Dejemos que la presencia del Espíritu Supremo se revele en todo su esplendor en cada momento de nuestras vidas. Entonces nada nos aprisionará. Vivamos este momento en Dios, en nuestra auténtica naturaleza. Esto nos liberará de la influencia que ejerce sobre nosotros el círculo del *karma*, y nos liberaremos del temor a la muerte.

Cuando realizamos a Dios, trascendemos todas las leyes del *karma*. Los *Mahatmas* (Grandes Almas) han abandonado sus cuerpos con una sonrisa en los labios, aunque estuvieran enfermos o sufrieran intensamente. Ellos han aceptado la vida con una amplia sonrisa. Han aceptado todas las situaciones placenteras y dolorosas de igual modo. Por eso han sido capaces de admitir, incluso la muerte, con una sonrisa. Aquellos que aceptan todo lo que viene con gratitud, reciben también la muerte con esta misma actitud. Saben que la muerte no es el final de nada. La muerte no es el enemigo de nuestro Ser auténtico; sólo es el principio de otra existencia. (M.M.5)

* "El nuevo año nos recuerda el flujo incesante del tiempo. Es un buen momento para ser conscientes del valor del tiempo. Como una sombra, la muerte siempre nos sigue. Quizá debamos abandonar en cualquier momento esta casa arrendada que es el cuerpo.

Antes de que la muerte se apodere de nosotros, tenemos grandes cosas que hacer. Este es un buen momento para la introspección y evaluación de nuestra vida, para reflexionar sobre el pasado y también para avanzar realizando buenas acciones.

"¿Porqué estamos en el viaje de la vida? ¿Cuál es la meta de este viaje? ¿Estamos viajando por la senda correcta o hemos tomado una senda equivocada? Ahora es tiempo de introspección y de encontrar respuestas a estas preguntas.

Al igual que un hombre de negocios lleva una cuenta de pérdidas y beneficios, necesitamos llevar una cuenta de pérdidas y logros acumulados en la vida. (M.M.5) *Ver Amor*

✳ La muerte puede llegar en cualquier momento. Nos arrebatará todo lo que tengamos, también nuestro cuerpo. Por eso Amma insiste en que a través de nuestra práctica espiritual deberíamos desarrollar la actitud de desapego hacia todo el mundo. Sólo con esa actitud seremos capaces de afrontar la muerte sin miedo. Al absorber los más altos ideales espirituales, nos estamos preparando para que esa transformación tenga lugar: la transformación del apego en desapego. (M.M.5) *Ver Apego*

✳ Nuestra auténtica naturaleza es amor. Nos hemos olvidado de ella al pensar y sentir que: "yo soy el cuerpo". Así malgastamos nuestras preciosas vidas. En el amor puro, no hay muerte. El amor vence a la muerte. (M.D.5) *Ver Amor*

✳ "Cuando muere el concepto de que has nacido, eso es Auto-Realización. Cuando eres consciente de que eres pura existencia, sin nacimiento, crecimiento o muerte, eso es realización. La Auto-Realización no es algo que obtienes desde algún otro lugar. Lo que necesitas es someter tu mente, controlarla. Eso es lo que se debe hacer". (M.D.6)

* Para alcanzar el estado de unidad con el Ser Supremo, tenemos que desaparecer nosotros mismos. Pero, normalmente, ese proceso es nuestro mayor temor, pues perderse uno mismo es una forma de muerte y ¿quién está dispuesto a morir? (M.S.7) *Ver Miedo*

* Contratamos seguros de vida porque sabemos que la muerte puede venir en cualquier momento. Pero vivimos nuestras vidas como si creyéramos que nunca vamos a morir.

Le damos ejercicio físico al cuerpo, pero descuidamos el corazón. El ejercicio para el corazón es ayudar a los necesitados y a los que sufren. La belleza de nuestros ojos no está en el sombreado de ojos, sino en una mirada llena de compasión. La belleza de nuestras orejas no está en los pendientes, sino en escuchar a los que sufren. La belleza de nuestras manos no está en los anillos, sino en nuestras buenas acciones.

Deberíamos ser agradecidos en la vida. (M.M.8)

Obediencia

✳ La obediencia al *Guru* no es esclavitud. El *Guru* sólo desea el bien del discípulo. Ciertamente, él nos muestra el camino. Un verdadero *Guru* no considera jamás a su discípulo como un esclavo. Está lleno de amor por su discípulo y quiere que consiga su meta, aunque esto implique dificultades para sí mismo. El auténtico *Guru* es, en verdad, como una madre. (M.S.1)

✳ Decir lo que se debe hacer o no hacer carece de sentido si no estáis sinceramente decididos a aceptar las palabras del *Guru*. Por tanto, el *Guru* no os forzará, ni siquiera os pedirá, que hagáis algo que no deseáis hacer. (M.S.1)

✳ Cuando un avión despega, se le pide a los pasajeros que se abrochen el cinturón. Si lo hacen, ¿supone eso una esclavitud? Los pasajeros saben que se les pide por su propia seguridad. En los cruces de carretera se colocan señales de tráfico para los conductores. Si las respetan ¿se consideran esclavos? Al obedecer las señales de tráfico, evitamos los accidentes. De igual modo, obedecemos al *Guru* por nuestro bien. A través de la obediencia al *Guru*, el discípulo se libera de todas las ataduras y se convierte en soberano de los tres mundos. (M.S.1)

✳ Dios está en el interior de cada uno y mora en el corazón. En cada instante de nuestra vida, Él nos habla con amor y dulzura. Sólo necesitamos tener la paciencia de saber escuchar. No ponemos atención a lo que nos dice su voz y este es el motivo por el que continuamente cometemos errores y sufrimos. Pero cuando estamos dispuestos a obedecer al Señor y vamos a Él con la actitud de un discípulo, con humildad, devoción y *shraddha* (fe), nuestro Dios interior adopta el papel de *Guru* y nos guía, tomándonos de la mano. (M.S.1) *Ver Guru*

❊ La obediencia no se le puede imponer a un discípulo. El maestro es para él una formidable fuente de inspiración, es la encarnación de la humildad. La obediencia y la humildad emergen espontáneamente en presencia del maestro. (M.D.1) *Ver Ego*

❊ Las Reglas y normas son necesarias para nuestro desarrollo espiritual. Deberíamos guiar nuestra vida de acuerdo con los principios espirituales. El ego es el que dice: "Yo soy mi propio jefe." A no ser que rompamos la dura concha del ego, será imposible la Auto-Realización. Para que esto ocurra, un *sadhak* (discípulo) debe cultivar, primero y ante todo, la obediencia. (M.M.2)

❊ Hijo, una persona que tiene fe en la Madre realizará su *sadhana* siguiendo Sus instrucciones. Esa persona vivirá sin errar lo más mínimo. ¿Cómo vas a curar tu enfermedad, si sólo crees en el médico y no tomas las medicinas? (M.M.2)

❊ "Para progresar espiritualmente, debemos tener una actitud de entrega total al *Guru*. Cuando un niño aprende el alfabeto, el maestro sostiene su dedo y le hace garabatear en la arena. El movimiento del dedo del niño está controlado por el maestro. Pero si el niño piensa orgullosamente: "yo lo sé todo" y no obedece al maestro, ¿cómo va a poder aprender? (M.J.2)

❊ Hijos, no basta con amar a un *Guru* para destruir vuestros *vasanas*. Nuestra devoción y fe deben estar basadas en los principios esenciales de la espiritualidad. La dedicación de cuerpo, mente e intelecto es necesaria para ello. Los *vasanas* pueden ser erradicados por medio del desarrollo de la fe y la obediencia al *Guru*. (M.J.3) *Ver Devoción*

❊ "Resulta fácil amar y adorar al *Guru* si el *Guru* no posee una forma física. No hay posibilidad de egoísmo, celos o enfado entre los discípulos al observar el amor que el Maestro les prodiga. Resulta diferente cuando el *Guru* posee una forma física. A los discípulos les cuesta, a menudo, obedecer las instrucciones del Maestro si éstas se contraponen a sus propios deseos. El discípulo se siente celoso si ve que alguien recibe más atención que él del *Guru*. Sólo si el discípulo es capaz de superar esta debilidad, amando y sirviendo al Maestro desinteresadamente, logrará avanzar realmente por el sendero espiritual. Servir a un Maestro vivo es la bendición más grande que puede recibir un buscador espiritual. El discípulo debería entregarse por completo al *Guru*. Debe estar dispuesto a ofrecérselo todo, alegrías, placeres o deseos al *Guru*. Debería sentir que la felicidad del *Guru* es su propia felicidad y que los deseos del *Guru* son sus propios deseos. El cuerpo, la mente y el intelecto del discípulo deben ser un instrumento flexible en las manos del *Guru*. El discípulo que alcanza este estado cuando el Maestro está físicamente presente, recibe todas sus bendiciones. (M.S.3)

* La actitud de un discípulo supone discernimiento, al mismo tiempo que obediencia y entrega al *Guru*. La actitud de un niño es de inocencia y dependencia de su madre. Para el progreso espiritual son necesarias las dos actitudes. (M.S.3) *Ver Actitud*

* Es absurdo que el discípulo se pregunte: "¿Por qué el *Guru* no me aconsejó como al otro?" Él conoce la mejor manera de guiar al discípulo en cada situación, mejor que el propio discípulo. Por eso, la manera más fácil de alcanzar la meta es obedeciendo al *Guru*.

Cuando preguntemos algo al *Guru*, deberíamos hacerlo con la mente abierta. Si en lugar de eso le preguntamos con la intención de conseguir un objetivo, nuestras mentes tratarán de influir sobre sus palabras para que se ajusten a nuestras intenciones. Pero después tendremos que afrontar las consecuencias. Sólo entonces nos daremos cuenta del error que hemos cometido, pero ya será demasiado tarde. La única manera de que podamos evitar el error es acercándonos al *Guru* con inocencia, prestando atención y obedeciendo sus palabras.

Entregarse completamente al *Guru*, este es el modo más rápido de que el discípulo acelere su crecimiento. Obedecer cada palabra del *Guru*, sin albergar la más mínima duda. Cultivar una mente así y todo será más fácil. (M.D.7) *Ver Inocencia*

Objetivo de la vida

* La primera y principal cualidad es *jigyasa* o el anhelo. Si alguien que ha ganado un premio Nobel quiere aprender a tocar la flauta, tendrá que sentarse a los pies del profesor de flauta. Debería tener la actitud de un principiante. La cualidad fundamental es ser conscientes del objetivo.

Si nos concentramos en un nombre, ya sea Rama o Krishna, o cualquier otro nombre o *mantra*, podemos evitar todos los pensamientos innecesarios. Todo depende de la intensidad de nuestros sentimientos hacia el objetivo. (M.D.4) *Ver Actitud*

* "¿Porqué estamos en el viaje de la vida? ¿Cuál es la meta de este viaje? ¿Estamos viajando por la senda correcta o hemos tomado una senda equivocada? Ahora es tiempo de introspección y de encontrar respuestas a estas preguntas.

Al igual que un hombre de negocios lleva una cuenta de pérdidas y beneficios, necesitamos llevar una cuenta de pérdidas y logros acumulados en la vida.

El año pasado ¿cuánto progresamos en nuestro camino espiritual? ¿Cuánto tiempo perdimos innecesariamente? ¿Hicimos esfuerzos para superar nuestras tendencias negativas y malas cualidades? ¿Fuimos capaces de desarrollar en nosotros cualidades como el amor, la compasión y el desapego? Al menos este año deberíamos intentar emplear cada momento en centrarnos intensamente en este objetivo. Hagamos votos para asegurar nuestro esfuerzo en esa dirección.

No nos deprimamos ante los obstáculos del camino. Hijos míos, no temáis la oscuridad exterior. Tenéis una lámpara con vosotros, la lámpara de la fe. Así, a cada paso, esa luz de la Gracia divina os guiará.

Cada fracaso es una enseñanza para aprender. La enseñanza es que, en lugar de deprimirnos o frustrarnos, debemos fortalecernos en el esfuerzo. Recordad siempre que cuando llega el crepúsculo ya lleva el niño de la aurora en su seno. La oscuridad no puede permanecer mucho tiempo. En su momento, la aurora llegará y brillará.

Nunca olvidemos que no estamos solos en este viaje. Dios siempre está con nosotros. Dejemos que Dios tome nuestras manos. Si nos entregamos, seguro que podremos tener la experiencia de la Gracia y el éxito. (M.M.5) *Ver Amor*

* Este mundo ha sido creado para vosotros. Ningún santo o escritura dicen que no debáis disfrutar de los placeres del mundo. Pero se os pide que ejerzáis ciertas restricciones mientras disfrutáis. Mantened siempre el auto-control y dominad los objetos y las circunstancias externas. No permitáis que nada os esclavice u os controle. Cuando vuestra actitud cambia, también cambia el objetivo de la vida, y conseguís que vuestra mente se vuelva más calmada y silenciosa. (M.S.6)

* En lugar de vivir una existencia de tipo animal, aprendamos a conseguir paz en esta vida. En lugar de correr tras los placeres, tratemos de comprender el objetivo de la vida y luchemos por conseguirlo. Llevemos una vida sencilla. Dar a los demás lo que no precisemos después de cubrir nuestras necesidades vitales. Vivir sin causar ningún daño a los demás, y enseñar estos principios. Deberíamos contribuir a la creación de una cultura noble. Seamos buenos y virtuosos. Tratemos de tener un buen corazón y, así, inspirar a los demás para que también sean bondadosos. (M.J.7)

Orar - Rezar

* Amma dice que nuestra vida debería convertirse en una sonrisa expresada con un corazón abierto, una sonrisa que se manifiesta espontáneamente cuando experimentamos el auténtico gozo espiritual en nuestro interior. Esta es la auténtica oración, la auténtica religión, la auténtica espiritualidad. (M.J.1) *Ver Hablar*

* No penséis que Amma se encuentra sólo en Vallickavu o limitada a este cuerpo. Cuando recéis sinceramente, pensando en Amma, esa vibración llegará, al instante, a Amma y se reflejará en su espíritu. Vuestras plegarias y acciones, puras e inocentes, conducirán a Amma hasta vosotros. (M.D.1)

* Muchos rezamos a Dios únicamente cuando aparece algún sufrimiento en nuestra vida, o bien cuando queremos que se cumplan nuestros deseos. (M.J.1) *Ver Felicidad*

* Cuando rezamos por los demás el universo entero reza por nosotros, y cuando bendecimos a los demás, todo el universo nos bendice, pues el hombre es uno con la energía cósmica." (M.M.2) *Ver Actitud*

* (16 días después del tsunami: Amma reza por los muertos y los vivos).

Hijos míos, rezad por todos en el mundo. Rezad por aquellos que han muerto y por los que están vivos. Rezad por las viudas que han perdido a sus esposos. Rezad por los hijos que han perdido a sus padres. Rezad por los padres que han perdido a sus hijos.

Lo que podemos hacer en esta situación es invocar amor y compasión en nuestros corazones. Rezad con vuestros corazones, actuad con vuestras manos.

Los muertos se han ido. Hacer que vuelvan es imposible. Consideremos esta situación como una oportunidad para compartir paz y amor con los vivos. Convirtámonos en la encarnación de la paz y el servicio desinteresado, tanto externa como internamente. Recemos y pongamos empeño en ello, haciendo un voto. Rezad *"Lokah Samastah Sukhino Bhavantu"*, (Que todos los seres de todos los mundos sean felices y vivan en paz). (M.M.5)

* *¿De qué manera son beneficiosos los bhajans, la oración y la recitación del nombre del Señor? ¿No se podría dedicar el tiempo que empleamos en estas prácticas a realizar algún trabajo que beneficie al mundo?*

Son muchos los que cantan canciones sobre el amor mundano. Suponer que preguntamos: ¿Tiene alguna utilidad hacer esto?, ¿no se podría dedicar ese tiempo a hacer cosas útiles?

¿Cuál sería la respuesta? Sólo aquel que ha experimentado una cosa puede conocer su utilidad, ¿no es así? Por lo general, la gente disfruta escuchando canciones. De modo parecido, cuando los devotos escuchan *bhajans* pueden abandonarse a ellos y olvidar todo lo demás. Lo que le suele gustar a la gente de las canciones son las emociones y relaciones mundanas. Se entregan a esas emociones, obteniendo así felicidad. Pero cuando la gente canta bhajans, tanto el que canta como el que escucha pueden experimentar quietud y paz mental.

Las canciones que suenan en lugares de baile evocan emociones sensuales. Cuando oímos canciones de amor, afloran en nosotros los sentimientos y pensamientos del enamorado. Por el contrario, en los bhajans, despertamos a nuestra relación con Dios. En lugar de emociones sensuales, se generan virtudes divinas. Somos capaces de controlar nuestras emociones. Los bhajans dan paz al que canta y también al que escucha.

Amma no está menospreciando otros tipos de canciones. Por supuesto que la gente obtiene felicidad de ellas. Hay una gran variedad de gente en el mundo. A cada uno le gustan cosas distintas. Desde cada punto de vista, todo tiene su importancia. Amma no rechaza nada.

El objetivo de cantar bhajans no es únicamente la Realización de Dios. Tiene además otras ventajas. Los bhajans y las oraciones generan vibraciones positivas dentro de nosotros y a nuestro alrededor. Los pensamientos de venganza y enemistad desaparecen. Se crea una atmósfera de amor hacia todos. En la oración, el devoto se entrega a la contemplación. Un niño repite una palabra diez veces para memorizarla y así se le graba en la memoria. Del mismo modo, cuando cantamos bhajans, al repetir las cualidades de Dios, conseguimos que arraiguen en nuestro corazón y den lugar a un amanecer en nuestras vidas.

Los bhajans traen felicidad a nuestros corazones. Son relajación para la mente. Para obtener el máximo beneficio, hemos de tener la actitud de "yo no soy nada. Tú eres todo." Esa es la verdadera oración.

Pero puede que no desarrollemos esa actitud rápidamente. Sólo cuando sale el sol desaparece por completo la oscuridad. Sólo cuando surja el conocimiento florecerá totalmente esa actitud. Pero no tenemos que esperar hasta ese momento. Es suficiente con que cultivemos la actitud correcta y sigamos adelante. No debemos olvidar que nuestra fuerza proviene de Dios. Ni siquiera nuestra respiración está bajo nuestro control. Debemos dar el primer paso diciendo: "Allá voy". Pero hemos oído casos de personas que mueren de un ataque al corazón antes de haber terminado la frase. Por tanto, debemos fomentar la actitud de: "Sólo somos un instrumento en Tus manos."

No deberíamos considerar los bhajans, la oración y otras prácticas como simples medios para satisfacer nuestros deseos. Hoy, son muchos los que ven la oración como un medio por el que pueden obtener beneficios egoístas. Mediante la oración, deberíamos esforzarnos por despertar virtudes y vibraciones positivas. Si los humanos elegimos la mera satisfacción de nuestras ansias emocionales, delitos como los robos, asesinatos y violaciones aumentarán. Gracias a que existen comisarías, la incidencia de delitos en nuestras sociedades es, hasta cierto punto, baja. Mientras que es el miedo a la policía lo que ayuda a refrenar los delitos, es el amor y la devoción hacia Dios lo que nos ayuda a seguir por el camino recto. Esta es una manera práctica de mantener la armonía social. Las oraciones realizadas con pensamientos positivos crean vibraciones positivas, y las que se realizan con pensamientos negativos crean vibraciones negativas. El tipo de pensamientos que tiene una persona determina la naturaleza del aura que le rodea. Cuando uno reza para que el mal caiga sobre su enemigo, se llena de vibraciones de ira. Y lo que el mundo recibirá de esa persona serán también vibraciones de ira. El ambiente que rodea a esta persona será el correspondiente a su estado mental.

Las emociones que surgen son distintas según uno recuerde a su madre, a su esposa o a sus hijos. Al pensar en la madre, se despierta el amor maternal y la compasión. Al pensar en la pareja, surgen emociones como el amor mundano y emociones similares. Al pensar en los hijos, se despierta el afecto. Cada actitud genera diferentes tipos de vibraciones. Por tanto, las oraciones deberían hacerse con pensamientos nobles. Sólo entonces la persona que reza y la sociedad recibirán el beneficio.

Los pensamientos son como un tipo de virus, que producen enfermedades contagiosas. Las oraciones llenas de pensamientos nobles, sin rastro de venganza u odio, no sólo aliviarán la tensión mental sino que crearán un aura dentro y fuera de nosotros.

Si nos acercamos a una persona con fiebre, nosotros también acabaremos con fiebre y el virus nos infectará. Si vamos a un lugar donde se fabrica perfume, la fragancia se pegará a nuestros cuerpos.

De manera parecida, hay vibraciones sutiles en los lugares donde se cantan bhajans, que permearán nuestras auras. Al mismo tiempo, nuestros corazones necesitan abrirse. Sólo entonces podemos disfrutar de los bhajans y despertar. Si nuestra mente no está receptiva, no seremos capaces de obtener el beneficio. La mente de una persona así seguirá limitada a los objetos de su deseo, incluso en ese ambiente. Por esa misma razón algunas personas no pueden recibir la Gracia aún estando en la presencia de un *Mahatma* (gran alma) o aunque el *Mahatma* haga un *sankalpa* (resolución para satisfacer las oraciones de un devoto). La rana que vive debajo del loto no conoce la gloria de la flor ni es capaz de disfrutar de su fragancia. Según un proverbio en malayalam: "el mosquito sólo desea sangre, aunque esté en las ubres de la vaca."

Algunos no son capaces de percibir la transformación que se produce en una persona que sigue los preceptos religiosos. Por ejemplo, algunos critican al Hinduismo citando ejemplos de sacrificios de animales realizados en nombre de la religión. Estas personas hablan como si los sacrificios de animales fuera lo único que hay en el Hinduismo.

La enseñanza religiosa es sacrificar el ego animal, pero algunos, por ignorancia, sacrificaron animales. ¿Pero acaso no hay en la actualidad personas que proclaman su sensatez y que realizan, de una manera u otra, sacrificios humanos? ¡Cuántas personas están siendo asesinadas en nombre de la religión y la política!

Así que, aunque pretendamos ser más evolucionados que nuestros antepasados, realmente no lo somos. Las cosas que consideramos como signos de nuestro progreso nos están llevando, sin embargo, a la perdición. Para comprenderlo hemos de tener una percepción global de las cosas. Tenemos que ver las cosas desde arriba. Si vemos las cosas desde el suelo, sólo veremos uno de sus lados.

Muchas personas participan en diversos partidos políticos. Se sienten atraídas hacia ellos al ver la vida que llevan sus líderes, su sacrificio y sus ideales, y participan en las actividades del partido después de haber aceptado estos ideales. Pero Amma dice que absorber los ideales espirituales resulta, incluso, más fructífero por no haber en ellos afán de venganza, egoísmo ni aversión.

¿En dónde podemos encontrar un ideal más noble que el que aparece en la *Bhagavad Gita?* (Consejos del Señor Krishna a Arjuna, resumidos en el canto del capítulo 18) Cuando Amma dice esto, algunas personas se preguntan si el Señor Krishna no está diciendo que deberíamos entregarlo todo y trabajar sin esperar pago alguno. Nadie piensa por qué habló así.

Una semilla que se siembre puede brotar o no. Si no llueve, podemos cavar un pozo y extraer agua. Regando con esa agua, podemos intentar hacer que la semilla brote. Pero, independientemente de cuanto lo intentemos, no podemos decir con seguridad si nuestros esfuerzos darán fruto. En el momento de la cosecha, un viento fuerte o una inundación pueden destruir todas las cosechas. Esa es la naturaleza del mundo. Si comprendemos esto, no tenemos que lamentarnos. Por eso dijo el Señor Krishna: "Haced vuestro trabajo. Pero los frutos de vuestro esfuerzo están en manos de Dios. Recordad esto y no sufráis." No importa cuanto nos esforcemos, necesitamos también la Gracia de Dios, para recoger todos los beneficios. Eso es lo que dijo Sri Krishna, y no el que no debamos pedir o aceptar un salario.

Si tienes una mente que sinceramente anhela hacer servicio desinteresado para el beneficio del mundo, eso bastará en lugar de cantar bhajans, recitar el Nombre del Señor o rezar. Dios no es alguien sentado allá en los cielos; Él lo llena todo. El Creador y la creación no son dos. El oro y el collar de oro no son dos. Hay un collar de oro en el oro. Hay oro en el collar de oro. Estamos en Dios. Dios está en nosotros.

Adorar a *Narayana* (Dios) en *nara* (la creación) es la adoración suprema. Pero nuestra mente no debe desviarse un ápice de esta actitud. Hacer servicio desinteresado al 100% es muy difícil. Sin que nos demos cuenta, el egoísmo se colará en nuestro trabajo. Cuando eso ocurre, no obtenemos la totalidad del beneficio del servicio desinteresado.

Todos hablan de acabar con el patrón y el asalariado, pero lo que hace falta es igualdad. ¿A cuántos jefes les gustaría que sus subordinados se sentaran en sus sillones? El líder que habla de igualdad ¿ofrecería su silla a su seguidor? El desinterés debería estar en los hechos, no en las palabras. Pero esto no va a ocurrir de la noche a la mañana. Necesitamos hacer *sadhana* (práctica espiritual) constantemente. Tendríamos que procurar tener sólo buenos pensamientos con cada respiración. Deberíamos intentar cultivar las virtudes. La respiración de esas personas crea buenas vibraciones en la atmósfera.

Hablamos de lo que contaminan las fábricas, el medio ambiente, pero hay una contaminación mayor: el ego de los humanos. Mas que ninguna otra cosa, esto es lo que debería preocuparos. Los bhajans y la oración ayudarán a purificar la mente egoísta.

Es difícil atrapar a una vaca que se escapa, persiguiéndola. Pero si le enseñas algo de comer que le guste, se acercará. Entonces puedes sujetarla y atarla. Del mismo modo, el *mantra japa* (repetición del *mantra)* ayuda a mantener la mente bajo control. En este momento, nuestra mente va saltando de objeto en objeto. La recitación del Nombre del Señor es una manera fácil de ponerla bajo nuestro control y hacer que se vuelva hacia Dios.

Aunque digamos que el Creador y la creación no son dos, en este momento no controlamos nuestras mentes. Hemos de tener la mente bajo nuestro control del mismo modo que utilizamos el mando a distancia para la televisión. Con el mando podemos ir cambiando de canal y seleccionar el que queremos ver a nuestra voluntad. Deberíamos ser capaces de controlar nuestra mente de la misma forma. La mente debería estar donde nosotros queramos que esté. Ahora corre tras distintos objetos. Prácticas como el *japa* o repetición del *mantra* son necesarias para tener la mente bajo nuestro control y evitar, así, que vaya de aquí para allá.

Mediante *tapas* (austeridades) la mente adquiere la capacidad de adaptarse a distintas situaciones. Por lo general, la gente está siempre nerviosa. *Japa,* es una disciplina que alivia esta tensión.

Al principio, se enseña a los niños a contar con la ayuda de semillas de *manjadi* (semilla roja del árbol Adanthara Pavonia). Más tarde, harán cálculos mentales sin depender de ellas. Aquel que tiene mala memoria tendrá cuidado en anotar las cosas que necesita comprar. Después de haber hecho la compra, puede tirar la lista.

De modo parecido, ahora nos encontramos en un estado de olvido, no somos conscientes. Hasta que surja esa conciencia, el *japa* y otras prácticas espirituales son necesarias.

Al igual que hay reglas para todo, hay reglas para cada práctica espiritual. Todo el mundo puede cantar una canción sencilla. Pero no se puede dar un concierto sin haber estudiado música. Hay reglas en la música.

La meditación es como un laboratorio de prácticas. Si no tenemos cuidado, las cosas pueden ir mal. Aunque los tónicos son buenos para la salud, beber un frasco entero, en lugar de la cucharada recomendada, puede ser muy perjudicial. Tomar sólo dos cucharadas, en lugar de las cinco prescritas, tampoco será beneficioso. Deberíamos tomar la cantidad prescrita, ni más ni menos. Del mismo modo, tendríamos que meditar siguiendo las instrucciones del *Guru*.

Algunas personas son alérgicas a ciertos medicamentos. Por tanto, hay que analizar si corren riesgo de alergias antes de tomarlos. De manera parecida, algunas prácticas espirituales no son apropiadas para ciertas personas. Si llevan a cabo esas prácticas, puede que no duerman o algunos pueden volverse violentos. Por tanto, si no tenemos cuidado, pueden ser muy peligrosas. Pero los bhajans, las oraciones y la recitación del Nombre del Señor no crean problemas. Cualquiera puede practicarlos. Pero deberíamos ser especialmente cuidadosos con la meditación. Esa es la razón por la que todo *sadhak* (aspirante espiritual) necesita la ayuda de un *Guru*. Cuando se lanza un cohete, se necesita un propulsor para traspasar el campo gravitacional. De igual manera, para progresar en las prácticas espirituales es vital el apoyo directo del *Guru*.

En nuestras manos está el convertirnos en un demonio o en Dios. Podemos convertirnos en *Jarasandha* (malvado rey del Mahabharata) o en Krishna. Ambas cualidades están en nuestro interior, ahí se encuentra tanto el amor como el odio. Lo que cultivemos determinará nuestro carácter. Por esa razón necesitamos tener pensamientos buenos y no de venganza. Lo que hace falta es una mente limpia, despejada de conflictos. Podemos superar los conflictos mentales mediante el *japa* y las oraciones. Podemos olvidar todas las cosas innecesarias. Generalmente, olvidamos las cosas por falta de conciencia. Lo que suele ocurrir es que cuando vuelve la conciencia recordamos esas cosas y nos ponemos nerviosos de nuevo. Pero a través de la práctica espiritual somos capaces de olvidar conscientemente, de manera que esos problemas no vuelvan a molestarnos más.

Escribiendo en las paredes las tres palabras "Prohibido fijar carteles" podemos evitar que se escriban muchas otras palabras. "Prohibido fijar carteles" es un tipo de anuncio, pero ¡qué útil es!.

El *mantra japa* es parecido. Podemos reducir el número de pensamientos con el *mantra japa*. Entonces no hay ni venganza ni enemistad. La mente se vuelve pacífica por lo menos durante el *japa*. También crea vibraciones positivas en la naturaleza.

Los pensamientos no deseados se evitan durante el *japa*. Así podemos reducir la tensión que nos causan. La mente gana en pureza. El egoísmo disminuye y la mente se hace más expansiva.

Si reconducimos el agua de varios canales hacia uno sólo, con esa energía podemos producir electricidad. Podemos conservar mucha de la energía mental que se pierde con los pensamientos gracias al *japa* y la meditación. Si una persona corriente es como un poste eléctrico, un *tapasvi* (el que hace prácticas espirituales austeras) es como un generador.

Un porteador se convierte en científico después de estudiar lo exigido. La cabeza del científico es la misma con la que el antiguo porteador llevaba los equipajes. ¡Pero qué grandes son las capacidades del científico en comparación con las del porteador!.

Si el porteador puede convertirse en científico ¿porqué una persona corriente no puede evolucionar hacia la espiritualidad? Es posible a través de la *sadhana*, de una actitud desinteresada y de pensamientos nobles. Concentrando la mente podemos obtener mucha energía. Podemos usar esa energía de una manera que beneficie al mundo. Entonces no habrá egoísmo.

El mundo sólo recibirá buenas palabras y obras de esas personas. El fin de todas las prácticas espirituales es conseguir un corazón que te lleve a dedicarte al mundo. Si hay alguien que se entregue al mundo sin esta preparación, Amma está dispuesta a postrarse ante sus pies.

Los frutos que se consiguen mediante la oración también se pueden conseguir a través del servicio desinteresado. Cuando uno se torna totalmente generoso, se llega a la plenitud total. Entonces, la individualidad se disuelve por completo. (M.J.5)

* Hoy en día, orar y hacer prácticas espirituales es mucho más necesario que nunca. Hay personas que piensan: "¿Qué pueden cambiar mis plegarias individuales?" No deberíamos pensar de ese modo. A través de la plegaria, estamos sembrando las semillas del amor. Aunque sólo crezca una flor en medio del desierto, al menos es una flor. Aunque allí sólo crezca un árbol, ¿no dará al menos algo de sombra?

A los terroristas, a los violentos y a los que fomentan la guerra se les ha secado su amor. Carecen de compasión. Que las oraciones de miles de personas como nosotros llene la atmósfera de amor y compasión y que, en la medida de lo posible, ayude a cambiar sus actitudes. (M.J.5) *Ver Amor*

* *¿Qué representan las ofrendas que hacemos cuando visitamos los templos?*

Dios no necesita nada de nosotros. ¿De qué carece el Señor del Universo? ¿De qué le sirve al sol, la luz de una vela?

Vivir de acuerdo con los principios verdaderos es la auténtica ofrenda a Dios. Comer sólo cuando lo necesitamos, dormir sólo lo necesario, hablar cuando sea conveniente, hablar de modo que no dañemos a los demás, no perder el tiempo, proteger a los ancianos, hablarles mostrándoles atención y afecto, ayudar a que los niños se formen, aprender algún pequeño oficio que podamos hacer en casa y dedicar el dinero obtenido a ayudar a los pobres y necesitados. Todo esto son oraciones dedicadas a Dios.

No importa cómo recemos, pues Dios oirá nuestras plegarias. El Todopoderoso sólo ve nuestro corazón. Dios no puede volver su rostro ante una plegaria llena de sinceridad.

Nosotros sólo somos capaces de actuar por medio de la Gracia de Dios. Por tanto, necesitamos dedicar cada acción a Dios, antes de iniciarla. El granjero ruega antes de sembrar las semillas, y sólo entonces las plantará. El esfuerzo humano siempre es limitado. Para completar una acción y disfrutar de sus frutos necesitamos las bendiciones de Dios. La semilla que es sembrada brota y madura. Pero si hay una inundación durante el tiempo de la cosecha, toda la producción se perderá.

Lo que le da a una acción un buen resultado es la Gracia. Por ese motivo deberíamos tener la actitud de ofrecerle a Dios todo lo que consigamos antes de aceptarlo. Eso fue lo que nuestros antepasados nos enseñaron. Incluso cuando comamos, debemos ofrecer el primer bocado a Dios. Esto supone mantener el espíritu de ofrecimiento y solidaridad. A través de esa acción, somos conscientes de que la vida no gira sólo en torno a nosotros, sino que implica a los demás con los que tenemos que compartir. También es un acto de entrega al que se tiene que someter nuestra mente.

Por tanto, la mente está apegada a las riquezas. Liberar a la mente de este apego no es algo fácil. Pero ofrecer a Dios nuestra mente es un medio fácil de conseguirlo. Cuando ofrecemos nuestra mente a Dios, se purifica. De forma similar, ofrecemos aquello que nos gusta a Dios como un modo de ofrecer nuestra mente a Dios.

"¡Oh, Señor, perdóname! He buscado por todo el pueblo y no he conseguido las flores del corazón que me pediste. No tengo nada que ofrecerte, salvo mi corazón."

"Esa es la flor que quería, la flor del corazón. Todo lo que me ofreciste anteriormente creció gracias a mi fuerza. Sin mi fuerza no hubieras podido ni siquiera levantar tu mano. Todo en el mundo ha sido creado por Mí. Pero tú has creado algo por ti mismo, la actitud del "yo". Eso es lo que tienes que entregarme. Tu inocente corazón es la flor que más me gusta por encima de todas las demás."

Esta fue la respuesta de Dios.

Cuando asimilamos los principios divinos, se manifiestan en nuestro interior las cualidades divinas. Amma recuerda como en la antigüedad, cuando los aldeanos de esta zona iban a Sabarimala, ofrecían *kanji* (gachas de arroz) y *puzhukku* (un cocido de vegetales, tubérculos y frutas como la banana y el jackfruit) a todo el mundo. Cuando se colocaban el *irumudikkettu* (literalmente, un fardo dividido en dos partes. Esta es una de las ceremonias que se realizaban antes de partir hacia Sabarimala. Las dos partes contienen varios objetos que simbolizan *punya* (mérito) y *papa* (pecado), que se ofrecían al Señor al llegar a su lugar de adoración, en Sabarimala) en sus cabezas, repartían monedas entre los niños. A los pobres se les invitaba a un banquete y a los niños se les daba dinero para que compraran caramelos. Su felicidad retornaba a nosotros, al sentirnos satisfechos. La compasión que mostrábamos hacia los demás, volvía a nosotros bajo la forma de Gracia.

El donativo que hacemos en los templos es una prueba de nuestro amor por Dios, no un soborno. Dar algo que apreciamos a alguien que amamos, esa es la naturaleza del amor. Sólo cuando se expresa el amor, éste se transforma en compasión. Podemos amar a Dios, pero sólo cuando ofrecemos algo a Dios se convierte esa entrega en un acto de compasión hacia el mundo. Sólo entonces se derramará la Gracia sobre nosotros.

De forma parecida, aquellos que aman a Dios sinceramente dejarán sus malos hábitos. No harán nada que disguste a Dios. Si cometen un error, intentarán mejorar para no repetir ese error.

Ahorrarán el dinero que podrían malgastar en hábitos perjudiciales y lo utilizarán para ayudar a los pobres y necesitados.

La compasión que mostramos hacia esos seres es auténtica adoración a Dios. Los que aman a Dios abandonan los lujos y utilizan el dinero que ahorran en servir a los menos afortunados. Los que aman a Dios, procuran tomar sólo aquello que es necesario. Abandonan su deseo de acumular riqueza. No les interesa hacerse ricos explotando a los demás. De este modo, puede mantenerse la armonía social.

Lo que necesitamos no es gimnasia intelectual, sino pensar de forma práctica. Eso podría beneficiar a muchos. (M.S.5)

✴ *Algunos lloran cuando rezan. ¿No es eso una debilidad? ¿No supone una pérdida de energía?*

Llorar cuando se reza a Dios no es una debilidad. Llorar por cosas corrientes es como desperdiciar madera quemándola. Pero llorar a Dios es como usar madera para preparar *payasam* (un pudding dulce): nos ayuda a disfrutar de su dulzor.

Cuanto más arde una vela, más grande es el brillo de su llama. Llorar por asuntos mundanos puede ayudar a aliviar la carga de nuestros corazones, pero no sirve de nada llorar por lo que ya ha pasado o puede pasar. Si seguimos llorando, pensando en si nuestro hijo estudiará o le irá bien en los exámenes, en lo que los demás puedan decir de él y cosas por el estilo, estaremos preparando el camino hacia la depresión y otras enfermedades. Esto es debilidad. Pero cuando abrimos nuestros corazones y rezamos a Dios, nuestras mentes se llenan de paz.

Rezar a Dios aumenta nuestras buenas cualidades. Ayuda a fijar la mente, pues de otra manera correría tras los objetos. Así la mente consigue concentración. Por tanto, la oración no supone una pérdida de energía, sino una ganancia. Es un atajo para poner la mente bajo nuestro control.

Aunque Dios está en nuestro interior, en el momento presente nuestras mentes no miran hacia adentro. La oración es una manera de fijar la mente en Dios.

De la misma manera, no conocemos a Dios aunque está dentro de nosotros, ya que nuestras mentes no miran hacia adentro. Por lo general, nuestra mente está apegada a multitud de objetos. Debemos retirarla de ellos y fijarla en Dios. De esta manera, debemos despertar el amor, la compasión, la ecuanimidad y otras cualidades divinas en nuestro interior. Debemos ser útiles a los demás empapándonos de estas cualidades y manifestándolas. Esto es lo que ocurre también a través de la oración.

Un hijo le comentó a Amma: "A mi no me gusta rezar. ¿Para qué sirve?"

Amma le contestó: "Hijo, a Amma le gustaría preguntarte una cosa. Imagina que tienes una novia, ¿acaso no te gustaría hablar con ella? ¡Seguro que te encantaría! Para un devoto, la oración es algo parecido. Dios lo es todo para el devoto."

Amma entonces le preguntó de nuevo: "Supón que alguien te dice: No me gusta cuando hablas con tu novia. ¿Tú qué responderías? ¿Le harías caso? Hijo, lo que has dicho de la oración es algo parecido. El amor a Dios no es un amor normal y corriente. Es el más puro amor."

La devoción no es como una relación corriente entre un hombre y su amada. En la vida mundana, el hombre ansía el afecto de una mujer y viceversa. Ambos se deleitan con la reciprocidad de su amor, pero ninguno consigue una satisfacción total porque los dos son mendigos.

Pero la oración del devoto a Dios no es así. El devoto reza para que las cualidades divinas crezcan en él, para poder ver a Dios en todos y para que su mente se expanda hasta amar a todos. Por esto es por lo que el devoto abre su corazón a Dios. Para compartir sus sentimientos, el devoto no depende de nadie, sino de Dios, que es el *antaryami* (gobernante interior) de todo. El devoto no se limita a cultivar las cualidades divinas, sino que también cambia su vida para que sea de utilidad a los demás.

Generalmente, la gente comparte sus sentimientos con muchas personas. Ansía el amor de los demás. Pero el devoto reza: "Bendíceme para que pueda ser como Tú, dame fuerza para servir a todos, dame fuerza para perdonar a todos."

Para el devoto, la adoración es el gozo interior. Para la gente mundana, la fuente de gozo son los objetos exteriores.

En el gozo interior no hay peligro. Si somos conscientes de esto no buscamos el placer en los objetos externos. Suponed que tenemos comida apetitosa en casa, ¿la buscaríamos fuera?

Mediante la oración, buscamos un lugar dentro de nuestro propio Ser donde podamos descansar. Este no es un camino que dependa de una fuente externa de iluminación. Dios brilla por sí mismo. Este es el camino que lleva a la luz interior.

En la vida mundana, la expresión del deseo produce satisfacción, pero en la oración la mente obtiene una paz total. Podemos obtener relajación de otros objetos también, pero esa relajación no dura mucho. Si nuestro amado no nos habla, sufrimos. La frialdad de una persona significa dolor para la otra persona, y entonces comienza una nueva búsqueda. Cuando nuestra búsqueda no obtiene resultado, sufrimos nuevamente y el ciclo continúa de esa manera. Es sufrimiento para ambos. Cuando le contamos nuestras penas a alguien, él igualmente sólo tiene penas para contarnos. Al buscar consuelo acabamos doblemente apenados. Al igual que la araña que teje la red en la cual muere, el buscar el amor de otra persona nos conduce a la esclavitud. Es una situación parecida a la de una serpiente pequeña que intenta tragarse una rana grande.

El único camino para ser libres es desarrollar *saksi bhava* (la actitud del testigo). Esta es también la meta de la oración.

Había dos mujeres que eran vecinas. El marido de una de ellas murió. Lloraba desconsolada y la otra trataba de animarla diciéndole: "¿Acaso hay alguien que no haya experimentado el dolor por la muerte de un ser querido? Todos tendremos que afrontarlo tarde o temprano. Del mismo modo que la corriente eléctrica no se destruye cuando una bombilla se funde, al alma no le afecta la muerte del cuerpo."

A los pocos días, el hijo de esta mujer murió. Se golpeaba el pecho en su desesperación. En este punto llegó la vecina. Acercándose a su apenada amiga le dijo: "Tú eras la que me consolaba cuando mi marido se murió. ¿Porqué no recuerdas las palabras que me dijiste entonces?"

Pero no importaba lo que dijera, la otra mujer era incapaz de dejar de llorar. La razón es que, en esta ocasión, se había identificado totalmente con su propio dolor, mientras que en el caso del dolor de su amiga pudo mantenerse como testigo. Por eso pudo consolarla.

Cuanto más nos identifiquemos con una situación, mayor será nuestro sufrimiento. Pero si observamos cada situación como un testigo, nuestra fortaleza aumentará. Suponed que leemos en el periódico que un avión se ha estrellado, y que en él viajan nuestros hijos o parientes. Nuestro dolor nos impedirá leer la siguiente línea. Pero si en este avión no va nadie a quien conozcamos, nuestros ojos pasarán al siguiente artículo.

Podemos experimentar dolor en las relaciones mundanas. Si la persona amada nos muestra menos amor, nos podemos enfadar o estar resentidos. Esto es porque la relación está basada en el deseo y las expectativas. Pero no ocurre así cuando lloramos por Dios o cantamos *bhajans*. No esperamos nada a cambio (aun cuando lo conseguimos todo). "Concédenos tus cualidades divinas, danos fuerza para hacer servicio desinteresado", esta es la verdadera oración.

Eso no quiere decir que no debas contarle tus problemas a Dios. Desde luego que puedes soltar tu carga ante Él. Al compartir nuestros problemas con Dios, la carga de nuestros corazones se hará más ligera. Pero en lugar de rezar diciendo: "Dame esto... dame lo otro", deberíamos anhelar tener una mente llena de cualidades divinas como el amor, la compasión, la paz. Haced *japa* (repetición del *mantra*), buenas acciones y orad por su Gracia. Dios nos proveerá de todo lo que necesitemos. No hay necesidad de pedir nada en particular.

A veces se les pide a los estudiantes que copien frases. El repetir diez veces la lección que han olvidado les ayudará a que no se les vuelva a olvidar. Quedará firmemente fijada en su memoria.

De la misma manera, al recordar repetidamente las cualidades divinas en la oración, estamos integrándolas, dejándolas firmemente establecidas en nuestra conciencia. El devoto que se esfuerza por despertar estas cualidades no se queda anclado en ellas, sino que es llevado a un estado que trasciende todas las cualidades.

Sólo aquel que puede ser testigo de todo, ha trascendido todas las cualidades. Al desarrollar las virtudes divinas, el devoto es capaz de amar y servir a los demás, olvidándose de sí mismo. En ese estado, el "yo" se desvanece. Ese es el estado de la trascendencia. (M.D.5)

❋ Hijos, tratad de calmar vuestras mentes manteniendo silencio durante dos minutos. Después repetid el siguiente *mantra*: "*Lokah Samastah Sukhino Bhavantu*", (Que todos los seres de todos los mundos sean felices y vivan en paz). Después orad así: "Oh, omnipresente Señor del Universo, por favor, ven a mis manos, por favor, ven a mis ojos, por favor, quédate en mi lengua. Por favor, habita en mi corazón. Por favor, transfórmame, déjame ser uno contigo..." (M.D.6) *Ver Paciencia*

* Hay personas que, por muy brillantes que sean, por mucho que trabajen, no tienen éxito en los exámenes. No consiguen trabajo aún después de hacer muchas entrevistas. Esto ocurre porque habrán hecho daño a alguien, cuyas sentidas oraciones se han convertido en un obstáculo para el progreso de aquellos, obstruyendo el flujo de la misericordia de Dios.

La vida debería ser puro entusiasmo, pura risa. Eso es la religión. Eso es la espiritualidad. Eso es la verdadera oración. Dios es la sonrisa inocente y sincera que surge del interior. Y ese es el mayor regalo que podemos dar al mundo. (M.M.7) *Ver Actitud*

Paciencia

* Es el cuidado y la paciencia que demostramos en las pequeñas cosas, lo que nos conduce a los grandes logros. (C.2)

* Debemos fomentar la paciencia, pues la paciencia es el fundamento de todo desarrollo. (M.J.1) *Ver Actitud*

* Amma siempre insiste en la importancia de la paciencia en todas las circunstancias de la vida. Si intentamos impacientemente abrir una flor antes de que esté lista para florecer, nos perderemos toda su belleza y fragancia. Pero si aguardamos pacientemente a que florezca de forma natural, la belleza latente y la fragancia aparecerán en todo su esplendor. Es necesario desarrollar la paciencia, pues es el fundamento de todo crecimiento.

Para amar verdaderamente a la gente es necesaria la paciencia, pues el que es impaciente no puede realmente amar a los demás. La mejor forma para aprender paciencia es pasar un tiempo con ancianos y con niños. Algunos ancianos se quejan bastante y lo critican todo. Es difícil satisfacerlos, aunque los atendamos y los tratemos con cuidado. Sucede así porque con la edad desarrollan una cierta clase de puerilidad. Cuando vemos lo absurdo de su testarudez y sus constantes quejas, comprendemos lo absurdos que podemos llegar a ser cuando actuamos de forma parecida. Estar cerca de ellos es una excelente lección para nuestra vida.

También sucede igual con los niños. Justo cuando estamos haciendo algo que consideramos importante, vienen corriendo con alguna tontería. Por ejemplo, cuando estamos ocupados haciendo una llamada telefónica importante, aparecen llenos de entusiasmo para mostrarnos el elefante que han dibujado. En realidad, lo que han dibujado no se parece mucho a un elefante, es más bien una serie de garabatos. También pueden presentarse cuando estamos atareados buscando entre papeles algún dato o haciendo algo urgente. Aparecen sucios de la cabeza a los pies, saltan hasta nuestros brazos, apartan nuestra cara y empiezan a revolver los papeles. Hasta es posible que cojan los bolígrafos, los libros y todo lo que encuentren a mano y lo lancen al suelo.

También puede suceder que, ante una visita importante, los niños se presenten corriendo y, para llamar la atención, hagan todo el ruido del mundo o algo que pueda hacer enfadar a sus padres. En esas situaciones, no tendremos la suficiente paciencia para atender a los niños o escuchar lo que nos quieren decir. Desesperados, les regañaremos, les gritaremos o los echaremos con algún cachete. No somos conscientes de que estamos perdiendo una de las mejores oportunidades para aprender paciencia. Y tampoco nos damos cuenta de las heridas que causamos en los sentimientos del niño cuando perdemos nuestra paciencia. Creamos una profunda herida en el corazón del niño, que quizá no se le cure a lo largo de su vida. Cuando aprendemos a actuar en esas situaciones, con paciencia y equilibrio mental, desarrollamos amor y espiritualidad, y conseguimos que nuestras vidas se realicen, transformándolas en hermosas flores que expanden su fragancia alrededor. (M.J.2)

✳ Una de las virtudes que es indispensable desarrollar, es la paciencia. Paciencia en todas las circunstancias de la vida. Siempre esperamos que los demás sean pacientes con nosotros y, sin embargo, nosotros no estamos dispuestos a ser pacientes. Por ejemplo, si una persona se encuentra atrapada en un atasco de circulación, empezará a insultar al coche de delante, tocará la bocina y empezará a gritar: "Eh, inútil, ¿qué te pasa? ¿No ves todo el espacio que tienes delante de tu coche? A este paso, ¡no vamos a salir nunca de aquí!" Es posible que incluso salga de su coche, se dirija al otro conductor y se ponga a gritarle todavía más. Sin embargo, si cuando vuelve a su coche, el conductor de detrás empieza a insultarle, le dirá, "Eh, ¡cálmate, tío! Ten un poco de paciencia. ¿No ves todo el tráfico que hay? ¿A qué viene tanta prisa? ¿Qué quieres?, ¿qué salte por encima del coche de delante?"

Esta es la actitud de queja sistemática que causa tantos problemas en la vida. En su lugar, si fuéramos pacientes hacia los demás, seguramente lograríamos que cambiaran. La paciencia es beneficiosa para todos. (M.S.2)

* De igual manera, tenemos que triunfar sobre la ira con paciencia, sobre el odio con amor, y sobre las malas acciones con buenas acciones. (M.S.2) *Ver Rabia*

* El muchacho pagó el helado, se lo comió y salió de la heladería. Cuando la camarera volvió a la mesa para limpiarla, se sorprendió y conmovió al ver que el muchacho le había dejado treinta céntimos como propina. Se dio cuenta de que el muchacho había elegido un helado pequeño para poder dejarle algo de propina. Entonces se sintió mal por haber sido tan impaciente con él, y decidió ser más paciente desde aquel momento con los demás. (M.S.2) *Ver Rabia*

* Nadie se vuelve puro y desinteresado de la noche a la mañana, se requiere tiempo y esfuerzo, acompañado de una gran dosis de paciencia y amor. (M.S.4)

* Hijos míos, habéis llegado aquí después de un duro y largo viaje. Estaréis cansados y la mayoría de vosotros no habréis dormido en condiciones. Tampoco hay suficientes asientos para que os podáis sentar bien. Por favor, aguantad un poco más. Por favor, tened paciencia.

Hijos, tratad de calmar vuestras mentes manteniendo silencio durante dos minutos. Después repetid el siguiente *mantra*: *Lokah*

Samastah Sukhino Bhavantu, (Que todos los seres de todos los mundos sean felices y vivan en paz). Después orad así: "Oh, omnipresente Señor del Universo, por favor, ven a mis manos, por favor, ven a mis ojos, por favor, quédate en mi lengua. Por favor, habita en mi corazón. Por favor, transfórmame, déjame ser uno contigo..." (M.D.6)

✳ Esta es la era de los discursos y las charlas. Discursos religiosos, discursos culturales, discursos políticos, discursos contra las religiones, discursos por todas partes, de hecho todo el mundo tiene que hablar, hablar sobre muchos temas.

Todos piensan que tienen derecho a hablar sobre cualquier cosa de este mundo. Esto me recuerda a una niña que decía: "Tenemos un profesor que es muy importante" Cuando se le preguntó porqué se le consideraba tan importante respondió: "Puede hablar con soltura durante horas sobre cualquier tema. Puede hablar durante cinco horas o más del tema más insignificante".

Al oír esto, otro niño dijo: "¿Y qué? Tu profesor puede hablar cinco horas únicamente si le propones un tema. Nosotros tenemos un vecino al que no hace falta que le saques ningún tema, puede hablar días y días aunque no sea de nada en particular".

Hoy en día, la mayoría de las charlas han degenerado en esto. Lo que realmente necesitamos es acción, no meros discursos. Tenemos que practicar y enseñar a los demás, a través de nuestras acciones, lo que queremos expresar con las palabras.

Sin embargo, muchas cosas se reducen sólo a palabras. No tienen reflejo en la vida. Aun así, tanto una buena palabra como un buen hecho merecen recompensa. Nunca son en vano. Eso me trae a la cabeza un incidente del Mahabharata.

Era cuando Dronacharya enseñaba a los príncipes Kaurava y Pandava. La primera lección trataba sobre la paciencia.

Un día, el *Guru* llamó a todos sus discípulos y les pidió que recitaran todas las lecciones que habían aprendido. Todos supieron repetirlas de memoria. Finalmente le llegó el turno a Yudhishtira. Sorprendentemente, Yudhishtira sólo pudo recitar una línea.

"¿Sólo has estudiado esto?" gritó el *Guru*.

Yudhishtira contestó tímidamente:

"Perdóname, oh *Guru*. He conseguido aprender la primera lección, pero no he logrado dominar la segunda".

Dronacharya estaba furioso, ya que en asuntos académicos había puesto todas sus esperanzas en Yudhishtira. Todos los demás habían memorizado lecciones enteras, mientras que éste sólo había citado dos líneas. Dronacharya no pudo controlar la ira y golpeó a Yudhishtira sin piedad con un palo hasta que lo rompió.

Ni siquiera entonces la sonrisa y la amabilidad desaparecieron del rostro de Yudhishtira. Continuó igual.

Al ver esto, Dronacharya se calmó y con mucho amor le dijo:

"Hijo, tú eres príncipe. Puedes mandarme a la cárcel si lo deseas. Me puedes castigar. Y sin embargo no has recurrido a nada de esto. No te has enfadado en absoluto. ¿Hay en el mundo alguien tan paciente como tú? Eres verdaderamente grande, hijo mío."

Durante todo el rato, la hoja de palma en la que estaba escrita la lección estuvo delante. Dronacharya leyó lo que ponía: "Nunca dejes de ser paciente". La segunda línea decía: "Di siempre la verdad".

Cuando Dronacharya le miró nuevamente a la cara a Yudhishtira, vio las frases de la hoja de palma reflejadas en sus ojos. Le agarró fuertemente las manos y se derrumbó. Dijo: "Yudhishtira, cuando os enseñaba a todos vosotros, sólo repetía palabras. Los demás alumnos las repetían también como loros. Mientras que, en realidad, sólo tú las dominas en su verdadero sentido. ¡Eres realmente excepcional! Hijos, ni siquiera después de haber enseñado durante todos estos años, he sido capaz de asimilar una sola línea. No he podido controlar mi ira, no he podido ser paciente, no he podido perdonar."

Cuando Yudhishtira oyó a Dronacharya hablar con lágrimas en los ojos de esta manera confesó:

"Perdóname *Guru*, pero estaba enfadado contigo mientras me golpeabas".

Dronacharya se dio cuenta de que su discípulo había dominado también la segunda lección ya que hay pocas personas que no sucumban a las alabanzas. Aunque les hierva la sangre, no expresarán su ira. Sin embargo, Yudishtira no dudó en decir la verdad. Eso quiere decir que también había aprendido la segunda lección.

El aprendizaje es perfecto sólo cuando las lecciones se llevan a la práctica de la vida. El verdadero discípulo es el que se empeña en hacerlo.

La paciencia es también esencial en nuestras vidas. El verdadero pilar de la vida es la paciencia. Si intentas abrir un capullo forzándolo, no podrás conocer ni disfrutar de su belleza y fragancia. Sólo puedes hacerlo si dejas que el capullo se abra naturalmente por sí mismo. De igual modo, has de tener paciencia para disfrutar de la belleza de la vida. El requisito fundamental para todos los que quieran llevar una vida feliz y agradable es la paciencia.

Había una aldea donde la gente vivía en unidad y armonía. Esto era posible gracias a una familia modélica que vivía allí. Si había una pelea donde fuera, alguien decía:

"Mirad a esa mujer de que manera tan pacífica y armoniosa convive con su marido. ¿Se oye algo en esa casa? ¡Qué amor! ¡Aprended de ellos!"

Cuando oían esto, quien fuera que estuviera discutiendo se apaciguaba y había paz. De esta manera, toda la aldea vivía en paz y tranquila. Al poco tiempo llegó el momento de celebrar el decimotercero aniversario de boda de esta pareja. Todo el mundo participó en los preparativos para la gran celebración. También acudieron miembros de la prensa pues habían oído hablar mucho sobre esta pareja tan especial. Les preguntaron:

"¿Cuál es el secreto de su feliz vida matrimonial?" Usted (dirigiéndose a la señora) no ha discutido ni una sola vez con su marido, de quien hemos oído decir que tiene mal genio. Aquí no hay nadie que no hable bien de ustedes. Son la inspiración, el modelo de toda la aldea. ¿Cuál es el secreto? Díganoslo, por favor."

La esposa contestó:

"No hay grandes secretos o fórmulas. Al tercer día de casados fuimos a hacer una merienda en el campo. Llevábamos un burro para que cargara con los paquetes y la comida. En el camino, el burro se resbaló y cayó. A mi marido no le hizo ninguna gracia. Le retorció una oreja y le dijo: "Este es el primer aviso. Ten cuidado ¿vale?

Volvimos a cargar las bolsas y paquetes sobre el burro y retomamos la excursión. Al rato, el burro tropezó de nuevo con una piedra, se resbaló y cayó. Mi marido se enfadó muchísimo. Le cogió de las dos orejas muy bruscamente y le gritó:

"Este es el segundo aviso. Ten mucho cuidado. Estate atento, ¿vale?

Le ayudó a levantarse y seguimos nuestro camino. Teníamos que cruzar tres colinas para llegar a nuestro destino. Atravesamos las dos primeras sin problemas. Pero cuando estábamos en mitad de la tercera, el burro se desplomó. Mi marido no pudo controlar la ira. Sacó la pistola y le pegó un tiro. No pude soportarlo. Estaba disgustadísima por la muerte del animal. Le dije:

¿Pero qué has hecho? No es más que un pobre animal. ¿Crees que está bien lo que has hecho? Dios mío..."

Al oír esto, mi marido se volvió hacia mí, me agarró de las orejas y me dijo a gritos:

"Ten mucho cuidado. Este es el primer aviso, ¿vale?"

Inmediatamente recordé la muerte del burro. Este es el secreto de nuestro éxito.

Aunque, en esta historia, la paciencia es fruto del miedo, aun así es elocuente.

Cogeremos un diamante aunque lo encontremos en el estiércol. No lo vamos a rechazar por eso. Su valor es incalculable, al igual que la paciencia, cuyo valor es también incalculable.

En estos tiempos, cuando hablamos sale de nuestra boca fuego y humo. De la misma manera que *Agni* da calor y luz, cada una de nuestras palabras debería inspirar e iluminar a los demás, no contaminarles como el humo.

Una sola palabra nuestra debería poder transformar y alegrar a los demás. Deberíamos ser modelos y cada palabra ser convincente. Esto sólo será posible si nuestras palabras reflejan humildad y dulzura.

Por desgracia, si hacemos un minucioso examen de nuestras palabras, no encontramos ningún rastro de humildad. Están llenas de ego, caracterizadas por la actitud: "Debería ser más que los demás".

Ignoramos esta gran verdad: que la grandeza de una persona radica en su humildad. Todos nuestros esfuerzos se concentran en ser "grandes" ante los demás. En realidad, sólo hacemos el ridículo. (M.D.6)

✳ Eso no quiere decir en modo alguno que no debas reñir a nadie. Tienes que corregir las malas acciones. Puede que el amor y la paciencia no funcionen con todos. A veces hay que reprender; pero dirigiéndose al error, a la mala acción, no al individuo. No te enfades sin razón alguna. Deberíamos tener cuidado de no herir los sentimientos de los demás con nuestras palabras o acciones. (M.M.7) *Ver Actitud*

* Nunca deberíamos ser víctimas del pesimismo. La paciencia, la fe optimista y el entusiasmo son esenciales en la vida y debemos esforzarnos siempre por cultivar estas cualidades y mantenerlas vivas en nuestros corazones (M.J.7) *Ver Actitud*

* Hijos míos, sólo una persona con coraje puede ser paciente. La actitud de mendigo durante vuestra práctica espiritual os ayudará a reforzar vuestro coraje. La semilla del coraje sólo brota en la tierra de la paciencia. (M.J.7) *Ver Sadhana*

Pasado - Presente - Futuro

✳ Pasado, presente y futuro: entrégaselos a Dios y sigue adelante, recordándole eternamente. Así, siempre habrá una sonrisa en tu rostro. (C.2)

✳ El pasado es como un cheque anulado, es inútil darle vueltas. (C.3)

✳ Preocuparse por el pasado nos hace perder fuerzas para enfrentarnos al presente. (C.5)

✳ El pasado pasó. Lo que se necesita es moldear el futuro entregándoselo a Dios. (C.5)

✳ *¿Y si no puedes olvidar?*

Vive el momento presente. Aprende a llevar a cabo tus acciones sin ningún apego e ignora el fruto del futuro. Siempre que estés haciendo algo, trata de ser consciente. Si estás vigilante, notarás la carga innecesaria de los pensamientos negativos que transportas. Ese estado de alerta te hará libre.

¿Cómo un niño sin pasado?

Exacto. Así como un niño vive plenamente en el presente, cuando tú ames, deja que todo tu ser este presente en este amor, sin reservas ni divisiones. No hagas nada en forma parcial, hazlo todo con plenitud.

Creo que pide demasiado.

Todos hemos sido heridos muchas veces, nuestro ego ha sido lastimado. Pero la mejor cura es observar la mente. Deshacerse de todas las penas del pasado y relajarse. (M.S.0) *Ver Amor*

* El maestro te ayuda a olvidar el oscuro pasado y el brillante futuro lleno de promesas. Él te ayuda para que vivas la vida en el momento presente con toda su plenitud. Él te permite saber que toda la Naturaleza, cada cosa y cada persona, incluso tu enemigo, te ayudan a evolucionar y a conseguir la Perfección. (M.M.1)

* Había una vez un hombre rico que estaba siempre inquieto. Sufría de insomnio crónico. Incluso cuando se detenía, apenas conseguía reposar. Su mayordomo, en cambio, era feliz, sin preocupaciones, su rostro reflejaba siempre una serenidad gozosa. El hombre rico al observarlo, le preguntó un día: "¿Cómo consigue estar siempre tan feliz y contento?" El mayordomo le respondió sonriente: "Señor, hago el mejor uso posible de lo que me llega, no pienso jamás sobre lo pasado, ni doy vueltas sobre lo que no he conseguido." Hijos míos, cultivad la actitud del mayordomo. Haced el mejor uso de la ocasión de oro que se os ha dado para alcanzar la realización. (M.M.1) *Ver Felicidad*

* Recordad que todos aquellos que han estado vinculados a la Madre en esta vida, lo estuvieron también en vidas pasadas. Puede que veáis sólo este tiempo de vida y, por tanto, creáis que no habíais conocido antes a la Madre, pero todos vosotros habéis estado antes con ella. Nadie recuerda o conoce su conexión con la Madre en vidas pasadas. Hay un tiempo predestinado para cada uno de los que se acercan a ella. Algunos vienen más pronto, otros más tarde, pero todos los hijos de la Madre han estado siempre con ella. Vienen a la Madre en diferentes momentos, algunos cuando oyen hablar de ella o cuando ven su fotografía. En otras ocasiones, sucede cuando oyen una grabación de sus bhajans. En determinados casos, acuden al encontrarse con alguno de sus hijos y otros perciben su relación con la Madre sólo a través del contacto directo con ella. Algunos, al relatar su experiencia, dicen: "antes del encuentro con la Madre", pero ese tiempo no existe. Todos sus hijos ya se han encontrado con ella hace tiempo y, aunque no sean conscientes, la protección de la Madre ha estado siempre con ellos. (M.M.1)

✳ Amma dice que el pasado debería considerarse como un cheque cancelado y que el futuro es una pregunta para la que no tenemos respuesta. La importancia está en el presente, pues ni el mañana ni el ayer pueden convertirse en hoy. Sólo el presente está en nuestras manos. En lugar de sentir dolor o remordimiento por algo que hemos hecho en el pasado, o sentir ansia y mantener expectativas por algo futuro, Amma dice que deberíamos intentar vivir en el presente. Cuando nuestras mentes están preocupadas por el pasado y el futuro, dejamos pasar todo lo que nos puede aportar nuestro presente.

Puede que algunos digan: "Nos recomiendas que vivamos felizmente en el presente. Pues bien, para ser feliz, tendría que matar a mi vecino". Tales pensamientos o acciones nunca nos pueden dar felicidad. Los jóvenes también podrían decir que no es necesario preparar los exámenes ahora, ya que se celebrarán en el futuro. Para vivir felizmente el presente, preferirían dedicarse a jugar o a ver la televisión. Sin embargo, son precisamente los esfuerzos que realizan en el presente, lo que les asegurará un futuro brillante. Por tanto, vivir en el presente significa hacer todas las acciones con atención, conscientes de ellas y con discernimiento. Cuando realicemos alguna acción, debemos poner todos nuestros sentidos en ella. Por ejemplo, cuando dibujemos los planos de un puente, debemos estar completamente absortos en su diseño, pero cuando llegue el momento de construir el puente, nuestra atención debe centrarse totalmente en los trabajos de construcción.

Muchos de nosotros disfrutamos haciendo algo nuevo con motivo del día de año nuevo. Nos gustaría introducir algún cambio en nuestra forma de vida. Amma dice que esos cambios deberían ser beneficiosos, tanto para nosotros como para los demás. Por ejemplo, el dinero que ese día solemos gastar en alcohol, en tabaco o en otras cosas innecesarias, debería destinarse a los pobres y necesitados. Hay mucha gente que pasa hambre, algunos llegan a morir, otros no tienen ropa de abrigo y muchos no pueden pagarse los medicamentos que necesitan. Podríamos ir a países pobres y cooperar en hospitales, orfanatos, asilos, etc.; o bien usar el dinero para ayudar a los pobres y a los que sufren, o donarlo a organizaciones humanitarias que ayudan a paliar el sufrimiento de la gente. También podríamos participar en proyectos para la protección del medio ambiente, ya sea plantando árboles o limpiando zonas contaminadas. Tales acciones serán las que nos aportarán algo "novedoso" a nuestras vidas, y nos permitirán abrir más nuestro interior y prepararnos para recibir la Gracia divina. (M.J.1)

* Hijos, Amma siempre dice que el momento presente es el más importante. Es así porque la relación *Guru-sishya* sólo puede ser cimentada aquí y ahora, en el momento presente. La belleza del Ser y el supremo amor que emana de la augusta presencia del *Guru*, están disponibles sólo aquí y ahora. *Guru Purnima* simboliza el anhelo de la mente sedienta de esa belleza y amor. (M.D.1) *Ver Guru*

* Amma nos dice que tenemos libre albedrío, pero lo que nos llega en el presente es el fruto de nuestras acciones pasadas. Los antiguos sabios, conocedores del pasado, presente y futuro, predecían la ley del *karma* y su influencia en nuestras vidas. Sin embargo, este hecho no resta importancia al esfuerzo personal. (M.S.2) *Ver Karma*

✳ En la sociedad actual, la queja mayor es la falta de tiempo. Todos, desde los de arriba hasta los de abajo están ocupados. Incluso un niño pequeño llega a decir: "Tengo un poco de prisa." Esta queja se está propagando como una enfermedad contagiosa.

Esta es la situación de mucha gente. Tienen multitud de cosas pendientes, pero no son capaces de hacer nada.

¿Por qué pasa esto?

Porque la mente no permanece estable ni tranquila. No somos capaces de vivir el presente. Nuestros pensamientos están siempre situados en el futuro. No hay nada malo en hacer planes.

Suponer que estamos dibujando el plano de un puente, nuestra atención debería estar centrada totalmente en el dibujo. Y cuando construyamos el puente, toda nuestra atención debería estar centrada en la obra. Pero la mente siempre está tensa por nuestras ansias de vivir el futuro.

La tensión es la causa de muchas enfermedades. Muchos viven gracias a un marcapasos. Si instaláramos, en su lugar, un marcapaz, no necesitaríamos la mayoría de los marcapasos.

¿Qué es este marca-paz? Es la espiritualidad.

Cuando surgen situaciones difíciles en la vida, intentamos cambiar la situación en lugar de encontrar y cambiar la causa que las provoca. Si no vamos a la raíz del problema, nunca lograremos una solución.

Por ejemplo: un niño pequeño está llorando porque tiene hambre. La madre lo consuela dándole algunos juguetes. El niño permanece tranquilo durante un tiempo. Pero tan pronto aumenta su hambre, comienza a llorar incluso más alto. Si queremos que el niño deje de llorar, tendremos que aplacar su hambre. Ha de encontrarse y tratarse primero la causa. Normalmente, la manera de resolver un problema es sustituyéndolo por otro.

Para entender la causa raíz, debemos permanecer en estado de alerta. Debemos aprender acerca de nuestra mente y sus pensamientos. (M.D.3)

* Se necesita tiempo y paciencia para que una flor se abra y expanda su fragancia. La juventud tiene entusiasmo, pero no paciencia. El pasado es como un cheque anulado. No tiene ninguna validez. El mañana nunca será hoy. Por tanto, no consumáis vuestro tiempo preocupándoos por el pasado y el futuro. Eso no significa que no debamos planificar el futuro. Planificar el futuro es necesario, pero no tenemos que obsesionarnos con él. Tenéis que vivir el presente haciendo un completo y sabio uso del momento que está en vuestras manos.

Entonces, la vida será mejor y mucho más bella. (M.S.4) *Ver Actitud*

* Nuestro pasado no sólo está formado por los acontecimientos de esta vida; incluye todos los de las vidas pasadas. Igual que las olas del mar aparecen en varias formas y aspectos, también el *jiva* (alma individual) adopta nuevos cuerpos, de acuerdo con los *vasanas* (tendencias latentes) que ha ido adquiriendo.

No tiene sentido lamentarse por las acciones pasadas. Se trata de un capítulo ya superado, cualquiera que sea lo que haya sucedido. No podemos hacer nada. Sólo el momento presente es relevante, pues nuestro futuro dependerá de las acciones que hagamos ahora.

Dejemos que la presencia del Espíritu Supremo se revele en todo su esplendor en cada momento de nuestras vidas. Entonces nada nos aprisionará. Vivamos este momento en Dios, en nuestra auténtica naturaleza. Esto nos liberará de la influencia que ejerce sobre nosotros el círculo del *karma*, y nos liberaremos del temor a la muerte. (M.M.5) *Ver Karma*

* Mañana nunca puede ser hoy. Sólo el momento presente está bajo nuestro control. Lo que podamos hacer en el momento presente deberíamos hacerlo con gran cuidado y prontitud. De esa manera nuestro trabajo será creativo. Al igual que el árbol ha brotado de una semilla y da frutos para que los comamos, los frutos de los que disfrutamos ahora son el resultado de nuestras acciones pasadas.

Deberíamos entender esto claramente. Pero no sirve de nada darle vueltas al pasado. El pasado es como un cheque cancelado o anulado. Deberíamos vivir el presente de tal modo que beneficiara tanto al mundo como a nosotros mismos. Esta es la única manera de tener una vida provechosa. (M.J.6) *Ver Amma: ¿Quién es?*

* En cada momento de la vida hay esperándonos otra experiencia más que puede ayudarnos a acercarnos a Dios. Pero, por lo general, dejamos pasar estas oportunidades a causa de nuestra actitud crítica. Estos momentos son tan preciosos que, de hecho, nos miran directamente a la cara, esperando que abramos las puertas de nuestros corazones para invitarlos a entrar. (M.D.7)

Perdón

* Debemos perdonar y olvidar las faltas de los demás. El mayor enemigo del aspirante espiritual es la ira. (C.4)

* Lo más importante es la unidad entre la gente, una comprensión mutua, la humildad y la capacidad de perdonar y olvidar. (M.D.1) *Ver Ashram*

* En cierta ocasión, cuando Amma estaba dando *dharsan* en la India, se le acercó un joven. Era de una región del país, asolada por el terrorismo. A causa de las frecuentes matanzas y saqueos, la gente de esa zona sufría mucho. Él era el líder de un grupo de jóvenes que se dedicaba a realizar una gran labor social en la zona. Le suplicó a Amma: "Por favor, haz que esos terroristas, tan llenos de rabia y violencia, lleguen a tener una correcta comprensión. Y a todos los que han sufrido, que han sido torturados con tantas atrocidades, llénales el corazón con el espíritu del perdón. De otra manera, la situación se deteriorará y no acabará nunca la violencia."

Amma se sintió muy contenta al escuchar aquella plegaria de paz y perdón. Al preguntarle que le había motivado a emprender su labor social, contestó: "Mi madre fue la inspiradora. Mi niñez estuvo marcada por la oscuridad y el terror. Cuando tenía 6 años vi con mis propios ojos el asesinato despiadado, a manos de los terroristas, de mi padre, que era un amante de la paz. Mi vida quedó destrozada. Sólo sentía odio hacia los asesinos y todo lo que deseaba era vengarme. Pero mi madre me hizo cambiar de actitud. Cada vez que le decía que algún día vengaría la muerte de mi padre, ella me respondía: "Hijo, ¿acaso volverá tu padre a la vida si los matas? Mira a tu abuela, siempre triste. Mírame a mí que apenas puedo seguir adelante sin tu padre. Y mírate a ti mismo, lo triste que estás y lo que sufres por no tener a tu padre.

¿Te gustaría que hubiera más niños y madres que sufran como lo hacemos nosotros? Ellos sentirán la misma intensidad de dolor que sentimos nosotros. En lugar de eso, trata de perdonar a los asesinos de tu padre por sus terribles acciones y divulga el mensaje de amor y solidaridad universal." Cuando crecí, me ofrecieron unirme a diversos grupos terroristas para vengar la muerte de mi padre. Pero las semillas del perdón sembradas por mi madre habían dado su fruto, y rechacé todas esas propuestas. Además, transmití a algunos jóvenes los mismos consejos que me había dado mi madre. Esto cambió al corazón de muchas personas que, desde entonces, me ayudan a servir a los demás."

El amor y la compasión, en lugar del odio, que este joven eligió derramar en el mundo, se derivan del manantial de amor de su madre. (M.M.3) *Ver Maternidad*

* Dios es compasión y amor. Estas dos cosas, el amor y la compasión, es lo que precisa el mundo. Mucha gente no recibe amor. En cuanto a la compasión, ¿acaso existe alguien que no haya pecado nunca? ¿No fue esto lo que también dijo Jesucristo? Para mí la compasión es el perdón. La compasión es dar a los demás incluso aquello que no merecen. (M.J.3)

* Para proteger este mundo, debemos elegir el camino que trascienda los deseos personales y las diferencias entre nosotros. Perdonando y olvidando, podemos intentar recrear y dar una nueva vida a este mundo. Escudriñar en el pasado no beneficia a nadie. Necesitamos abandonar el camino de la venganza y la represalia, y observar la situación del mundo presente con imparcialidad. Sólo entonces descubriremos el camino del verdadero progreso. (M.D.4) *Ver Religión*

* Olvidemos siempre las faltas de los demás. Cuando la gente nos critica o nos acusa por algo que no hemos cometido, solemos reaccionar y enfadarnos. Limitémonos a perdonarlos. Dios nos está probando y también está probando a los que nos ofenden. Hijos míos, recordad que si perdonamos y olvidamos las faltas de los demás, Dios perdonará y olvidará las nuestras. (M.S.5)

Preguntas a Amma

* Decir lo que se debe hacer o no hacer carece de sentido si no estáis sinceramente decididos a aceptar las palabras del *Guru*. Por tanto, el *Guru* no os forzará, ni siquiera os pedirá, que hagáis algo que no deseáis hacer. (M.D.1)

* Muchos acuden a Amma con sus problemas. Si Amma les da una respuesta que no esperaban, se enfadan. (M.M.4) *Ver Devoción*

* Cuando preguntemos algo al *Guru*, deberíamos hacerlo con la mente abierta. Si en lugar de eso le preguntamos con la intención de conseguir un objetivo, nuestras mentes tratarán de influir sobre sus palabras para que se ajusten a nuestras intenciones. Pero después tendremos que afrontar las consecuencias. Sólo entonces nos daremos cuenta del error que hemos cometido, pero ya será demasiado tarde. La única manera de que podamos evitar el error es acercándonos al *Guru* con inocencia, prestando atención y obedeciendo sus palabras.

Quizá no obtengamos dos veces la misma respuesta a la misma pregunta. El *Guru* responde de acuerdo a la madurez de la persona. (M.D.7) *Ver Inocencia*

Rabia - Ira

✳ Debemos perdonar y olvidar las faltas de los demás. El mayor enemigo del aspirante espiritual es la ira. (C.4)

✳ Amma dice que la ira es como una navaja de doble filo. No sólo atacamos a la persona a la que dirigimos nuestra ira, sino que nos atacamos a nosotros mismos y acabamos hiriéndonos.

Nosotros mostramos raramente nuestra ira ante personas que tienen más edad o que son más poderosas que nosotros, porque sabemos que eso nos causará problemas de inmediato. En cambio, dirigimos toda nuestra ira sobre las personas inocentes, que son más jóvenes, que dependen de nosotros o son más débiles. Sin embargo, apenas somos conscientes de que cuando nos enfadamos con esas personas inocentes, nos hacemos mucho más daño a nosotros mismos, pues tendremos que sufrir las repercusiones de ese hecho a lo largo de esa vida o, incluso, después de nuestra muerte. Amma dice que cuando nos enfadamos con una persona inocente, el dolor que esa persona siente repercutirá en nosotros en forma de vibraciones negativas que quedarán grabadas en nuestra aura, en el envoltorio sutil de energía que nos envuelve. Esas impresiones negativas sobre nuestra aura forman un velo comparable a una capa de humo o al polvo que cubre un cristal. Al igual que la luz del sol no puede penetrar a través de un cristal cubierto de polvo, la Gracia de Dios no penetrará a través de nuestra oscurecida aura. En definitiva, nuestra ira nos causará más daño a nosotros mismos que a cualquier otra persona. Todas nuestras acciones, pensamientos, contactos, e incluso nuestra mirada, producen ondas invisibles de energía que son transmitidas en todas direcciones. Por eso, Amma siempre insiste en que debemos pronunciar cada palabra y realizar cada acción con atención, sumo cuidado y discernimiento. (M.J.1)

* Cuando miramos a través del telescopio del Amor, podemos ver muy próxima, en nuestro corazón, a una persona que se encuentre muy alejada. Por otra parte, si no nos gusta una persona, magnificaremos sus minúsculos errores o sus más pequeños defectos. Por ello se compara el odio con un microscopio, pues los fallos y defectos que no se pueden percibir con nuestros ojos, el odio los detecta. (M.S.1) *Ver Amor*

* Cuando hieres a alguien, hieres a todo el mundo y a ti en particular.

Si alguien se está comportando de una forma ofensiva según tu parecer, reflexiona y observa las veces en las que has actuado así hacia los demás o hacia ti mismo.

Cuando ofendas o hieras a alguien, no te limites a pedir excusas, comprométete a no volver a cometer un acto así hacia ninguna otra persona. (M.S.2) *Ver Actitud*

* Encolerizarse es como lanzar polvo al viento, al final caerá sobre nosotros. El polvo se limitará a caer sobre nuestras cabezas y ensuciarnos. Al liberarnos de la ira también conseguimos deshacernos de todos los enemigos. La persona que erradica su ira consigue que todos sean sus amigos. Hay una clase de serpiente que se muerde a sí misma cuando se encoleriza. En la ira, sucede lo mismo. Nuestra ira nos hace más daño a nosotros mismos que a los demás. Sólo la luz puede vencer a las tinieblas. De igual manera, tenemos que triunfar sobre la ira con paciencia, sobre el odio con amor, y sobre las malas acciones con buenas acciones.

En cierta ocasión, un muchacho entró en una heladería y se sentó en una mesa. Cuando se acercó la camarera, le preguntó: "¿Cuánto cuesta un cucurucho?" La camarera le contestó: "Tenemos de muchos tamaños, ¿de qué medida lo quieres? El muchacho sacó algunas monedas del bolsillo y empezó a contarlas.

Entonces le dijo: "Quiero un helado mediano". "Te costará 90 céntimos. ¿De qué quieres el helado?", le preguntó la camarera.

El muchacho empezó a contar de nuevo su dinero, mientras la camarera le decía con impaciencia: "Mira, chico, tengo prisa, dime de una vez que clase de helado quieres".

Cuando acabó de contar el dinero, el muchacho levantó la cabeza y preguntó: "¿cuánto vale un cucurucho pequeño?"

La camarera, desesperada, le contestó: "Uno pequeño vale 60 céntimos. ¡Venga decídete ya! No voy a pasarme aquí todo el día esperando".

"De acuerdo, dijo el muchacho. Entonces tráeme uno pequeño de vainilla."

El muchacho pagó el helado, se lo comió y salió de la heladería. Cuando la camarera volvió a la mesa para limpiarla, se sorprendió y conmovió al ver que el muchacho le había dejado treinta céntimos como propina. Se dio cuenta de que el muchacho había elegido un helado pequeño para poder dejarle algo de propina. Entonces se sintió mal por haber sido tan impaciente con él, y decidió ser más paciente desde aquel momento con los demás.

Cuando pidió su helado, el muchacho pensó en la camarera antes que en él. Si al igual que ese muchacho, nosotros también fuéramos tan cariñosos y atentos hacia los demás, lograríamos y conseguiríamos que el mundo fuera mucho mejor. (M.S.2)

∗ La causa de las guerras y del incremento del terrorismo que vemos en el mundo actual, radica en el odio que hay en la mente de los individuos. Mantener en el interior el odio hacia nuestro enemigo, es como tomar veneno suponiendo que, de esta forma, vamos a eliminar a nuestro enemigo.

Destruye toda nuestra paz mental.

Cuando vemos un minusválido en una silla de ruedas, es fácil sentir compasión hacia él. Una persona que no puede controlar su odio también tiene una minusvalía parecida, aunque no sea visible. De igual manera que sentimos compasión hacia un minusválido, también deberíamos sentir compasión hacia la gente con la minusvalía del odio. Es nuestro amor y compasión lo que les ayudará a reponerse. (M.D.3) *Ver Amor*

* Al enfadarte, estás cerrando la puerta de tu corazón delante del rostro de Dios. ¡No hagas eso! (M.J.5)

* Tenemos que tener mucho cuidado con otra cosa en la vida: el control de la ira.

La ira es como un arma de doble filo. Hiere tanto a la persona que la usa como a quien es atacado. ¡Cómo se contaminan nuestras mentes cuando albergamos ira hacia alguien!. La mente está tan perturbada que no podemos ni sentarnos, ni estar de pie ni dormir en paz. Hace que la sangre hierva y genera todo tipo de enfermedades inexistentes. Pero a causa de ese calor no somos conscientes de los cambios que se producen en nosotros.

Pero esto no es lo que ocurre con la ira. Cuando estamos enfadados nos olvidamos por completo de nosotros mismos.

Sin embargo, hay situaciones en las que intentamos controlarnos. Nunca descargas tu ira en tu jefe por miedo a represalias: un traslado que afecte a un posible ascenso, o peor ¡incluso perder tu empleo! Así que, en tales circunstancias, la gente intenta practicar la contención y los que no lo consiguen sufren las consecuencias y sus amargas experiencias sirven de lección a los demás. Sin embargo, no observamos tanta contención en el trato con los subordinados.

Eso no quiere decir en modo alguno que no debas reñir a nadie. Tienes que corregir las malas acciones. Puede que el amor y la paciencia no funcionen con todos. A veces hay que reprender; pero dirigiéndose al error, a la mala acción, no al individuo. No te enfades sin razón alguna. Deberíamos tener cuidado de no herir los sentimientos de los demás con nuestras palabras o acciones.

Esto es lo que vemos a nuestro alrededor en la sociedad actual. Descargamos a rienda suelta nuestra ira y nuestras frustraciones en los que nos rodean, que no tienen ni idea del por qué. Pero no hay absolutamente ninguna duda de que lo que damos hoy volverá a nosotros tarde o temprano.

(M.M.7) *Ver Actitud*

* Todo lo negativo surge del ego, sea ira, odio, envidia, etc. La ira es como un virus que entra en un ordenador y destruye toda la información almacenada en él. De manera parecida, cuando nos enfadamos, se destruye nuestro discernimiento y paz mental, y perdemos nuestro autocontrol. La ira es como un apagón. Cuando la electricidad se va y tratamos de movernos por una habitación a oscuras, puede que tropecemos y rompamos muchas cosas. Sólo cuando vuelve la luz podemos darnos cuenta del daño que hemos causado. Cuando nos enfadamos, estamos totalmente ciegos a las palabras que decimos y a las acciones que realizamos. Sólo más tarde nos damos cuenta de nuestra insensatez. No deberíamos dejar nunca que la ira se convierta en un hábito.

Los malos hábitos con como una cama confortable. Es fácil meterse en ella, pero difícil salir. Para eliminarlos, hace falta que apliquemos un esfuerzo constante. (M.M.8)

Religión

* Para quien ha absorbido los principios de la religión, la vida es como el alegre juego de un niño inocente. (C.6)

* Saludos a todos los que se han reunido hoy aquí, quienes son en verdad la encarnación del amor y Ser Supremo.

Hemos entrado en un nuevo milenio con grandes esperanzas y expectativas de cambio. Aunque los números indican que los años son diferentes, en esencia nada más ha cambiado. El verdadero cambio debe producirse en nuestro interior. Sólo cuando se elimina la negatividad y los conflictos internos, podemos desempeñar un auténtico y constructivo papel en el establecimiento de la paz. Los inestimables esfuerzos de las Naciones Unidas de unir a las naciones con el fin de lograr paz y armonía, teniendo paz en la mente, merecen un sincero reconocimiento.

Las simples palabras "nación" y "religión" implican división y diversidad. Esta diversidad puede parecer que genere obstáculos en el fomento de la paz, la felicidad y la prosperidad del mundo. En realidad, es esta diversidad la que aporta riqueza y belleza en el mundo y a la vida humana, de igual manera que un ramo de flores de varios colores es más bello que un ramo de flores de un solo color.

Existe una única Verdad que resplandece en todos los objetos de la creación. Ríos y montañas, plantas y animales, el sol, la luna y las estrellas, tú y yo; todo es expresión de esa única Realidad. Al asimilar esta verdad en nuestras vidas y al obtener en consecuencia un entendimiento más profundo, nos es posible descubrir la inherente belleza de esta diversidad. Si trabajáramos juntos como una familia global, y no como si perteneciéramos a una simple raza, religión o nación; la paz y la felicidad prevalecerían de nuevo sobre esta tierra, la cual está empapada de las lágrimas que provocan la división y los conflictos.

Cuando Amma viaja alrededor del mundo, la gente acude a Ella y comparte sus penalidades. Algunos le cuentan que su marido, esposa o hijo han muerto en enfrentamientos religiosos. En ocasiones se trataba de una lucha entre hindúes y musulmanes, otras entre hindúes y cristianos o entre cristianos y musulmanes. Resulta bastante doloroso escuchar todo esto. La razón de dichos enfrentamientos se debe a que la gente no va a la profundidad de su religión. Nuestro compromiso con la religión, la sociedad o un país no deberían hacernos olvidar nuestros valores humanos básicos.

Nadie es una isla solitaria, todos nosotros constituimos los eslabones de la gran cadena de la vida. Al igual que la mano derecha acude a socorrer a la izquierda cuando está herida, deberíamos despertar en nosotros la capacidad de sentir el sufrimiento de todos los seres como el nuestro propio, y sentir un inmenso anhelo por consolarles.

Estamos viviendo en una era en la que la ciencia y las modernas comunicaciones han transformando el mundo en una pequeña comunidad, reduciendo la barreras del tiempo y del espacio. Los últimos avances en el campo de las telecomunicaciones nos mantienen informados instantáneamente de los sucesos que están ocurriendo en cualquier parte del mundo. Los sucesos que tienen lugar en una parte del globo afectan al planeta entero en gran o en menor medida. Aunque el mundo se ha vuelto más cercano a través de la tecnología, no nos hemos acercado a nuestros corazones.

Por ejemplo, los miembros de una familia, aunque físicamente viven cerca, a menudo son como islas solitarias. Actualmente somos capaces de destruir la tierra en un instante.

Pero nosotros también tenemos la innata capacidad de crear el cielo en la tierra. El futuro de la humanidad depende de la elección que hagamos.

Las sociedades y las naciones están compuestas de individuos. Si miramos hacia atrás, en la historia, comprobaremos que todas las disputas se originan por conflictos en el interior del individuo. ¿Dónde reside el origen del conflicto? Está en la falta de conciencia de nuestra verdadera naturaleza, del único poder vivo en nuestro interior del que todos somos una parte. El papel de la espiritualidad, de la auténtica religión, es hacer que despierte esta conciencia y facilitar el desarrollo de cualidades como el amor, la empatía, la tolerancia, la paciencia y la humildad.

La religión es la ciencia de la mente. Actualmente somos capaces de refrigerar el mundo entero, pero aún no hemos aprendido como generar aire fresco en nuestra mente. Intentamos clonar seres humanos, pero no hemos intentado crear dentro de nosotros mismos a un perfecto, cariñoso y pacífico ser humano. Un papel importante que desempeña la religión consiste en este proceso de purificación.

Hoy en día somos conscientes de proteger nuestro medio natural, y eso es desde luego esencial. Sin embargo, no solemos preocuparnos de la contaminación que crean los pensamientos y las acciones negativas en la atmósfera y en la conciencia de la humanidad. La contaminación interior de la mente es en sus diversas formas mucho más letal que la contaminación química, ya que tiene el poder de destruir la humanidad en cualquier momento. En consecuencia, necesitamos purificar nuestra atmósfera mental.

Aunque los fundadores de todas las religiones realizaron y practicaron los más nobles ideales en sus vidas, muchos seguidores no han llegado a estar a la altura de ellos. En lugar de centrarnos en la esencia de los principios religiosos de amor y compasión, nos centramos en los rituales externos y tradicionales, que varían de una religión a otra. Así es como estas religiones, que originariamente fomentaban la paz y el sentido de la unidad entre nosotros, se han convertido en un instrumento para expandir la guerra y los conflictos. Este hecho no niega la importancia de las disciplinas religiosas y de las tradiciones. En efecto, tienen su propio valor. Son necesarias para nuestro desarrollo espiritual. Pero debemos recordar que estas tradiciones son los medios para llegar a la meta, y no son la meta en sí mismas.

Imaginemos que una persona tiene que cruzar un río en una barca. Al llegar a la otra orilla tendrá que abandonar el barco y seguir adelante. Si insiste en sujetarse al barco su avance se verá obstaculizado. De forma parecida, tenemos que dar más importancia a los fines de la religión y no mantenernos demasiado apegados a los medios. Deberíamos recordar que la religión es un medio para la humanidad, y no la humanidad para la religión.

Para solucionar los complejos y contravertidos temas tales como libertad religiosa, conversión y fanatismo, los líderes religiosos deberían dialogar conjuntamente con los corazones abiertos a fin de llegar a soluciones prácticas mutuamente aceptables.

Desde luego, para que tales discusiones sean fructíferas, deberíamos primero sembrar la semilla del amor, la paz y la paciencia dentro de nosotros. Para lograr una paz perdurable, deberíamos desterrar de nosotros mismos el odio y la hostilidad. La llave de la paz mundial está dentro de cada individuo que habita sobre este planeta. Al igual que cada miembro de una familia comparte la responsabilidad de salvaguardar la casa, cada uno de nosotros comparte la responsabilidad de la paz mundial.

Los líderes de tres religiones, A, B, C, decidieron celebrar un encuentro para conseguir la paz. Dios se sintió sumamente complacido por tales esfuerzos, así que decidió enviarles un ángel durante el encuentro. El ángel preguntó a los líderes que es lo que cada uno deseaba. El líder de la religión A dijo: "La religión B es la responsable de todos los problemas. Te ruego por tanto que elimines a sus seguidores de la faz de la tierra." El líder de la religión B dijo: "La religión A es la causante de todos nuestros problemas. Debes reducirla a cenizas." Ante estos deseos, el ángel se sintió decepcionado. Entonces con gran expectación e interés se dirigió al líder de la religión C. Éste mostrando una expresión grave y humilde, dijo: "No deseo nada para mí. Bastará que atiendas las súplicas de mis dos colegas."

La paz no es sólo la ausencia de guerra o conflicto, va mucho más allá. La paz debe ser fomentada en el interior del individuo, dentro de la familia y de la sociedad. El trasladar las armas nucleares del mundo a un museo, no posibilitará la paz mundial. Primero deben ser eliminadas las armas nucleares de la mente.

Todas las grandes religiones tienen infinita sabiduría y belleza para compartir. En lugar de intentar incrementar el número de seguidores, las religiones deberían crear un ambiente en el que cualquiera pudiera aceptar ampliamente los nobles ideales de cualquier religión. El mundo de mañana estará conformado por los niños de hoy. En sus tiernas mentes resulta fácil cultivar los valores humanos universales. Si transitamos unas cuantas veces por un campo de suave y fina hierba muy pronto se formará un pequeño sendero. Por el contrario, requerirá incontables viajes la creación de un sendero en una ladera rocosa. La enseñanza de los principios espirituales universales y de los valores humanos debería formar parte de la enseñanza general, y no ser sólo responsabilidad de la familia. Esta medida no debería demorarse más, pues el retraso en su aplicación hará que las futuras generaciones se pierdan por el mundo.

No podemos perder de vista las necesidades esenciales de la gente, pues hasta que estas no sean satisfechas, se hace imposible aspirar a estados de conciencia y entendimiento más elevados. Si en alguna parte del mundo, hay gente que se está muriendo de hambre o sufriendo en la pobreza, esto es un motivo de vergüenza para todas las naciones. Sobre la base del ideal religioso de la hermandad universal, todas las naciones que están en posición de ayudar, deberían compartir su riqueza y recursos materiales. Hay suficiente para la supervivencia de todos los seres vivos que habitan la tierra, aunque no haya suficiente para satisfacer la codicia de unos pocos.

Tender la mano a un alma abandonada, alimentar al hambriento, dirigir una sonrisa compasiva al triste o desanimado, ese es el auténtico lenguaje de la religión. Deberíamos invocar la compasión de DIOS para que descienda sobre nuestros corazones y manos. El vivir únicamente para uno mismo no es vida, sino muerte.

Algunos pueden decir que el mundo seguirá igual por mucho que intentemos cambiarlo. Esforzarse por la paz es tan inútil como intentar poner derecho el rabo de un perro. Por mucho que uno lo intente, el rabo vuelve inmediatamente a su posición original. Sin embargo, a través de constante esfuerzo, desarrollaremos nuestros músculos aunque el rabo del perro siga igual. De igual modo, pase lo que pase, si fracasamos o triunfamos en conseguir la paz mundial; nosotros, por nosotros mismos, evolucionaremos a mejor. Aunque no haya cambios visibles, el cambio en nosotros finalmente repercutirá en el cambio en el mundo. Más aún, cualquier armonía que existe en el mundo actual es el resultado de tal esfuerzo.

Debemos aprender del pasado si no queremos repetir de nuestros errores. Aquellos que han dañado a otros en el pasado deberían ahora realizar acciones positivas para elevar a las víctimas de su pasada opresión. Estos principios son de aplicación tanto para gobiernos como para individuos. Cada nación debería fomentar una atmósfera de perdón, apertura, amistad, confianza, ayuda y apoyo que posibilite la cicatrización de las viejas heridas. A fin de curar las heridas, la ruptura de relaciones debería ser cosida con el hilo del amor. Para ello, más que conocimiento intelectual, lo que necesitamos es ser conscientes de nuestra unidad. Centrémonos en aquello que podemos dar a los otros, no en aquello que podemos conseguir para nosotros mismos. Sólo entonces, podemos producir una total transformación en nuestra familia global. De este modo, al vivir los ideales de la religión, trascendemos nuestra estrecha mentalidad, y nuestras vidas se convertirán en ofrendas al mundo.

Las siguientes son algunas de las áreas problemáticas reconocidas globalmente, sobre las que la ONU debería dirigir sus esfuerzos:

1. En la creación de DIOS, hombres y mujeres son iguales. Pero a lo largo de los siglos, la penosa condición de la mujer apenas ha mejorado. Las mujeres, que dan nacimiento a la humanidad, deberían tener asegurado un papel igualitario en la sociedad.

2. Millones de personas están sufriendo a causa del SIDA, el cual continúa extendiéndose como un fuego enfurecido. Esta enfermedad debe ser controlada.

3. Hagamos que la ONU dirija la transformación de un mundo de conflictos en uno de paz, por medio de la formación de grupos de jóvenes dedicados al servicio de la comunidad. Estos jóvenes emisarios, sirviendo desinteresadamente por todo el mundo, serán motivo de inspiración para que la gente cultive los valores espirituales universales y humanos. Lo que no podemos conseguir por medio de derramamiento de sangre, lo podemos conseguir a través del amor.

4. El terrorismo y la violencia contra los seres humanos en nombre de alguna religión deberían ser condenados a nivel

internacional y se deberían adoptar acciones contundentes y apropiadas.

El amor es la única medicina que pueda cicatrizar las heridas del mundo. Al igual que el cuerpo necesita alimento para crecer, el alma necesita amor para revelarse. El amor es más nutritivo que la leche materna para un bebé. El amor es el verdadero fundamento, la belleza y la finalidad de la vida. Donde existe el amor, no puede haber conflicto de ninguna clase, sólo reinará la paz.

Permitamos que la luz del amor y de la paz brille en nuestros corazones. Que todos nos convirtamos en mensajeros de la paz universal, iluminando los corazones de todos, disipando la oscuridad del odio y del conflicto que ha ensombrecido al mundo actual. Que todos despertemos en un nuevo mañana, lleno de amor universal y fraternidad. ¿Acaso no es esta la meta y el sueño de las Naciones Unidas? Que el Poder Supremo nos conceda la Gracia para que seamos conscientes de esta noble súplica. (M.D.0)

**Om Lokah Samastah Sukhino Bhavantu
Om Shantih Shantih Shantih**

(Que todos los seres de todos los mundos sean felices y vivan en paz)

* Ya sea Krishna, Cristo o Mahoma, todos ellos nos ayudan a realizar el Supremo. Ya vengas del Norte, del Sur, o del Oeste, llegarás al *ashram*. Aquellos que dicen: "sólo nuestra religión es verdadera", están equivocados.

Los verdaderos Mahatmas nunca estarán sujetos a ninguna institución, seguirán adelante manteniendo como único ideal la Suprema Verdad. Por eso, incluso después de tantos miles de años, la fe hindú aún existe con sus raíces profundamente arraigadas. Es inconmovible, no hay fuerza que pueda destruirla.

Hijos, no hay daño alguno (de) que existan muchas religiones y creencias, pero si es perjudicial pensar que son divergentes y que unas son mejores que las otras. No te centres en sus diferencias, mira sus semejanzas y los grandes ideales que enseñan. Lo que todas las religiones enseñan es como desarrollar amor, compasión, fe, tolerancia, perseverancia, renuncia, etc. Eso es lo que importa. Religión quiere decir expansión y flexibilidad, la capacidad de acomodarse a cualquier circunstancia. Religión es la fusión de la mente, allí donde todas las diferencias dejan de existir. (M.D.0)

* Amma dice que nuestra vida debería convertirse en una sonrisa expresada con un corazón abierto, una sonrisa que se manifiesta espontáneamente cuando experimentamos el auténtico gozo espiritual en nuestro interior. Esta es la auténtica oración, la auténtica religión, la auténtica espiritualidad. (M.J.1) *Ver Hablar*

* *En nuestro país, la influencia de las religiones va en aumento. Una gran multitud de personas se reúne en los templos, pero el verdadero espíritu de la religión no se manifiesta en la vida cotidiana de todos ellos. La corrupción y la delincuencia siguen aumentando. ¿Cómo se explica esta contradicción?*

Aunque las personas tengan fe en Dios, no son capaces de asimilar los principios espirituales y no poseen una visión espiritual de la vida. En nuestros días, no se suele dar una atmósfera que propicie tal comprensión espiritual. Es cierto que son muchos los que acuden a los templos, pero no se hace lo que se debiera por enseñar los principios de la espiritualidad y del *dharma*. En consecuencia, los *pújaris* (los sacerdotes del templo) son incapaces de guiar correctamente a los devotos que acuden a los templos. Aunque existen comités y asociaciones responsables de los templos, no se dedican a propagar los ideales espirituales. Sólo se preocupan por organizar grandes celebraciones religiosas que les aporten beneficios.

La mayoría de los devotos ignoran los principios fundamentales de la religión. Muchos se contentan con imitar las acciones de los padres y abuelos, sin comprender el sentido de los rituales y ceremonias. Los hijos observan lo que hacen sus padres cuando veneran a la divinidad del templo e imitan aquello que han visto. No tratan de buscar el sentido profundo, la ciencia que está en la base de esos rituales. Una historia curiosa ilustra esta cuestión.

Un Director convocó a cuatro personas y les pidió que hicieran una tarea cada uno: el primero tenía que abrir un surco, el segundo colocar unas semillas, el tercero regarlas y el cuarto cerrar el surco. Se pusieron manos a la obra. El primero hizo el surco, pero el segundo se olvidó de colocar los granos. El tercero no se preocupó y regó. El cuarto cerró después el surco. ¿Cuál fue el resultado? Todo su trabajo resultó vano, pues se trataba de conseguir que germinaran los granos, crecieran y llegaran a ser plantas.

De igual manera, aquellos que realizan los rituales sin comprender su auténtico significado ni su fundamento, sólo simulan hacer el ritual como si se tratara de un espectáculo. Es posible que haya aumentado el número de creyentes que frecuentan templos, pero los efectos beneficiosos de una devoción sincera apenas resultan perceptibles en nuestra sociedad. La devoción y la espiritualidad no se manifiestan suficientemente en la vida. Amma no quiere decir que no haya habido algún cambio. Muchos poseen, al menos, un cierto grado de virtud. Y, ciertamente, los templos y la fe en Dios, han contribuido a ello. Hijos míos, si os esforzáis sinceramente, sin duda alguna se pueden producir cambios todavía más importantes en cada uno de los individuos y en el conjunto de la sociedad. (M.D.2)

* *¿Cuál es vuestro punto de vista sobre la religión?*

La religión es necesaria, aunque haya gente dispuesta a morir por ella y no a vivir por ella. Ofrece una cierta seguridad, como una valla de protección. Sería como subirse a una barca para cruzar un río y, una vez en la otra orilla, no querer bajarse. O como si uno se contentara con señalar una fruta. Eso no saciará nuestro apetito. Para ello, tendremos que subirnos al árbol, coger la fruta y comerla. La religión no es más que un vehículo. Para encontrar a Dios, hay que buscarlo.

¿Significa eso que todas las religiones son buenas?

Sí, todas las religiones enseñan el amor y la compasión. ¿No dijo eso Cristo? Él no creó el cristianismo, fueron los otros los que lo crearon.

Pero algunas religiones han engendrado movimientos fundamentalistas.

Creo en el amor no en el fundamentalismo. (M.J.3)

* Todos somos primero que nada seres humanos, miembros de la misma familia global. Sólo después llegamos a ser miembros de una religión o de un país. Bajo ninguna circunstancia nuestro vínculo religioso, social o nacional debe hacernos olvidar nuestros valores humanos básicos. (M.D.4) *Ver Dharma*

* (Parlamento de las Religiones del Mundo, Barcelona, España).

Amma se inclina ante todos, que sois ciertamente la encarnación del puro amor y de la Conciencia Suprema. El esfuerzo y el auto-sacrificio de las personas que han sido capaces de organizar un encuentro tan grandioso como éste, está más allá de las palabras. Amma se inclina simplemente, ante esta muestra de generosidad.

Las habilidades que Dios nos ha dado son un tesoro, tanto para nosotros como para el mundo entero. Esta riqueza no debería ser mal utilizada ni convertirla en una carga para nosotros y para los demás. La tragedia más grande se da cuando utilizamos nuestro talento y capacidad por debajo de sus posibilidades, y dejamos que se oxiden a lo largo de nuestra vida. Cuando utilizamos los recursos de la naturaleza, éstos disminuyen, pero cuando utilizamos la riqueza de nuestras capacidades internas, éstas aumentan.

Pero, ¿estamos realmente utilizando nuestras habilidades? ¿Cuál ha sido la meta de la humanidad? ¿Qué han anhelado conseguir los humanos? ¿No ha sido siempre nuestro objetivo conseguir la máxima felicidad y alegría posibles, tanto en nuestra vida personal como en toda la sociedad? Sin embargo, ¿dónde nos encontramos ahora? La mayoría de nosotros vamos de un error a otro, lo que empeora todavía más nuestros problemas.

Cada país ha intentado incrementar su poder político, militar, armamentista, económico, científico y tecnológico. ¿Queda todavía algo que no hayamos probado o explorado? Todos seguimos centrando nuestro interés en estas cosas. Después de poner en práctica durante tanto tiempo estos métodos, ¿acaso hemos logrado una verdadera paz o contentamiento? La respuesta es que no. El tiempo nos ha demostrado que esos métodos, por sí solos, no pueden asegurar nuestro contentamiento. Únicamente cuando dejemos que el poder espiritual – con el cual nunca hemos experimentado- se desarrolle, a la vez que todas estas diferentes áreas, podremos obtener la paz y el contentamiento que buscamos.

En realidad, la única diferencia que hay entre la gente que vive en países ricos y la gente que vive en países pobres, es que los primeros lloran en sus mansiones con aire acondicionado y los segundos lloran sobre el suelo de tierra de sus chabolas. Una cosa está clara: aquellos que una vez desearon sonreír y ser felices, ahora lloran en muchas partes del mundo. La tristeza y el sufrimiento empiezan a ser una constante en muchos países. No tiene sentido culpar sólo a la religión de esta situación. La causa mayor de estos problemas se encuentra en cómo la gente ha interpretado la religión y la espiritualidad.

Hoy en día, buscamos en lo externo la causa y la solución de todos los problemas del mundo. Vivimos tan deprisa que se nos olvida la más grande de las verdades: que la fuente de todos los problemas se encuentra en la mente humana. Olvidamos que el mundo podrá ser bueno sólo cuando lo sea cada una de las mentes humanas. Por tanto, además de una comprensión del mundo exterior, es esencial que también lleguemos a conocer nuestro mundo interior.

En cierta ocasión, se celebró la puesta en marcha de un superordenador. Tras la ceremonia de inauguración. Se invitó a los asistentes a formular las preguntas que desearan y el superordenador las resolvería en pocos segundos. Cada uno de los asistentes procuró plantear las preguntas más complejas sobre ciencia, historia, geografía y otros temas. Tras cada pregunta, aparecía inmediatamente en pantalla la respuesta correcta. Entonces, un niño se levantó y le hizo al superordenador una pregunta muy simple: "Hola, superordenador, ¿qué tal estás hoy?" Pero en esa ocasión no hubo respuesta; ¡la pantalla se quedó en blanco! Aquel ordenador podía responder preguntas sobre todas las cosas, excepto sobre sí mismo.

La mayoría de nosotros vivimos en un estado similar al de este ordenador. A través de nuestra comprensión del mundo exterior, necesitamos desarrollar conocimiento sobre el mundo interior.

Cuando nuestro teléfono se estropea, llamamos a la compañía telefónica para que lo repare; cuando no recibimos bien un programa de televisión por Cable, la compañía nos lo soluciona, y cuando nuestra conexión con internet no funciona, un experto en informática la restablece. De la misma manera, la espiritualidad es el medio que restaura nuestra conexión interior con la Divinidad. La ciencia de la espiritualidad pone de nuevo en nuestras manos "el control remoto" de nuestra mente.

Hay dos tipos de educación. La educación para ganarse la vida y la educación para saber cómo vivir. Cuando estudiamos en la universidad intentamos conseguir un título para ejercer como abogados, ingenieros o médicos. Esta es la educación para ganarse la vida. Pero la educación sobre como vivir requiere una comprensión de los principios esenciales de la espiritualidad. Por este medio obtenemos una compresión profunda del mundo, de nuestra mente y emociones, así como de nosotros mismos. Todos sabemos que el verdadero objetivo de la educación no pretende formar personas que sólo entiendan el lenguaje de las máquinas. El principal propósito de la educación debería ser una *formación del corazón*, una formación asentada en valores espirituales.

Si nos quedamos con la parte superficial o externa de la religión, esa visión creará más y más división. Necesitamos ver y entender la parte interna, la esencia de la religión, desde una perspectiva espiritual. Sólo así pondremos fin al sentimiento de división. Donde hay división, no puede haber una verdadera experiencia espiritual, y donde hay auténtica experiencia espiritual no hay división, sólo unidad y amor. Los líderes religiosos deberían estar preparados para trabajar de acuerdo con estos principios, y hacer que sus seguidores sean conscientes de estas verdades.

El problema aparece cuando decimos: "Nuestra religión es la correcta y la vuestra está equivocada." Es como decir: "¡Mi madre es buena y la tuya es una prostituta!" El amor y la compasión son la esencia misma de todas las religiones. ¿Qué necesidad hay, pues, de competir?

El amor es nuestra auténtica esencia. El amor no tiene limitaciones de religión, raza, nacionalidad o casta. Todos formamos parte del mismo collar unidos por el hilo del amor. La auténtica meta de la vida humana es la de despertar a esa unidad y compartir con los demás el amor, que es nuestra naturaleza innata. Ciertamente, el amor es la única religión que puede llevar a la humanidad hasta lo más alto. El amor debería ser el único hilo que uniera a todas las religiones y filosofías. La belleza de la sociedad reside en la unidad de corazones.

Hay mucha diversidad en el *Sanatana Dharma,* la antigua tradición espiritual de la India. Cada persona es única y posee una constitución mental diferente. Los antiguos sabios nos ofrecieron multitud de caminos, para que cada ser pudiera elegir el que le resultara más adecuado. Ni todas las cerraduras se pueden abrir con la misma llave, ni a todos les gusta la misma clase de comida o ropa. Esta diversidad es aplicable igualmente a la espiritualidad, pues el mismo camino no sirve a todos por igual.

Reuniones y conferencias como ésta deberían poner más énfasis en la espiritualidad, en la esencia interna de la religión. Esta es la única manera de lograr paz y unidad. Este encuentro no debe ser sólo una reunión de cuerpos. En ocasiones como ésta, se debería dar un verdadero encuentro en el que podamos ver y conocer nuestros mutuos corazones. La comunicación a través de las máquinas ha acercado la distancia entre las personas; pero la ausencia de comunicación entre nuestros corazones, ha hecho que nos sintamos muy lejanos a pesar de estar físicamente cerca. Este no debe ser un encuentro más en el que todos hablan, nadie escucha y todos discrepan.

El escuchar a los demás es importante. Quizás oigamos y veamos muchas cosas en la vida, en el mundo, pero no deberíamos entrometernos en los asuntos de los demás, pues eso puede acarrear graves consecuencias. Amma recuerda una historia:

En cierta ocasión, un hombre pasaba por delante de un manicomio y oyó una voz que gimoteaba: "13, 13, 13, 13..." El hombre se acercó para localizar el lugar de donde provenía el sonido. Vio un agujero en la pared, se percató de que el sonido procedía del otro lado. Lleno de curiosidad, puso su oreja en el interior del agujero, esperando oír mejor. De repente, sintió un enorme mordisco en su oreja. Mientras el hombre gritaba de dolor, oyó como la misma voz gimoteaba: "14, 14, 14, 14,..."

Conviene utilizar nuestra capacidad de discernimiento para distinguir entre aquello a lo que deberíamos prestar atención y a lo que no.

Los verdaderos líderes religiosos aman y adoran a toda la Creación, viéndola como la Conciencia de Dios. Ellos ven la unidad en la diversidad. Sin embargo, hoy en día, muchos líderes religiosos tergiversan las palabras y experiencias de los antiguos sabios y profetas, explotando las mentes débiles de la gente. Religión y espiritualidad son las llaves con las que podemos abrir nuestros corazones y ver a todos con compasión. Pero, cegados por nuestro egoísmo, se ha distorsionado nuestra visión y la mente ha perdido su capacidad de discernimiento. Esta actitud sólo genera más oscuridad. La misma llave que sirve para abrir nuestros corazones, la utiliza nuestra mente para cerrarlos indiscriminadamente.

Se cuenta que una vez cuatro hombres, que iban a asistir a una conferencia religiosa, tuvieron que pasar la noche en una isla. Era una noche muy fría. Cada uno tenía en la bolsa una caja de fósforos y unos cuantos trozos de madera, pero cada uno pensaba que él era el único que tenía la madera y los fósforos. Uno de ellos pensó: "A juzgar por la medalla que lleva colgada en el cuello, diría que este otro hombre deber ser de otra religión. Si enciendo fuego, él también se beneficiará de su calor. ¿Por qué voy a utilizar mi preciosa madera para que se caliente él?" El segundo hombre se dijo: "Esta persona es de un país que siempre ha estado luchando contra nosotros. ¡Ni en sueños, quemaría mi madera para que él se sintiera más confortable!". El tercer hombre se fijó en uno de los otros, y pensó: "Conozco a este individuo. Pertenece a una secta que siempre crea problemas en mi grupo religioso. ¡No voy a malgastar mi madera para favorecerlo!". El último se dijo: "Este hombre tiene la piel de distinto color y ¡odio esto! ¡De ninguna manera, emplearé mi madera para que él se beneficie!". Al final, ninguno de ellos quiso compartir su leña para calentar a los otros, y a la mañana siguiente aparecieron muertos de frío. Igualmente, nosotros albergamos enemistad hacia los demás en nombre de la religión, nacionalidad, color y casta, sin mostrar ninguna compasión hacia nuestro prójimo.

La sociedad moderna se parece a una persona que padece fiebre muy alta. Cuanto más sube la fiebre, más tonterías dice el paciente. Señalando una silla en el suelo, esa persona puede que diga: "¡Oh, la silla me está hablando! Mira, ¡está volando!." En este caso, ¿qué respuesta podemos darle? ¿Cómo vamos a demostrarle que la silla no está volando? Sólo hay una manera de ayudarle: darle un antitérmico para que le baje la fiebre. Cuando se reduzca la fiebre, reaparecerá su estado normal. En la actualidad, la gente sufre por la fiebre del egoísmo, la avaricia, los deseos incontrolados, etc.

La religión y la espiritualidad conforman el camino que ayuda a transformar nuestra ira en compasión, nuestro odio en amor, nuestros pensamientos lujuriosos en pensamientos divinos, y nuestros celos en simpatía. Sin embargo, en nuestro estado de oscuridad mental, la mayoría de nosotros no lo comprendemos.

La sociedad está conformada por individuos. Es el conflicto en la mente individual lo que se manifiesta como guerra. Cuando cambien los individuos, la sociedad cambiará automáticamente. Al igual que existe el odio y la venganza en la mente, también puede existir el amor y la paz.

Para mantener las guerras, gastamos billones de dólares y ponemos en peligro la vida de innumerables personas. ¡Pensemos en la atención e intenso esfuerzo que requiere este proceso! Si se utilizara una mínima parte de ese dinero y esfuerzo para la paz mundial, reinarían definitivamente en el mundo la paz y la armonía.

Todos los países gastan grandes cantidades de dinero en sistemas de seguridad. La seguridad es indispensable, pero nos hemos olvidado de que la mayor seguridad se consigue al comprender y vivir de acuerdo con los principios espirituales.

Hoy en día, no podemos dominar a los enemigos que nos atacan, externa o internamente, incrementando sólo la fuerza de nuestras armas. No tardaremos en redescubrir y fortalecer nuestra arma más poderosa: la espiritualidad, que es inherente en todos nosotros.

Hay muchos millones de personas en este mundo que sufren pobreza y hambre. Ese es verdaderamente nuestro peor enemigo. La pobreza es una de las razones básicas por la cual mucha gente roba, mata o se convierte en terrorista. Es también la razón por la que la gente se prostituye. La pobreza no sólo afecta al cuerpo, sino que también debilita la mente. Una mente así puede verse fácilmente influenciada, en nombre de la religión, y ser inyectada con el veneno de ideales terroristas. Viéndolo de este modo, Amma considera que el 80% de los problemas de la sociedad podrían resolverse erradicando la pobreza.

La raza humana, en general, camina sin una meta clara.

Un hombre que iba conduciendo, se paró en un cruce y preguntó a un peatón: "¿Podría indicarme a dónde lleva esta carretera?"

El peatón respondió, "¿A dónde desea ir?

El conductor dijo: "No lo sé."

"Bien, – dijo el peatón – entonces poco importa la carretera que siga".

Nosotros necesitamos tener una meta clara, y no actuar como ese conductor.

A Amma le preocupa la dirección que está tomando el mundo. Si en un futuro, hay una tercera guerra mundial, esperemos que no sea entre países, sino para combatir a nuestro principal enemigo: la pobreza.

En el mundo actual, la gente sufre dos tipos de pobreza. La causada por falta de comida, de ropa y de hogar; y la pobreza por falta de amor y compasión. De estos dos tipos de pobreza, el segundo es el primero en importancia, porque si tenemos amor y compasión en nuestros corazones, serviremos con agrado a aquellos que sufren por falta de alimento, vestido y hogar.

La sociedad no va a cambiar por la situación de la era actual, sino gracias a los corazones llenos de compasión. Las religiones deben ser capaces de crear más corazones compasivos. Este debería ser el principal objetivo de la religión y de la espiritualidad.

Para proteger este mundo, debemos elegir el camino que trascienda los deseos personales y las diferencias entre nosotros. Perdonando y olvidando, podemos intentar recrear y dar una nueva vida a este mundo. Escudriñar en el pasado no beneficia a nadie. Necesitamos abandonar el camino de la venganza y la represalia, y observar la situación del mundo presente con imparcialidad. Sólo entonces descubriremos el camino del verdadero progreso.

La auténtica unidad – ya sea entre los seres humanos o entre la humanidad y la naturaleza- sólo vendrá a través de nuestra fe en el inmenso poder de nuestro ser interior, que está más allá de todas las diferencias externas.

Un arco iris no sólo tiene esplendor visual, sino también un simbolismo que nos ayuda a expandir la mente. Un arco iris adquiere forma por la convergencia de siete colores, y por ello resulta tan bello y atractivo. De igual modo, tendríamos que reconocer y aceptar, en toda su belleza, las diferencias creadas por la religión, la nacionalidad, el lenguaje, la cultura. Debemos unir nuestras manos para dar importancia primordial al bienestar de la humanidad y a los valores humanos universales.

Un arco iris aparece y desaparece del cielo en pocos minutos. Durante este ciclo tan corto de vida, el arco iris es capaz de hacer felices a todos. Igual que el arco iris, que aparece tan brevemente en el cielo infinito, nuestro tiempo de vida, que aparece sólo en un breve momento dentro del espacio interminable del tiempo, es también muy corta e insignificante. Mientras vivimos en este mundo, nuestro deber o *dharma* es beneficiar de algún modo a los demás. Sólo cuando despierta la bondad en el interior del individuo, adquieren fuerza y belleza nuestra personalidad y nuestras acciones.

Había una vez una pequeña niña en una silla de ruedas. Su discapacidad la hacía sentir enojada y frustrada con la vida. Abatida y triste, se pasaba todo el día asomada a la ventana viendo con envidia cómo jugaban, corrían, saltaban y brincaban los otros niños. Un día mientras miraba por la ventana, empezó a llover. De repente, un bello arco iris apareció en el cielo. En aquel mismo instante, la pequeña niña se olvidó de su discapacidad y de su tristeza. Los colores del arco iris la llenaron de alegría y esperanza. Pero, entonces, dejó de llover y el arco iris desapareció de la misma manera que había aparecido. Al recordar los colores del arco iris, se sintió llena de una inmensa paz y alegría. Después preguntó a su madre donde se había ido el arco iris. Su madre le contestó:

"Hija mía, los arco iris surgen en momentos muy especiales. Sólo aparecen cuando coinciden el sol y la lluvia." Desde aquel día, la pequeña niña esperaba con impaciencia, asomada a la ventana, a que coincidieran el sol y la lluvia. Ya no le importaba ver como jugaban los otros niños. Finalmente, en un brillante día de sol. Empezó a llover inesperadamente, y apareció en el infinito el más divino de los arco iris. La niña quedó embargada por una alegría inmensa, y llamó a su madre para que la llevara junto al arco iris. Para complacerla y evitar que se sintiera triste, la madre la subió en el coche y se dirigieron hacia donde estaba el arco iris. Llegaron por fin a un punto en el que podía divisarse mucho mejor. La madre detuvo el coche y ayudó a su hija a bajarse para que pudiera disfrutar de la vista.

Mirando el arco iris, preguntó: "Precioso arco iris, ¿cómo es que brillas tan radiantemente?"

El arco iris contestó: "Mi querida niña, tengo una vida muy corta. Sólo existo durante el lapso de tiempo en el que coinciden la lluvia y el sol. En lugar de lamentarme por mi corta existencia, he decidido hacer lo más feliz posible a la mayoría de la gente. Y, cuando lo decidí, me convertí en radiante y bello."

Y mientras el arco iris hablaba, fue desapareciendo hasta extinguirse en su totalidad. La pequeña niña miró con todo su amor y admiración hacia el lugar en el cielo donde había aparecido el arco iris. Desde aquel día, la niña ya no fue nunca más la misma de antes. En lugar de sentirse abatida y triste por su discapacidad, procuró sonreír y derrochar alegría y felicidad hacia los demás. Ciertamente, encontró la satisfacción y felicidad verdadera.

El arco iris se convirtió en un ser tan bello porque se olvidó de sí mismo y entregó su vida a los demás. De igual manera, cuando nos olvidamos de nosotros mismos y vivimos por la felicidad de los demás, experimentamos la belleza auténtica de la vida.

El cuerpo tendrá que perecer tanto si trabajamos como si no hacemos nada. Por tanto, en lugar de oxidarnos sin hacer nada para la sociedad, es mejor agotarse haciendo buenas acciones.

En el *Sanatana Dharma* – la Religión eterna (conocida comúnmente como hinduismo) – hay el siguiente *mantra*: "*Lokah Samastha Sukhino Bhavantu.*" El significado de este *mantra* es: "Que todos los seres de todos los mundos sean felices y vivan en paz."

De acuerdo con las Escrituras de la India, no hay diferencia entre el Creador y la Creación, así como no hay diferencia entre el océano y sus olas. La esencia del océano es una y la misma agua. El oro y los ornamentos de oro son lo mismo porque el oro es la sustancia de la que están hechos los ornamentos. La arcilla y la vasija de arcilla son al final lo mismo porque la sustancia de la vasija es la arcilla. Por tanto, no hay diferencia entre el Creador o Dios y la Creación. Ellos son esencialmente uno y lo mismo: Pura Conciencia. Por tanto, deberíamos aprender a amar a todos por igual, porque la esencia de todos nosotros es una, el *Atman*, somos todos, un alma o Ser. Si miramos externamente, todo parece diferente, pero interiormente todo son manifestaciones del Ser Absoluto.

Dios no es un individuo limitado, que está sentado solo en lo alto de las nubes, en un trono de oro. Dios es la Pura Conciencia que mora dentro de todo. Necesitamos comprender esta verdad, y por tanto aprender a aceptar y a amar a todos por igual.

Así como el sol no necesita la luz de una vela, Dios no necesita nada de nosotros. Dios es el Dador de todo. Deberíamos conmovernos ante el sufrimiento de los demás y servirlos.

Hay millones de refugiados e indigentes en el mundo. Los gobiernos están intentando ayudar a estas personas de muchas maneras, pero el mundo necesita muchos voluntarios que estén dispuestos a trabajar con espíritu desinteresado.

Un millón de dólares en manos egoístas se convierte en cien mil dólares cuando llega a las personas que lo necesitan. Es como ir pasando continuamente aceite de un recipiente a otro, al final se pierde casi todo en el proceso. Sin embargo, sucede de forma muy diferente con las personas comprometidas con el servicio desinteresado. Estas personas pueden recibir cientos de miles y repartirlos entre la gente más necesitada de forma equivalente. Ocurre así porque su motivación no es interesada, sólo desean beneficiar a la sociedad. Más que tomar alguna parte para sí mismos, ellos entregan todo lo que pueden a los que sufren.

Si tuviéramos, al menos, algo de compasión en nuestros corazones, nos comprometeríamos a trabajar media hora extra cada día en beneficio de los que sufren. Esta es la petición que formula Amma. A través de esta actitud, Amma cree que surgirá una solución para resolver todo el sufrimiento y la pobreza del mundo.

El mundo de hoy necesita personas que expresen su bondad mediante la palabra y la acción. Si proliferan estas personas, se convertirán en un ejemplo para los demás, harán desaparecer la oscuridad en la sociedad y conseguirán que la luz de la paz y la no-violencia irradien de nuevo sobre la faz de esta tierra.

Trabajemos juntos para conseguir esta meta.

- Que el árbol de nuestra vida quede firmemente enraizado en la tierra del amor.
- Que las buenas acciones sean las hojas de este árbol.
- Que las palabras amables sean sus flores.
- Y que la paz sea sus frutos.

Que crezcamos y nos desarrollemos como una familia unida en el amor, y que podamos celebrar nuestro sentimiento de igualdad, en un mundo donde reine la paz, y el contentamiento interior.

Al tiempo que Amma concluye sus palabras, también desearía añadir que, en verdad, nada acaba. Igual que al final de una frase, sólo hay una pequeña pausa, que esta sea una pausa antes de un nuevo principio por el camino hacia la paz. Que la divina Gracia nos bendiga con la fuerza necesaria para llevar adelante este mensaje. *Om Shanti, Shanti, Shanti* (M.D.4)

* *¿Qué opina de la mezcla de política y religión en nuestra política electoral?*

Es buena si el político comprende los verdaderos principios de la espiritualidad.

En el pasado, los reyes eran más receptivos. Los *gurus* solían aconsejarles con buenos resultados en diversos temas, como el gobierno o la administración. La política y la religión son necesarias para los seres humanos. Es necesario combinarlas adecuadamente.

Cuando los políticos comprenden los principios esenciales de la espiritualidad de un modo más profundo, eso les ayuda. La esencia de la religión es la espiritualidad.

Pero no todos los políticos y líderes religiosos comprenden la esencia real de la espiritualidad. Cometen errores y se apoyan mutuamente. En el pasado los reyes eran más sensatos. La gente no sabe lo que hacen los políticos. Donde hay experiencia verdadera, no hay división, y donde hay división, no hay experiencia verdadera.

Las personas que han experimentado la verdad no conocen división alguna. Por desgracia, las personas que gobiernan nuestro país no han tenido esa experiencia. Si así fuera, buscarían consejo de un *Satguru* o de un maestro verdadero. Los gobernantes deberían pensar que no es necesario tener otro mandato y gobernar según determinados principios. Pero ¿cuántas personas tienen esa actitud? (M.D.4)

* *¿Qué opina Amma sobre el proselitismo (la conversión religiosa)?*

Se trata de un asunto en el que cada uno tiene que decidir por sí mismo. Amma no hará ningún comentario sobre si es correcto o incorrecto. Amma sólo dirá que un cristiano debería vivir como cristiano, un musulmán como musulmán y un hindú como hindú.

Hijos, las religiones son creaciones humanas. Dios no creó ninguna religión en particular. Rama, Krishna y Jesús no fundaron religiones. Ha habido diferentes maestros para procurar el progreso espiritual de los seres humanos, de acuerdo con la constitución mental de cada época y lugar. Fueron sus seguidores los que más tarde formaron diferentes religiones con su carácter exclusivo. (M.M.6) *Ver Actitud*

* *Hay muchas religiones en el mundo, muchos conceptos de Dios ¿Son todos estos Dioses uno?*

Dios es en verdad uno. Pero cada persona concibe a Dios a su manera, según su cultura. Obligar a todas las personas a aceptar una única fe no es correcto. La meta es una, pero los caminos son diferentes, según el nivel de evolución de cada persona.

La maternidad es universal, pero cada uno quiere especialmente a su madre. ¿Se puede imponer que todo el mundo quiera a nuestra madre de la misma manera que nosotros?

Un árbol robusto, con frondosas ramas, se mantiene firme gracias a sus raíces. De la misma manera, el árbol de la fe se mantiene fuerte gracias a las raíces de la religión. Este árbol de abundantes ramas nos da alimento y cobijo. (M.S.6) *Ver Maternidad*

* *El Premio Interreligones ha sido otorgado anteriormente al arzobispo Desmond Tutu, al Dalai Lama, a Bill Clinton y a otras personalidades. ¿Cuál ha sido su experiencia?*

Mi premio es la felicidad de la gente. No he venido sólo a por el premio: los devotos querían que estuviese presente en Nueva York. Lo que el Centro Interreligones está haciendo realmente ayuda a apaciguar los conflictos y la falta de comprensión entre las religiones. Hay un profundo deseo de ayudar a que las religiones se acerquen en la unidad y en un sentimiento de comunidad. (M.J.7) *Ver Ayudar a los demás*

* *Y sin embargo a las mujeres se les castiga por esto.*

No tengo ningún interés en señalar las faltas de ninguna religión en particular. Es una cuestión de hábitos. Por ejemplo, si has estado dando una comida determinada a una persona desde muy pequeña, se acostumbrará a ella. De manera parecida, ellas se acostumbran a ir cubiertas, pero eso no significa necesariamente que les guste, sólo que están acostumbradas. Es la fuerza de la costumbre. (M.S.7) *Ver Maternidad*

Renuncia

* Un auténtico Maestro, no obstante, no forzará jamás a un discípulo a la renuncia. Forzarlo, de la manera que sea, sería perjudicial, como el daño que se la haría a una flor intentando abrir sus pétalos, pues una agresión de ese tipo, destruiría la flor. (M.S.1) *Ver Entrega*

* El *ashram* es un lugar para los *tyágis* (renunciantes*)* y no para los *bhogis* (aquellos que buscan los placeres de los sentidos). Muchos hijos vienen de Occidente y están habituados a una vida orientada hacia el placer. Pero una vez que llegan aquí y se someten a la vida del *ashram*, abandonan sus malos hábitos y sus concepciones erróneas. De hecho, su renuncia es auténtica, porque tenían de todo, el confort y los placeres materiales. Vivían en medio de todo ello y, si lo desearan, podrían volverse y sumergirse de nuevo en ese mundo. Es posible que algunos de vosotros no veáis la televisión porque no tenéis televisor, pero la verdadera renuncia se produce cuando tenemos la posibilidad de ver la televisión y no la vemos.

El contentamiento en cualquier circunstancia y situación, es el rasgo que caracteriza a un buscador espiritual. (M.D.1)

* Renunciar a una cosa que nos es muy querida supone un auténtico sacrificio, renunciar a algo que es insignificante no puede ser llamado sacrificio. (M.M.2)

* La única finalidad de la vida espiritual es la de renunciar a todo aquello que no es nuestro y llegar a ser lo que realmente somos. (M.J.3)

* Renunciar a todo puede que no sea fácil para todo el mundo, pero deberíamos intentar desarrollar la actitud interna de renuncia. Un padre de familia puede que se enfrente a muchos problemas,

pero debería mantenerse totalmente calmado por dentro. No es imposible. (M.M.5) *Ver Apego*

Sadhana-
Prácticas espirituales

* Es el cuidado y la paciencia que demostramos en las pequeñas cosas, lo que nos conduce a los grandes logros. (C.2)

* Aunque os olvideis de comer, no os olvidéis nunca de pensar en Dios. (C.3)

* La lectura en exceso sin una práctica es perjudicial.

* Si realmente amáis a Amma, hacer vuestro *sadhana* y conocer vuestro Ser. La Madre os ama sin esperar nada a cambio. Le basta con ver a sus hijos disfrutando siempre de una paz inmutable, olvidando el día y la noche. (M.S.0)

* Una vez que sabemos en qué tienda podemos conseguir lo que deseamos ¿para que vamos a ir preguntando por todo el mercado? Sería una pérdida de tiempo. De la misma manera, una vez que encontremos a un *Guru*, debemos dejar de dar vueltas y dedicarnos a nuestro *sadhana* (práctica espiritual), esforzándonos por alcanzar la meta.

El *Guru* mismo se acercará al buscador espiritual. No es necesario ir en busca de un maestro, pero el aspirante debe tener un intenso desapego hacia al mundo. (M.J.1)

* Un día Amma nos llevó a un *ashram* situado a unos setenta kilómetros de Vallickavu. En ese *ashram*, había un anciano europeo de unos setenta años de edad. Le contó a Amma una historia muy dolorosa. Desde la adolescencia, se había interesado por la espiritualidad y había practicado diferentes formas de *sadhana*, como el *hatha yoga,* el *jñana yoga* e incluso observar el sol sin parpadear. Había ido a visitar a todos los santos y sabios de los que había oído hablar, tanto en la India como en Occidente. ¡No podía permanecer tranquilo un solo minuto! Estaba dispuesto a añadir a Amma a su lista. Pero Amma tiene el don de ver exactamente lo que cada persona necesita y cuando el anciano le preguntó que es lo que debía hacer, ella le dijo:

Escucha, tú ya tienes setenta y cinco años, dime, si no te importa, ¿qué es lo que has conseguido espiritualmente después de haber dedicado toda tu vida a practicar la espiritualidad? ¿Qué has experimentado?" Se quedó pensativo un momento y, después dijo: "Me siento muy inquieto y agotado." Este era el fruto de todos los años de *sadhana* y de renuncia. Entonces Amma dijo: "No te digo que encuentres a un *Guru*, pero acude, al menos, a un lugar santo, quédate allí y realiza prácticas espirituales. Elige la *sadhana* que mejor te convenga hasta que consigas una experiencia espiritual y paz interior. Y hasta ese momento, no te muevas, no abandones ese lugar."

Reflexionó un momento sobre estas palabras y, después le dijo a la Madre: "Amma eso es imposible para mí". (M.J.1)

* Una mañana, cuando un hombre fue a sacar agua de su pozo, percibió un olor nauseabundo que salía de allí. El hombre lo intentó todo para eliminar el mal olor, pero no lo consiguió. Tiró agua de rosas, pero persistió el mal olor. Más tarde lanzó perfume, sin que nada cambiara. Se presentó en una iglesia y pidió agua sagrada, la depositó en el pozo, y tampoco resultó efectiva. A continuación fue a visitar a un brujo, quien le dio una ceniza especial y le pidió que la vertiera en el pozo mientras recitaba *mantra*s. Hizo todo lo que le dijo el brujo, pero también fracasó. Finalmente, se acercó a un maestro espiritual y le explicó lo que sucedía. El maestro le aconsejó que secara el pozo. El hombre siguió las instrucciones del maestro, pero al día siguiente volvió y le comunicó que aquel olor nauseabundo todavía seguía allí.

Entonces el maestro le dijo: "Cuando secaste el pozo, ¿encontraste alguna cosa dentro?

El hombre contestó: "Sí".

El maestro espiritual le preguntó: "¿Qué había?"

El hombre dijo: "Ah, sólo había un perro muerto."

"Y bien, ¿qué es lo que hiciste con él?

"Nada, todavía sigue allí."

El maestro respondió, "Entonces ¿para qué sirve rociar con agua de rosas, echar perfume y otros productos en el agua del pozo, si en el fondo hay un perro muerto? Lo primero que tienes que hacer es sacar al perro muerto, y sólo entonces dejará de oler el agua."

A través de esta historia, Amma nos enseña que no basta con visitar iglesias y templos, rezar o hacer prácticas espirituales de forma mecánica. Tenemos que purificar nuestros corazones. Deberíamos eliminar el "perro muerto" de nuestra mente. En otras palabras, deberíamos eliminar nuestras tendencias negativas, como la ira, el odio, la gula o los celos, y llenar nuestros corazones con la fragancia del amor, la compasión, paciencia, altruismo, sinceridad y otras virtudes. Entonces recibiremos, con total seguridad, la Gracia de Dios.

Naturalmente, todos tienen un ego, desde la persona más rica hasta la más pobre. Puesto que es muy difícil trascender ese ego, deberíamos, al menos, intentar deshacernos de él. (M.J.1)

* Había una vez en la antigua India, un buscador espiritual que, después de practicar durante muchos años *tapas* (austeridades), pensó que no servían para nada, por lo que decidió abandonarlas y volver al mundo. De camino, observó a un hombre que frotaba una barra de hierro con un pañuelo de seda. Intrigado, el buscador le preguntó que estaba haciendo. El hombre le respondió que trataba de hacer una aguja. El buscador pensó: "Si continúa así, ¡le costará cien años! Pero, ¡con qué alegría y con cuánta paciencia lo hace! Sin embargo, yo he pasado sólo unos cuantos años

515

practicando austeridades y ya he abandonado. Lleno de remordimiento, el buscador se dio media vuelta y retomó su práctica.

Al cabo de unos años, se sintió de nuevo decepcionado y el *sadhak* (buscador espiritual) abandonó su penitencia. Cuando se dirigía a la ciudad, vio a un hombre que frotaba una piedra de granito con una pluma. De nuevo, sorprendido, le preguntó a aquel hombre qué es lo que hacía. Éste le respondió: "Estoy puliendo el granito". El buscador pensó: "A este ritmo, ¡tardará cien años! Pero, ¡con cuánta alegría y paciencia lo está haciendo!" El *sadhak* consiguió coraje y volvió a su camino ascético.

Algunos años más tarde, abandonó de nuevo. En el camino, se encontró con un perro moribundo, cubierto de llagas. El perro no había comido hacía días e intentó morder al hombre, pero ni siquiera tenía fuerzas para levantarse. El *sadhak* sintió tanta piedad por él, que cortó un trozo de su propia carne y se la dio a comer al perro. Después, al ver los gusanos que infectaban las llagas del pobre animal, los retiró tiernamente con su lengua para no hacerle sufrir.

En aquel momento, el Señor se presentó de pronto ante él. Bastante sorprendido, el *sadhak* le dijo: "Señor, aunque he practicado austeridades durante todos estos años, no he conseguido obtener tu visión. ¿Porqué me concedes tu *dharsan* en este momento?" El Señor le respondió: "Antes, tú hacías austeridades por tu propio interés, pero ahora, cuando has visto al perro, has abandonado tu egoísmo y has amado a ese perro, olvidando incluso tu propio cuerpo. Sentiste el hambre y el dolor del perro como si fueran los tuyos propios, de ti mismo. Yo he estado siempre dentro de ti, pero hasta ahora tú sólo mirabas a tu ego, no a Mí. En éste momento, por primera vez, has estado mirando dentro de tu alma, por lo que ya no he podido seguir ocultándome."

Para un buscador espiritual es indispensable tener un *Guru*. Si un niño se aproxima a un pantano, su madre le hará ver el peligro y lo alejará de allí. De igual forma, el *Guru* dará las instrucciones adecuadas cuando sea necesario. Su atención estará siempre puesta en el discípulo. (M.S.1)

* Lo más importante es la unidad entre la gente, una comprensión mutua, la humildad y la capacidad de perdonar y olvidar. Esos son los valores que representa un *ashram*. También dice Amma que si no hay unidad ni una adecuada comprensión entre los devotos, la misma idea de creación de un *ashram* carece de sentido.

Para Amma, sus hijos lo son todo. El corazón de Amma desborda cuando los ve crecer espiritualmente. Hijos, lo que necesitáis ahora es practicar espiritualmente. Esas prácticas os permitirán eliminar el ego. La disciplina es indispensable. Sin ella no podremos alcanzar la meta. (M.D.1)

* Si tenéis una fe total, ella es, en sí misma, la realización. No estáis todavía ahí. Debéis intentar alcanzarla y hacer vuestra *sadhana*. Para curarse no basta con tener confianza en la medicina, sino que también tendremos que tomarla. (M.M.2) *Ver Dios*

* Establece una cita con Dios todos los días y procura que esta cita sea tu máxima prioridad.

Lee cada día un texto que contenga las enseñanzas del *Guru*.

Establece un programa para tu *sadhana* y síguelo con regularidad. (M.S.2) *Ver Actitud*

* Hijo, una persona que tiene fe en la Madre realizará su *sadhana* siguiendo Sus instrucciones. Esa persona vivirá sin errar lo más mínimo. ¿Cómo vas a curar tu enfermedad, si sólo crees en el médico y no tomas las medicinas? (M.M.2)

* A través de una práctica constante, todos podemos desarrollar cualidades espirituales. La *sadhana* debe ser realizada de una manera correcta. No seáis perezosos, ni perdáis un solo instante. (M.J.2)

* Por eso Amma aconseja hacer algún voto una vez a la semana. Ese día nos deberíamos comprometer a no sentir ira y a mostrar tanto amor, compasión y paciencia como nos sea posible. Así, si uno de nuestros compañeros de trabajo se equivoca, podremos aconsejarle y corregirlo amablemente, y no de una forma airada. También seremos capaces de afrontar, de manera tranquila, los problemas que surjan en nuestra casa.

A través de la observancia de estos votos y de otras prácticas espirituales, iremos dominando nuestra mente y desarrollaremos la capacidad de observación. (M.J.2) *Ver Mente*

* "La meta de la vida es la realización de Dios. Esforcémonos por conseguirlo".

Amma continuó con la lectura de 14 instrucciones, pero previamente dijo: "Si un aspirante espiritual es sincero y sigue estas instrucciones, llegará a la realización de Dios en esta misma vida. Pero Amma no fuerza a nadie. Un aspirante sincero debe intentar poner en práctica estos puntos en su vida diaria. Debe conseguir que se integren en todos sus actos."

14 Instrucciones para el Crecimiento y el Florecimiento Espiritual

1. Cuando te preguntes: "¿Qué debo hacer?", piensa en como tus acciones pueden ser útiles a la humanidad.

2. Se puede medir el progreso conseguido a través de nuestra capacidad para mantener un espiritu equilibrado y sereno ante la alabanza y la humillación, el honor y el deshonor, halagos y críticas.

3. La comunicación empieza cuando se comprende total-mente el punto de vista del otro.

4. Si no puedes hablar con amor y respeto, espera hasta que te sea posible.

5. Cuando hieres a alguien, hieres a todo el mundo y a ti en particular.

6. Si alguien se está comportando de una forma ofensiva según tu parecer, reflexiona y observa las veces en las que has actuado así hacia los demás o hacia ti mismo.

7. Establece una cita con Dios todos los días y procura que esta cita sea tu máxima prioridad.

8. Entrena y ejercita para liberar al pensamiento de los objetos de los sentidos.

9. Equilibra tu vida entre Hatha, *Karma*, Jnana y Bhakti Yoga.

10. Un exceso de palabras mantiene la actividad mental y asfixia la sutil voz interior de Dios.

11. Lee cada día un texto que contenga las enseñanzas del *Guru*.

12. Establece un programa para tu *sadhana* y síguelo con regularidad.

13. Obtén provecho de la quietud de las primeras horas del día para la plegaria y la meditación.

14. Cuando ofendas o hieras a alguien, no te limites a pedir excusas, comprométete a no volver a cometer un acto así hacia ninguna otra persona. (M.S.2)

✳ Podéis alcanzar la meta si realizáis las acciones de forma des-interesada y se lo dedicáis todo a Dios. Un buscador tendría que mantenerse firmemente unido a la meta. No dejéis de practicar *sadhana* cuando os sintáis decepcionados o frustrados. Continuad siempre con la máxima perseverancia. (M.D.2)

* Aquellos que hacen *sadhana*, con una justa comprensión de los auténticos principios y lo abandonan todo a Dios no tienen necesidad de hacer plegarias ni de llevar a cabo *pujas* especiales para curar su enfermedad o remediar sus sufrimientos, pues esas almas aceptan el placer y el dolor como la voluntad de Dios. (M.D.2) *Ver Entrega*

* Los niños aprenden utilizando imágenes. Al ver el dibujo de un loro o una paloma, los nombramos y enseñamos a los niños a reconocerlos. Conviene hacerlo mientras son niños, pero, una vez se hacen adultos, esta práctica no es necesaria. De igual manera, para ayudar a la gente a fijar su espíritu en la Conciencia divina, son necesarios instrumentos como las imágenes. Cuando progresamos en nuestra *sadhana*, la mente aprende a permanecer concentrada sin el soporte de esos instrumentos. (M.D.2) *Ver Mente*

* Una vez que se enciende una lámpara, ésta se limita a iluminar, y una vez que se abre una flor, inevitablemente desprende su fragancia. De igual manera, cuando vuestro corazón se abre a la divinidad, la paz y la compasión surgen espontáneamente en vosotros como si fueran vuestra propia sombra. (M.D.2)

* Para que una semilla germine debe sembrarse bajo la sombra de un árbol. Cuando se convierte en retoño hay que trasplantarlo. En caso contrario, no crecerá adecuadamente. De la misma manera, un aspirante debe quedarse con su *Guru* durante algún tiempo, por lo menos unos dos o tres años. Después, deberá practicar su *sadhana* en un lugar solitario. Esto es necesario para su crecimiento espiritual. (M.J.3) *Ver Devoción*

* La finalidad de la práctica espiritual es la de desarrollar un corazón desbordante de amor hacia los demás seres. (M.J.3)

* Era ese maravilloso momento, casi al final del *darshan*, ya de madrugada, cuando la gente se acerca al estrado y Amma se pone a conversar con los que están a su alrededor. Esta vez se hablaba sobre los "acharas": lo que conviene hacer y no hacer en nuestra práctica espiritual. ¿Cuáles son las reglas? ¿Cómo deberíamos actuar?

Una mujer, que estaba junto a Amma, le planteó una pregunta sobre cómo y dónde deben mostrarse las fotos de la Madre. Parece ser que tenía una foto de Amma en su aseo y un amigo le había recriminado: "¿Cómo puedes tener una foto de Amma en el mismo lugar en el que la gente va a hacer sus necesidades? ¡Es totalmente irrespetuoso!".

La respuesta de Amma fue bien sencilla: "Hija, Dios es omnipresente. Si Dios está en todas las personas y cosas, no se puede decir que haya un lugar en el que Dios no esté. ¿Cómo va a ser incorrecto colocar una foto de la Madre allí donde queramos recordarla?"

Otro devoto quería saber sobre *pujas y homas*, y también sobre el recitado de los nombres de Dios: "Se dice que debería ser recitado el *Sahasranama Archana* (sagrados nombres de la Madre, en su aspecto divino, en los textos védicos) sólo por la mañana y el *Sahasranama Stotra* (serie de nombres sagrados recitados de forma continua) sólo por la tarde. ¿Es así, Amma?"

De nuevo, la respuesta de la Madre fue bien sencilla: "Hijo, ¿acaso crees que un niño llamará a su madre "Ma" sólo por las mañanas, y "Amma" por las tardes? Y si es un bebé ¿no se pondrá a llorar cuando tenga hambre y quiera leche? Una madre no someterá a su bebé a un horario estricto."

En su inimitable manera Amma retomó su última frase haciendo un ligero parpadeo de ojos. "Quizás, en estos tiempos, en los que la mujer tiene que trabajar fuera del hogar, las madres tengan que alimentar a sus bebés de acuerdo con un horario." La gente se mostró de acuerdo, pero con cierta tristeza. A continuación, Amma completó su pensamiento: "Pero ese no es el modo de actuar de Devi. Desde luego, no sólo hay que permitir, sino animar siempre a que se rece, en la forma que sea, y en cualquier momento y lugar." De hecho, tal como mencionó Amma, el baño puede ser un lugar adecuado y tranquilo para meditar, allí nadie nos molesta ni nos distrae. Sólo hay unas pequeñas limitaciones: por ejemplo, en la primera hora u hora y media después de comer, no se debería meditar centrando nuestra atención en el entrecejo. Esas limitaciones son por nuestro bien, ya que si lo hacemos podríamos sentir náuseas. Estas reglas no han sido propiciadas ni propuestas por ninguna deidad. Por tanto, está bien pensar en Dios o rezar durante ese tiempo después de la comida. En realidad, cada pensamiento y cada acción de un aspirante espiritual tendrían que ser una ofrenda a la divinidad, al margen del tiempo y el lugar.

Desde luego, está bien mantener un horario y observar los *acharas*. Una cierta disciplina espiritual nos ayudará para que no nos olvidemos de hacer nuestra práctica. Pero estas reglas están para beneficiarnos, no proceden de Dios. Lo más importante, como dice siempre Amma, es la intención sincera. (M.D.3)

* La vida y el amor son tan inseparables como una palabra y su significado. Darse cuenta de que la vida es amor, y trabajar con esa conciencia en todo momento, constituye la meta de la *sadhana* (práctica espiritual). (M.D.3) *Ver Amor*

* Cuando la mente se vuelva pura y sutil a través de la práctica espiritual, seremos capaces de recordar nuestras vidas pasadas. (M.M.5) *Ver Karma*

* Algunas personas son alérgicas a ciertos medicamentos. Por tanto, hay que analizar si corren riesgo de alergias antes de tomarlos. De manera parecida, algunas prácticas espirituales no son apropiadas para ciertas personas. Si llevan a cabo esas prácticas, puede que no duerman o algunos pueden volverse violentos. Por tanto, si no tenemos cuidado, pueden ser muy peligrosas. Pero los bhajans, las oraciones y la recitación del Nombre del Señor no crean problemas. Cualquiera puede practicarlos. Pero deberíamos ser especialmente cuidadosos con la meditación. Esa es la razón por la que todo *sadhak* (aspirante espiritual) necesita la ayuda de un *Guru*. Cuando se lanza un cohete, se necesita un propulsor para traspasar el campo gravitacional. De igual manera, para progresar en las prácticas espirituales es vital el apoyo directo del *Guru*. (M.J.5) *Ver Orar*

* Las prendas y el calzado que llevan niños, mujeres y hombres en cada época, guarda relación con el clima de sus respectivos países, con sus tallas y su estilo personal. Una vez elegido un camino, deberíamos mantenernos atentos para permanecer firmemente en él. Los que siguen varios senderos no irán a ninguna parte. Tened presente que, sólo tras una adecuada consideración, se debería seguir un camino. (M.M.6) *Ver Actitud*

* "Meditar y hacer práctica espiritual no sólo significa que nos sentemos con los ojos cerrados en la postura de loto. También significa hacer servicio desinteresado a los que sufren, consolar a los apenados, sonreír a alguien y decirle palabras amables." (M.D.6)

* Un buscador espiritual debería ser como un león por fuera, y como una flor por dentro. Su corazón tendría que ser como una flor que se abre y nunca se mustia. Ser bravo y fuerte como un león. De ese modo será capaz de guiar al mundo. No obstante, mientras hagáis práctica espiritual, es preciso que seáis como los más modestos sirvientes.

Un buscador debería asumir la actitud de un mendigo, que pide comida y no se cansa de andar buscándola, aunque no se la den o incluso le insulten. Con esta actitud, progresaréis.

Hijos míos, sólo una persona con coraje puede ser paciente. La actitud de mendigo durante vuestra práctica espiritual os ayudará a reforzar vuestro coraje. La semilla del coraje sólo brota en la tierra de la paciencia. (M.J.7)

Samskara

* Un mosquito no obtendrá más que sangre de la ubre de la vaca, aunque ésta esté llena de leche. No tiene sentido que el mosquito se queje por no conseguir leche. Lo que obtiene está determinado por su *samskara*, su naturaleza innata. (M.S.1) *Ver Actitud*

* *En cierta ocasión un discípulo le preguntó a Amma: "¿Cómo podemos cultivar el ideal de "tyaga"?*

Amma le contestó: "En la etapa inicial, *tyaga* se practica en pequeños actos de la vida cotidiana. Entonces ese *samskara* crecerá en nosotros y tal vez nos convirtamos en auténticos *tyagis*. Por ejemplo, puede que veas a un hombre llevando una pesada carga sobre su cabeza, y sin que te lo pida, puedes acercarte a él y echarle una mano. Esto podría ser un acto de *tyaga*. O imagina que estás cansado de realizar un trabajo manual desde hace rato, y el trabajo no ha terminado. En lugar de abandonar el trabajo de golpe, sigues un poco más. Si es posible, concluyes tu trabajo, pues siempre es mejor terminarlo. Ese sería otro ejemplo de *tyaga*. O imagina que tienes la costumbre de dormir un número determinado de horas. Reduce un poco la duración del sueño y utiliza el tiempo para meditar o hacer algún servicio. También puedes durante las horas diurnas compensar el tiempo que se pierde al dormir. O cuando has estado sentado meditando durante un tiempo y tus piernas empiezan a sentir dolor, en lugar de abandonar la meditación, permanece en la misma postura y continúa meditando un poco más.

Estos actos atraerán la Gracia del *Guru* y Él te transmitirá su gran fuerza para avanzar a través del sendero espiritual. A través de estos actos de *tyaga* serás capaz de expandir tu mente, ser más altruista y superar las limitaciones que se te presenten por la identificación del ser con el cuerpo y la mente. (M.S.1)

❋ *"Amma, ¿cómo podemos servir al mundo?*

"Actualmente, la gente anda perdida al desconocer el significado de nuestra cultura. Deberíamos hacerles ver cual es el auténtico *samskara*. Innumerables personas sufren pobreza, tanto material como espiritual. Tendríamos que intentar eliminarla. (M.M.2) *Ver Seva*

❋ Así que, mientras se revisa el servicio a los pobres, la Madre pone todos sus esfuerzos en intentar despertar y activar el *samskara* (la palabra *samskara* se refiere aquí a despertar la correcta comprensión –conocimiento- en una persona, que le conduce a la mejora de su carácter) correcto en ellos. El *samskara* es lo fundamental y es esencial enseñarlo a la gente. Nuestra educación debería estar orientada hacia ello. *Samskara* y servicio deberían ir unidos. Sólo entonces puede ser fructífero cualquier trabajo. Aunque esta es una ardua tarea, mis hijos del *ashram* están totalmente entregados a este servicio. (M.J.6) *Ver Actitud*

❋ El *Guru* aconseja a cada uno según su *samskara* (rasgo de personalidad condicionado a lo largo de múltiples vidas; la propia manera de ser, que se manifiesta como pautas de conducta o tendencias mentales latentes). Puede ofrecer dos consejos diferentes a dos personas en idénticas circunstancias. Es absurdo que el discípulo se pregunte: "¿Porqué el *Guru* no me aconsejó como al otro?" Él conoce la mejor manera de guiar al discípulo en cada situación, mejor que el propio discípulo. Por eso, la manera más fácil de alcanzar la meta es obedeciendo al *Guru*. (M.D.7) *Ver Actitud*

Seres humanos

* Hoy en día somos conscientes de proteger nuestro medio natural, y eso es desde luego esencial. Sin embargo, no solemos preocuparnos de la contaminación que crean los pensamientos y las acciones negativas en la atmósfera y en la conciencia de la humanidad. La contaminación interior de la mente es en sus diversas formas mucho más letal que la contaminación química, ya que tiene el poder de destruir la humanidad en cualquier momento. En consecuencia, necesitamos purificar nuestra atmósfera mental. (M.D.0) *Ver Religión*

* Tender la mano a un alma abandonada, alimentar al hambriento, dirigir una sonrisa compasiva al triste o desanimado, ese es el auténtico lenguaje de la religión. Deberíamos invocar la compasión de DIOS para que descienda sobre nuestros corazones y manos. El vivir únicamente para uno mismo no es vida, sino muerte. (M.D.0) *Ver Religión*

* Este mundo nos pertenece. Depende de nosotros que sea un paraíso o un infierno. (C.6)

* Esas actividades constituyen la auténtica *pada puja*. Queridos hijos, el Átman, el Ser, no conoce el nacimiento, ni la muerte. La noción de "yo he nacido" debe morir. Ese es el propósito del nacimiento humano. (M.M.1) *Ver Seva*

* Nosotros somos tan solo visitantes en este mundo. Este cuerpo se parece a una vivienda de alquiler. Una persona que vive en una casa de alquiler no reivindica ningún derecho sobre ella. El inquilino tendrá que abandonar la vivienda al cabo de cierto tiempo. De igual modo, este cuerpo es como una casa de alquiler. El Ser que habita en esta casa no está sujeto a ella. Llegará un momento en que todos tendremos que abandonar esta casa, sin compromiso. Cuando llegue nuestra hora, no servirá de nada exclamar: "¡Oh, no! ¿Por qué tiene que ser en este momento? ¿No podría ser más tarde? Por favor, concédeme un poco más de tiempo", pues nadie nos prestará atención.

Cuando llegue el momento de partir, deberíamos abandonar esta morada como si se tratara de un juego, riendo gozosamente, en lugar de llorar o lamentarse de dolor. Por ello es importante la práctica de la ciencia de la espiritualidad.

En cierta ocasión, una persona fue a ver a un Mahatma. Al ver el lugar totalmente vacío de muebles, el hombre le dijo al maestro: "No tienes ningún mueble en tu habitación".

Él le respondió con esta pregunta: "¿Quién eres tú?"

"Soy un visitante", contestó el hombre.

"También lo soy yo. ¿Para qué voy a cargar con objetos inútiles?" (M.S.1)

* A menudo vemos que no es posible elegir en cuestiones esenciales. No podemos elegir, por ejemplo, a nuestros padres o las circunstancias de nuestro nacimiento. (M.J.2) *Ver Entrega*

* Nosotros no somos el cuerpo. Deberíamos saber que la Verdad está en nosotros. Mientras la busquemos fuera, no la encontraremos. Miremos hacia dentro. Cuando veamos a Dios en nuestro interior, entonces lo veremos en todo. (M.D.2)

* Hijos, es el cuerpo el que viene y va, el Ser permanece inmutable. Desde su nacimiento, Amma sabía que sólo Dios era la Verdad y que todo lo que ella veía no era real. Ella podía ver su propio reflejo en cada objeto, como si se tratara de un espejo. (M.M.4)

* Precisamos el cuerpo para que se manifiesten las más altas cualidades. En realidad, el amor no tiene forma. Sólo cuando el amor fluye constantemente a través de una persona, adopta una forma y es, entonces, cuando podemos llegar a sentirlo. (M.M.4)

* Todo lo que es percibido externamente en este universo, existe realmente dentro de nosotros mismos. (M.S.4)

* Todos somos primero que nada seres humanos, miembros de la misma familia global. Sólo después llegamos a ser miembros de una religión o de un país. Bajo ninguna circunstancia nuestro vínculo religioso, social o nacional debe hacernos olvidar nuestros valores humanos básicos.

Nadie es un ser aislado, todos estamos unidos a la gran cadena de la vida. Consciente o inconscientemente, cada acción que realizamos tiene un efecto sobre los demás. Las vibraciones de alegría y dolor, así como los buenos o malos pensamientos que emanan de cada ser humano, impregnan por entero este universo, afectando a cada uno de nosotros.

Todo este cosmos existe en un estado de mutua dependencia y apoyo.

Vivir de acuerdo con este principio de armonía universal es lo que se conoce como *dharma*. El sufrimiento de cada ser vivo en este mundo es nuestro propio sufrimiento y la felicidad de cada ser vivo es nuestra propia felicidad.

No podemos dañar ni siquiera a la más pequeña hormiga sin hacernos daño a nosotros mismos. Al dañar a los demás, nos dañamos a nosotros mismos. De igual forma, cuando ayudamos a los demás, también nos estamos ayudando a nosotros mismos. (M.D.4)

* En el pasado, el mundo externo estaba repleto de bosques. La gente iba al bosque a hacer penitencia. Al destruir los bosques, el ser humano ha hecho que crezcan en su interior, bajo la forma de ignorancia. (M.D.4)

* La mente llena de pensamientos es ignorancia. La misma mente desprovista de pensamientos es *Atman*, el Ser. Las personas están tan identificadas con el cuerpo que han perdido su identidad con la Realidad, el Principio Esencial. (M.M.5)

* Ten siempre en cuenta que la Madre es omnipresente. Ten fe en que el Ser de la Madre y tu Ser son Unidad. Ten la convicción de: "yo soy espiritualmente fuerte"; "todo está en mi interior". Todos los seres humanos dicen "yo". Comprende, por tanto, que ese "Yo" es el mismo en todos. (M.J.5)

* No necesitamos imponer la paz o la paz de la muerte. Sólo cuando todos los seres humanos vivan de acuerdo con su *dharma*, habrá armonía en el mundo. Sólo cuando los seres humanos sean capaces de percibir y reconocer el Ser en cada prójimo, podrá haber auténtica paz. (M.J.5) *Ver Amor*

* En este momento, nos hemos olvidado de que ese amor es nuestra naturaleza esencial, y esa es la razón por la que surgen todos nuestros problemas.

Supongamos que decimos una mentira y que para mantenerla seguimos diciendo mentiras. De modo parecido, tuvimos una primera noción equivocada al pensar de algún modo que: "yo soy el cuerpo". De hecho, la conciencia es nuestra auténtica naturaleza, pero esta primera noción equivocada fue seguida por una serie de nociones equivocadas y, por tanto, nos hemos olvidado de nuestra naturaleza esencial.

Nuestra auténtica naturaleza es amor. Nos hemos olvidado de ella al pensar y sentir que: "yo soy el cuerpo". Así malgastamos nuestras preciosas vidas. (M.D.5) *Ver Amor*

* Nuestras vidas están íntimamente unidas a la Naturaleza. Cualquier pequeño cambio en la Naturaleza afecta a nuestras vidas. De igual modo, los pensamientos y las acciones de los seres humanos tienen su efecto en la Naturaleza. Cuando se pierde el equilibrio de la Naturaleza, también se pierde la armonía de la vida humana, y viceversa. (M.D.5)

* Este mundo es una representación teatral. Cada uno de nosotros está para representar un papel en ella. Esto es lo que aprendemos de la vida de Krishna. Aunque alguien pueda adoptar distintos papeles en una obra, sigue sin embargo siendo el mismo. De manera parecida, deberíamos saber que somos el Ser mientras realizamos diferentes acciones en diferentes situaciones. No deberíamos perder nuestro sentido del desapego. Esto es la espiritualidad. Esta es la lección que podemos aprender de Krishna. (M.J.6) *Ver Actitud*

* *¿Cuál es su respuesta ante los problemas ecológicos actuales?*

La conservación de la naturaleza sólo es posible si los seres humanos toman conciencia de que ellos también son parte de la Naturaleza. Con nuestra actitud actual explotamos la Naturaleza indiscriminadamente. Si continuamos por este camino, la humanidad acabará siendo destruida. (M.S.6) *Ver Actitud*

Seva

* Cuando sirves al mundo desinteresadamente estás sirviendo a la Madre misma. (C.2)

* *Seva* significa que nuestras palabras, sonrisas y acciones van acompañadas de amor. (C.3)

* Hijos míos, Amma no tiene aniversario. A Amma no le interesan estas celebraciones. No obstante, Amma se alegra al ver que, con motivo de estas celebraciones, todos sus hijos se reúnen y ruegan a Dios por la felicidad del mundo, y llevan a cabo actividades de servicio desinteresado para mitigar el sufrimiento de la humanidad. (M.S.0)

* Si en cada aldea, al menos dos jóvenes estuvieran dispuestos a servir al mundo, tomaran la iniciativa de realizar actividades desinteresadas y se dedicaran a extender conocimientos espirituales, el mundo cambiaría a mejor. (M.D.0)

* Queridos hijos:

Acabáis de realizar el ritual de adoración a los pies de la Madre (*pada puja*). Amma ha permitido que lo llevéis a cabo para veros felices. Si lo que realmente deseáis es la felicidad de Amma, dedicaos a las actividades de servicio desinteresado para dar consuelo y paz a los que sufren, a los que están inmersos en el dolor. Eso es lo que realmente alegra a Amma.

Esas actividades constituyen la auténtica *pada puja*. Queridos hijos, el Átman, el Ser, no conoce el nacimiento, ni la muerte. La noción de "yo he nacido" debe morir. Ese es el propósito del nacimiento humano.

¿Porqué entonces, Amma ha permitido esta celebración?

Porque Amma se siente feliz al ver a todos sus hijos reunidos aquí, repitiendo el nombre de Dios. Estas ceremonias comunitarias tienen su importancia en sí mismas. Por otro lado, al ver a sus hijos alegres, Amma también se siente feliz. Hoy celebramos el día del *tyaga* (auto-sacrificio). Aquí no disfrutáis del confort de vuestros hogares. Renunciando al sueño y al descanso, os esforzáis y sudáis por amor a Amma. Participáis en actividades que darán consuelo a los que sufren y los reconfortarán. Hijos míos, gracias a estas actividades, el Ser se revelará en vuestro interior. Es cierto que con el dinero empleado en esta celebración, podríamos haber ayudado a los pobres, pero en el mundo actual, no siempre es posible evitar estos gastos. Cuando se hacen joyas de oro, es necesario añadir algunas partículas de cobre. Para elevar el grado de conciencia de la gente, es necesario colocarse a su nivel. Si Amma ha cometido algún error, os ruega que la perdonéis. (M.M.1)

* Vive el momento presente. Aprende a llevar a cabo tus acciones sin ningún apego e ignora el fruto del futuro. Siempre que estés haciendo algo, trata de ser consciente. Si estás vigilante, notarás la carga innecesaria de los pensamientos negativos que transportas. Ese estado de alerta te hará libre. (M.M.1) *Ver Amor*

* Cualquiera que sea la actividad que estéis realizando, recitad vuestro *mantra* o reflexionad sobre las Enseñanzas védicas, o bien, sobre las verdades espirituales que habéis adquirido. En la atmósfera del *ashram* conviene estar muy vigilantes. El servicio desinteresado y la repetición del *mantra* son suficientes para alcanzar la meta. Sin estas dos cualidades, no llegaréis a vuestro objetivo, por lo que os conviene realizar grandes austeridades. Hacer ejercicios espirituales sin dedicarse al servicio desinteresado, es como construir una casa sin puertas. Tened coraje y no estéis ociosos. (M.D.1)

✱ *"Amma, ¿cómo podemos servir al mundo?*

"Actualmente, la gente anda perdida al desconocer el significado de nuestra cultura. Deberíamos hacerles ver cual es el auténtico *samskara*. Innumerables personas sufren pobreza, tanto material como espiritual. Tendríamos que intentar eliminarla. Si no tenemos alimentos para dar a los que están hambrientos, tendríamos que buscarlos. Eso es lo que significa la auténtica fuerza. No deberíamos hacer *tapas* (austeridades) sólo para lograr nuestra propia liberación, sino para conseguir la fuerza necesaria para servir al mundo. Cuando nuestra mente alcanza esa compasión, la realización de Dios viene a continuación. Podemos alcanzar nuestra meta más rápidamente a través de un servicio compasivo hacia los demás, y no sólo por medio de *tapas*. *(Riendo)* Pues, ¿qué sentido tiene que alguien tome asiento por ahí, medio dormido, diciendo que hace *tapas* y sin servir a nadie?

Hijos míos, si decís que no podéis hacer servicio, que sólo deseáis la liberación, ¡tenéis que demostrar esa clase de intensidad! Aquellos que tienen esa clase de anhelo no dejan pasar ni un solo momento sin pensar en Dios. Comer o dormir no significa nada para ellos. Sus corazones siempre están afligidos por Dios.

"Hijos míos, si mantenemos una actitud desinteresada, progresaremos. Al ayudar a los demás nos estamos, de hecho, ayudando a nosotros mismos. Y, por el contrario, cada vez que hacemos una acción interesada, nos dañamos a nosotros mismos. Aprended a alabar a todos. Nunca maldigáis a nadie, pues un ser humano no es sólo un puñado de carne y huesos. Hay una conciencia que actúa dentro de cada uno. Esa conciencia no es una entidad separada o aislada, forma parte de la totalidad, de la Unidad Suprema. Cualquier cosa que hagamos se refleja en la Totalidad, en la Mente universal única. Siempre vuelve a nosotros con la misma intensidad. Cuando hacemos una buena o mala acción se refleja en la Conciencia Universal. Por tanto, aprended a ser desinteresados y aprended a alabar a los demás. Orad por todos, pues necesitamos el apoyo y las bendiciones de toda la creación para elevarnos espiritualmente.

Cuando rezamos por los demás el universo entero reza por nosotros, y cuando bendecimos a los demás, todo el universo nos bendice, pues el hombre es uno con la energía cósmica." (M.M.2)

* La acción realizada con un espíritu desinteresado es muy superior a la acción con fines egoístas. Un ser que actúa movido por el ideal de sacrificio está menos apegado a la acción y más al ideal. Esta actitud generosa tiene una belleza intrínseca. A medida que la Gracia y la alegría de la acción desinteresada se intensifican, os situáis, cada vez con más fuerza, en un estado en el que la abnegación y la meditación surgen de forma natural. (M.J.2) *Ver Esfuerzo*

* Podéis alcanzar la meta si realizáis las acciones de forma desinteresada y se lo dedicáis todo a Dios. Un buscador tendría que mantenerse firmemente unido a la meta. No dejéis de practicar *sadhana* cuando os sintáis decepcionados o frustrados. Continuad siempre con la máxima perseverancia. (M.D.2)

* Uno no debería considerar el servicio a los demás como un esfuerzo pesado, sino como una oportunidad dada por Dios. También deberíamos servir a la sociedad con la misma actitud. Deberíamos poder ver estas acciones como una ofrenda a Dios y sentirnos satisfechos. (M.D.3)

* La acción no tendrá el perfume y la belleza del servicio desinteresado si nos mostramos orgullosos de lo realizado. (M.M.4)

* Tendríamos que ser capaces de hacerlo todo con amor y sinceridad. La oportunidad de amar y servir a los demás, debería considerarse un alto privilegio, una bendición de Dios. Mostrémonos felices y agradecidos con Él por darnos esa oportunidad. (M.M.4)

* "Un discípulo puede tener una actitud posesiva hacia su *Guru*, y tal vez no le resulte fácil destruirla. Es posible que algunos deseen hacer una continua demostración de su amor por el *Guru*, y que lleguen a injuriar al *Guru* o a abandonarlo cuando sientan que no lo están consiguiendo. Si uno quiere el amor de su *Guru*, debe servir a los demás desinteresadamente" (M.M.4)

* Cuando hablamos de un auténtico maestro, no nos referimos a un ser individual, sino a la Divina Conciencia, la Verdad. El maestro impregna el universo en su totalidad. Es necesario que entendamos eso, si queremos avanzar espiritualmente. Un discípulo nunca debería apegarse al cuerpo físico del maestro. Deberíamos ensanchar nuestra visión de forma que veamos a todos los seres, animados e inanimados, como el maestro; y servir a los demás con devoción. (M.M.4)

* A través de este lazo de unión con el maestro, adquirimos una mayor amplitud de miras. La mente del discípulo que va madurando mientras escucha las palabras del maestro y observa sus obras, se eleva hasta ese plano de visión sin que el discípulo sea consciente de ello. Por otro lado, el trabajo que realiza una persona para satisfacer su deseo de estar junto al maestro, por puro egoísmo, no es auténtico servicio. (M.M.4)

* El cuerpo tendrá que perecer tanto si trabajamos como si no hacemos nada. Por tanto, en lugar de oxidarnos sin hacer nada para la sociedad, es mejor agotarse haciendo buenas acciones.

Si tuviéramos, al menos, algo de compasión en nuestros corazones, nos comprometeríamos a trabajar media hora extra cada día en beneficio de los que sufren. Esta es la petición que formula Amma. A través de esta actitud, Amma cree que surgirá una solución para resolver todo el sufrimiento y la pobreza del mundo. (M.D.4) *Ver Religión*

* Cuando actuemos deberíamos dejar a un lado nuestra individualidad limitada y ser conscientes de que somos parte del Espíritu Universal. Sólo entonces podemos llevar el amor, la compasión y la no-violencia a nuestras acciones. Es posible que pienses que no es fácil, pero aunque no podamos elevarnos a dicho estado, ¿no deberíamos al menos esforzarnos para amar y servir a los demás, y mantener esto como nuestra meta? (M.S.6) *Ver Actitud*

* "Meditar y hacer práctica espiritual no sólo significa que nos sentemos con los ojos cerrados en la postura de loto. También significa hacer servicio desinteresado a los que sufren, consolar a los apenados, sonreír a alguien y decirle palabras amables." (M.D.6)

* Al igual que el sol no necesita de la luz de una vela, Dios tampoco necesita nada de nosotros. Pero deberíamos ponernos al nivel de los pobres y necesitados, intentar entender su dolor y servirles de la manera que podamos.

Lo esencial del servicio desinteresado consiste en olvidarse de la propia individualidad y ver el dolor y el sufrimiento de los demás como propio. Cuando amemos a los demás, viéndonos a nosotros en ellos, no habrá lugar para el odio ni el miedo. Que la Gracia de Dios nos guíe a todos. (M.J.7) *Ver Actitud*

* *¿Cómo es que la felicidad viene de servir a los demás?*

Depende de la actitud mental de cada uno. Algunas personas se sienten tremendamente felices cuando dan o comparten algo con los demás. Pero hay otros que pueden sentirse un tanto tristes porque "he tenido que compartir esto con alguien". Depende de la actitud y constitución mental de cada uno. Pero para quien se ha dedicado al servicio a la humanidad, es como ofrecer una flor. Cuando ofreces una flor a alguien, una flor hermosa y fragrante, tú eres el primero que experimentas su dulce belleza y fragancia, y después la compartes con el otro. De esta manera te da felicidad sin que haya un motivo en particular y esto es así porque estás sirviendo desinteresadamente a los demás. Así podrás olvidarte de ti mismo. Ese es el servicio verdadero, cuando eres capaz de olvidarte de ti y ofrecerte completamente al otro.

Imagina que alguien lleva varios días pasando hambre y tú le ofreces comida. Cuando lo miras como come y ves su satisfacción, como sacia su hambre, sientes una enorme alegría por haberle podido ofrecer este servicio o este alimento. (M.S.7)

Shraddha

* Es el cuidado y la paciencia que demostramos en las pequeñas cosas, lo que nos conduce a los grandes logros (C.2)

* *¿Y si no puedes olvidar?*

Vive el momento presente. Aprende a llevar a cabo tus acciones sin ningún apego e ignora el fruto del futuro. Siempre que estés haciendo algo, trata de ser consciente. Si estás vigilante, notarás la carga innecesaria de los pensamientos negativos que transportas. Ese estado de alerta te hará libre.

Exacto. Así como un niño vive plenamente en el presente, cuando tú ames, deja que todo tu ser este presente en este amor, sin reservas ni divisiones. No hagas nada en forma parcial, hazlo todo con plenitud. (M.S.0) *Ver Amor*

* "Se trata de cumplir con nuestro *dharma* (rectitud) con la mayor *shraddha* posible. *shraddha* es una cualidad muy importante al inicio del camino espiritual. Es absolutamente esencial."

¿Qué es shraddha? ¿Es la fe en la posibilidad de trascender el ego en esta vida?

"*Shraddha*, es más que la fe en sí. Es la confianza y el amor. Para trascender el ego son necesarios los dos: la confianza en la existencia de una realidad superior, el amor hacia esa realidad y una ferviente aspiración para llegar a conocerla" (M.D.1) *Ver Ego*

* Hijos míos, cuando trabajéis, intentad sentir la presencia de Dios en todo. Imaginad que los que trabajan con vosotros irradian divinidad. Dios está llevando arena, Dios está pasando el cemento a Dios... Imaginad que todas las cosas están impregnadas de Dios: los albañiles, los utensilios de mezclar el cemento, todo lo que os

rodea. Intentad hacer el trabajo con esta sensación. De esta forma no malgastaréis vuestro tiempo. (M.J.2)

* Amma considera que todo puede ser útil. No desechéis nada. No desechar nada es *Shraddha*, y sólo si ponéis atención podréis progresar. (M.J.2)

* No debería suceder nada sin que seáis conscientes de ello. Estad atentos hasta del más mínimo pensamiento. (M.J.2)

* Nuestro proceso mental es tan sutil que resulta difícil mantener la atención y la vigilancia *(shraddha)* en cada uno de nuestros pensamientos. Las palabras y las acciones, sin embargo, se sitúan en un nivel más bajo y es más fácil observar con atención su funcionamiento. Cuando hablamos y actuamos sin *shraddha* generamos dolor y tristeza en nosotros. (M.J.2) *Ver Mente*

* Por esa razón Amma dice una y otra vez que cada una de nuestras acciones, cada palabra, cada mirada, incluso cada pensamiento deberían ser hechos, dichos y pensados con *shraddha,* (atención, conciencia) con mucho cuidado. Cada acción, palabra, mirada y pensamiento tiene sus propios efectos. Cada una de nuestras malas acciones y cada una de nuestras buenas acciones ejerce influencia y afecta a otros muchos. (M.M.7)

* La paz y el gozo que experimentará como consecuencia de su entrega le inspirará para mantenerse firme en ella. Al final, el discípulo estará listo para entregar su voluntad totalmente a la voluntad del *Guru*. De esta manera, los sinceros esfuerzos del discípulo despertarán al *Guru* en su interior. Para que esto ocurra, son necesarios *shraddha* (atención sincera a las palabras del *Guru*), paciencia, actitud de entrega y fe optimista. (M.D.7) *Ver Inocencia*

Sinceridad

* Un *sadhak* (discípulo) sincero recibirá, sin duda, la Gracia. La Madre lo afirma a partir de su propia experiencia. La sinceridad surge desde lo más profundo de vuestro corazón y no puede ser superficial. Algunos se muestran sinceros sólo de palabra, pero no en los hechos. Esas personas no recibirán la benevolencia de la Providencia ni la ayuda de la Divinidad, debido a su superficialidad.

Ningún *sadhak* sincero se extraviará por el camino, la Madre os lo puede garantizar. De un modo u otro se salvará. Dios o el *Guru* no pueden abandonar a un *sadhak* sincero. Al igual que una camada de polluelos está protegida bajo las alas de la madre gallina, los *sadhaks* sinceros tendrán siempre la protección y la Gracia del *Guru* o Dios. Allí donde estén, siempre estarán bajo las alas protectoras del Ser Supremo. (M.S.3)

* Desde luego, está bien mantener un horario y observar los *acharas* (lo correcto e incorrecto en la práctica espiritual). Una cierta disciplina espiritual nos ayudará para que no nos olvidemos de hacer nuestra práctica. Las reglas están para beneficiarnos, no proceden de Dios. Lo más importante, como dice siempre Amma, es la intención sincera. (M.D.3) *Ver Shadana*

* Un deseo sincero de alcanzar a Dios y ser humilde ante los demás son las cualidades que un discípulo debería tener. Despertad estas cualidades. Entonces, estaremos listos para recibirlo todo. Alcanzaremos la plenitud. Sin que nos demos cuenta, el conocimiento del Ser fluirá en nosotros y nos llenará. (M.D.7) *Ver Inocencia*

Sufrimiento

* *¿Cree que es posible alcanzar la felicidad?*

Estar contento y feliz depende únicamente de la mente, no de las circunstancias. En realidad la felicidad depende del dominio de uno mismo. Incluso el más sublime de los paraísos se transforma en un infierno si la mente está agitada, y viceversa.

Entonces, ¿hay solución al sufrimiento del mundo?

Por supuesto que la hay. El problema actual es que a la gente no le importan sus semejantes y al que le sobra es incapaz de dar. ¿Qué sucede realmente?

¿Qué?

Pues que la gente habla de Dios, pero no practica a Dios, no siente a Dios, en su interior. Dios, que es el amor, debe trabajar a través de nuestros ojos, de nuestras piernas, de nuestro corazón; a través de nuestros pensamientos y de nuestras acciones, y así acabaremos con todos los problemas y sufrimientos. (M.S.0)

* Hijos, amad a Dios. Si mantenéis vuestro amor por Dios, no tendréis que pensar en nada más. Ni la pena ni el dolor os afectarán. Si alguien afirmara: "Hace años que llamo a Dios, he visitado templos, he realizado *pujas* y, sin embargo, mi vida es un continuo sufrimiento." Amma le respondería: "Tú no has llamado a Dios durante todos estos años. Aunque hayas invocado su nombre, tenías otros pensamientos y otros deseos en tu mente. Aquel que ama a Dios no se ve afectado por el sufrimiento. Su vida entera está hecha de vida divina. De hecho, no tiene tiempo para preocuparse de problemas mundanos o de los sufrimientos que éstos

acarrean, pues se dedica enteramente a Dios y sólo contempla a su Bien-amado Señor en todo lo que le rodea. (M.M.1) *Ver Amor*

* No incrementéis vuestros sufrimientos compartiéndolos con otros. Contádselos a Dios e intentad superarlos. Si compartimos nuestras penas con el Ser Universal, obtendremos una Paz Eterna. (M.M.1)

* Queridos hijos:

Venid rápido...

¿Qué hay de nuevo? ¿Son felices todos mis hijos? Amma sabe que estáis tristes al pensar que os sentís alejados de Ella. Por este motivo Amma os pide que miréis en vuestro interior. ¿Acaso no saben mis hijos que todo lo que viene del exterior sólo produce sufrimiento? Buscar la felicidad en el exterior es como intentar remar un barco que está varado a la orilla de un río. Una cadena es una cadena, aunque sea de oro o de cualquier metal.

Om Namah Shivaya. (M.M.1) *Ver Felicidad*

* Si esperamos triunfar en todas las acciones que emprendemos, ese mismo deseo nos conducirá a los más grandes fracasos de nuestra vida. Amma no dice que no debamos desear el éxito, sino que la vida está llena de altibajos. Éxito y fracaso, alegría y sufrimiento (placer y dolor), van y vienen. Esa es la naturaleza misma de la vida sobre la que nosotros no tenemos ningún control.

La vida comprende tres factores: El "yo" o lo individual, el mundo y Dios. Nuestro contacto se produce sobre todo con el mundo, y muy rara vez nos acordamos de Dios. Muchos rezamos a Dios únicamente cuando aparece algún sufrimiento en nuestra vida, o bien cuando queremos que se cumplan nuestros deseos.

Las alegrías que podemos conseguir de este mundo son limitadas, mientras que sus sufrimientos son ilimitados.

La felicidad y el sufrimiento se van alternando sin cesar. (M.J.1) *Ver Felicidad*

* Dios está en el interior de cada uno y mora en el corazón. En cada instante de nuestra vida, Él nos habla con amor y dulzura. Sólo necesitamos tener la paciencia de saber escuchar. No ponemos atención a lo que nos dice su voz y este es el motivo por el que continuamente cometemos errores y sufrimos. Pero cuando estamos dispuestos a obedecer al Señor y vamos a Él con la actitud de un discípulo, con humildad, devoción y *shraddha (fe)*, nuestro Dios interior adopta el papel de *Guru* y nos guía, tomándonos de la mano. (M.S.1) *Ver Guru*

* La causa última de todas nuestras heridas emocionales es nuestra separación del *Atman*, que es nuestra verdadera naturaleza. Quien quiera consultar un psicólogo, puede hacerlo, no hay nada malo en ello. Pero abandonar la espiritualidad para tratar de reforzar el ego no hará nada más que perpetuar este sentimiento de separación y conducirnos a mayores sufrimientos. (M.D.1) *Ver Ego*

* Nuestra relación más fuerte debería ser con Dios. Si decidimos contarle nuestros sufrimientos, será con el fin de acercarnos a Él. Es nuestra fe y entrega total a Dios, o al *Guru*, lo que elimina nuestras penas, y no únicamente el expresarle nuestras dificultades. (M.M.2) *Ver Dios*

* La vida no es sólo fiesta y placer. También hay dolor y sufrimiento. (M.J.2) *Ver Entrega*

* Todos saben que la gente que fuma puede padecer cáncer. Los fumadores leen el aviso obligatorio que aparece en el paquete de tabaco: "el fumar perjudica la salud", pero siguen fumando. Si se ven afectados por el cáncer, adquieren conciencia al experimentar en sí mismos lo que ya sabían. Entonces dejan de fumar.

Esta conciencia no debería aparecer sólo como consecuencia del sufrimiento. Debería aparecer antes y estar presente en todas nuestras acciones. (M.J.2) *Ver Conocimiento*

* Ante las dificultades de la vida, en lugar de perder la fe, debemos sujetarnos fuertemente a los pies del Señor. Es propio de la naturaleza humana sentir júbilo y saltar de alegría cuando tenemos éxito. Pero, tan pronto aparece el dolor, nos hundimos como un barco. Amma nos dice que es necesario cambiar esa forma de reaccionar y ver, en el sufrimiento, el signo de la voluntad de Dios que nos pide que seamos más cuidadosos en nuestra vida. (M.S.2) *Ver Mente*

* Esforcémonos por vaciar la mente de pensamientos inútiles y llenemos nuestro corazón de amor. Esa es la solución a todos los sufrimientos y a la confusión general de la sociedad moderna. (M.S.2)

* "En verdad, las experiencias de la vida son nuestro propio *Guru*. Hijos míos, el dolor es el *Guru* que nos aproxima a Dios." (M.S.2)

* Debemos esforzarnos para resolver nuestros problemas. Pero se debe hacer desarrollando la devoción y humildad, y recordando que Dios es el poder motriz de todas nuestras acciones. Eso es lo que todas las grandes almas y todas las Escrituras nos enseñan. Aquellos que hacen *sadhana*, con una justa comprensión de los auténticos principios y lo abandonan todo a Dios no tienen necesidad de hacer plegarias ni de llevar a cabo *pujas* especiales para curar su enfermedad o remediar sus sufrimientos, pues esas almas aceptan el placer y el dolor como la voluntad de Dios. Pero aquellos seres corrientes que no son capaces de abandonarse totalmente a Dios, hacen bien en emplear remedios como la plegaria y la *puja*.

Si rezamos y hacemos una *puja*, no es con el fin de evitar el sufrimiento, sino de invocar la Gracia de Dios para encontrar la fuerza a fin de afrontar nuestro sufrimiento con coraje y superarlo. Las oraciones también contribuyen a purificarnos y a transformarnos. Los que rezan y efectúan *pujas* alcanzarán poco a poco, un estado de devoción desinteresada. Cada uno debe hacer lo que esté en su mano. Y si las dificultades persisten, aceptémoslas como la voluntad divina, sabiendo que son por nuestro bien. No perdamos nunca la valentía. No importa las dificultades que tengamos que afrontar, seamos siempre conscientes de que reposamos en el regazo de Dios, que estamos seguros en sus manos. Esta actitud nos ayudará a remontar cualquier situación difícil. (M.D.2) *Ver Entrega*

* El sufrimiento aparece a causa del deseo. Si a través del deseo se consiguiera la auténtica felicidad, hace ya tiempo que hubiéramos logrado el gozo de la liberación. (M.S.3)

* No es posible acercarse a Dios si no hay alguna clase de dolor. La espiritualidad no es para la gente perezosa. Las dificultades del mundo sutil son más duras que los sufrimientos del mundo exterior. (M.J.3)

* Cuanto más nos identifiquemos con una situación, mayor será nuestro sufrimiento. Pero si observamos cada situación como un testigo, nuestra fortaleza aumentará. Suponed que leemos en el periódico que un avión se ha estrellado, y que en él viajan nuestros hijos o parientes. Nuestro dolor nos impedirá leer la siguiente línea. Pero si en este avión no va nadie a quien conozcamos, nuestros ojos pasarán al siguiente artículo. (M.D.5) *Ver Orar*

* Cuando la Madre piensa en cómo remediar ese sufrimiento, espontáneamente toman forma en su mente determinadas actividades. Poco a poco van adquiriendo su forma definitiva.

La vida de la Madre fluye como un río. El río lava y limpia todo lo que entra en él. Esta es su naturaleza. (M.J.6) *Ver Amma: ¿Quién es?*

✳ Cuando viajáis con Amma, no siempre resulta fácil. Sentís un gran sufrimiento y se presentan muchas dificultades. Por tanto, deseáis abandonar. Tan pronto surgen las dificultades, uno desea ir a Benarés, otro a Hardwar o al Himalaya para hacer su *sadhana*. No sois conscientes del modo que opera un Mahatma en vosotros. No lo comprendéis y os sentís abatidos. Vosotros sois niños. Jugáis y reís conmigo, pero no comprendéis lo que Amma está haciendo. No sois conscientes de quién es Amma, realmente no queréis a Amma. (M.S.6)

✳ "La experiencia es una buena enseñanza para todos nosotros. El sufrimiento, hijos míos, es el aprendizaje que nos acerca a Dios". (M.D.6)

✳ Al igual que la oscuridad desaparece con la llegada de la luz, todos los sufrimientos desaparecen en el auténtico pensamiento de Dios. Dado que no habéis sido capaces de recordar a Dios, se produce dolor en vuestras vidas. (M.D.6) *Ver Amor*

✳ *Amma ¿qué papel juega el sufrimiento en nuestro mundo y en el camino espiritual?*

El sufrimiento, de hecho, puede servir como una luz en la oscuridad si lo entendemos adecuadamente. Si aprendemos a ahondar bajo la superficie de nuestras experiencias dolorosas, sin duda podemos obtener muchas lecciones maravillosas de ellas. En estos momentos, tenemos conocimiento pero no verdadera conciencia, no verdadera comprensión. No somos conscientes ni de nuestra cabeza. Sólo lo somos cuando nos duele.

El sufrimiento puede ser una verdadera inspiración en la vida. Por ejemplo, alguien corre a un lugar determinado. Salta y corre y hace todo tipo de acrobacias para llegar a ese lugar. Puede que caiga en un hoyo profundo en el camino pero eso no significa que deba quedarse allí para siempre. Eso puede ayudarle a entender que "puede que me encuentre con hoyos más profundos, así que tengo que tener más cuidado, estar más alerta". De la misma manera, imagina que me pincho con una espina en el pie. Eso quiere decir que debería ser capaz de entender que me puedo encontrar con espinas más puntiagudas o más venenosas en adelante y que debería tener más cuidado y atención.

El sufrimiento es una parte de la vida, de la cual podemos aprender mucho si tenemos una correcta comprensión, la actitud correcta. Esto no quiere decir que todo el mundo tenga que padecer dolor en la vida, pero estas experiencias son inevitables. Y podemos aprender muchas lecciones.

La mayoría de nosotros sabemos que el fuego está caliente y el agua fría. Pero mucha gente, si no toca y siente, sino experimenta el calor del fuego, no tiene una comprensión real o conciencia de él. Esa experiencia les ayuda a mantenerse a distancia del fuego. No se acercarán mucho a él porque es peligroso. De la misma manera, deberíamos conocer la naturaleza de las cosas del mundo, la naturaleza de los objetos del mundo y la naturaleza del mundo. (M.S.7) *Ver Actitud*

∗ Independientemente de lo que el *Guru* aconseje, lo primero que surgirá en la mente del discípulo será su propia voluntad. Actuará guiado por su mente y cometerá errores. Esta será la causa de su sufrimiento. Entonces verá claro que sólo obedeció a su propia voluntad y no a la del *Guru*. Discernir esto hará que el discípulo esté preparado para actuar según la voluntad del *Guru*. La paz y el gozo que experimentará como consecuencia de su entrega le inspirará para mantenerse firme en ella (M.D.7) *Ver Inocencia*

✽ Padecemos muchos sufrimientos en la vida. Una de las razones es porque les tenemos miedo. Hay dos tipos de sufrimiento. El primero es el que creamos a través de los pensamientos innecesarios. El segundo procede de las acciones que realizamos sin discernimiento. Si somos capaces de desarrollar la actitud correcta, podemos reducir drásticamente la carga de nuestros sufrimientos. Nunca deberíamos olvidar que, después de la noche, viene el amanecer. Nunca deberíamos perder nuestra fe optimista.

La vida es como una corriente. Si podemos permanecer como testigos de esa corriente, nada nos afectará. Pero si nos atrapa, experimentaremos dolor.

El dolor lleva un mensaje oculto. Sugiere que ha llegado la hora del cambio. Pongamos como ejemplo el dolor físico: suponer que estamos sosteniendo un plato ardiendo pero no sentimos dolor. Antes de que nos demos cuenta, la mano se nos habrá carbonizado. Lo mismo ocurre con cualquier otro tipo de dolor que experimentemos. Nos está diciendo algo más profundo: que ha llegado el momento del cambio.

¿Cuál es el cambio que tiene que ocurrir? Es cultivar la actitud correcta hacia la vida. Es ser más abiertos. Todas las experiencias nos ofrecen lecciones que aprender. Pero lo triste es que continuamente dejamos de hacerlo. (MM.8)

Trabajo

* Tenemos libertad para realizar cualquier acción que deseemos, pero no poseemos el control sobre el resultado de nuestra acción. Por ejemplo, somos libres para comprar el coche que más nos guste, construir la casa de nuestros sueños, etc., pero el coche en cuestión puede verse implicado en un accidente, sin que nosotros podamos controlarlo. Las alegrías que podemos conseguir de este mundo son limitadas, mientras que sus sufrimientos son ilimitados. (M.J.2) *Ver Felicidad*

* Aunque ganemos dinero y gocemos de toda la tierra, la gente seguirá refunfuñando y quejándose por lo que no tiene. Lamentarse por lo que no han conseguido se ha convertido en su verdadera naturaleza. Es difícil darle a la gente lo que piensa que le hará feliz. Sin embargo, dales *samskara* y se quedarán satisfechos. De otro modo, el único resultado serán interminables lamentos y quejas.

Las habilidades y aptitudes de cada individuo son distintas. Hijos, hasta los gemelos nacidos de los mismos padres son diferentes: uno llega a alto funcionario y el otro a simple empleado. Si el empleado, en lugar de refunfuñar y lamentarse de su suerte, hace su trabajo con la máxima sinceridad y eficiencia, puede ir escalando puestos por promoción. Sin embargo, si maldice su destino y es descuidado en su trabajo, puede que incluso lo pierda.

Así que deberíamos aprender a estar contentos con lo que tenemos y seguir adelante con el trabajo que nos ha tocado, y hacerlo con la mayor sinceridad. Deberíamos estar contentos y tener sentido del deber. Esa es la actitud que debemos desarrollar. (M.J.6) *Ver Actitud*

✳ Pero esto no es lo que ocurre con la ira. Cuando estamos enfadados nos olvidamos por completo de nosotros mismos.

Sin embargo, hay situaciones en las que intentamos controlarnos. Nunca descargas tu ira en tu jefe por miedo a represalias: un traslado que afecte a un posible ascenso, o peor ¡incluso perder tu empleo! Así que, en tales circunstancias, la gente intenta practicar la contención y los que no lo consiguen sufren las consecuencias y sus amargas experiencias sirven de lección a los demás. Sin embargo, no observamos tanta contención en el trato con los subordinados.

Es en realidad ahí donde hay que practicarla, ya que estas personas no pueden defenderse, no pueden responder porque dependen de nosotros. Puede que no demuestren abiertamente ninguna reacción. Pero aún y así, se quedan descorazonados y en su interior dirán: "Señor, estoy siendo castigado por un error que no he cometido, ¿no lo ves?, ¿es que no ves lo que sucede?" Hasta las vibraciones de tales pensamientos actúan como una maldición sobre nosotros. No es fácil escapar de ellas.

Hay personas que, por muy brillantes que sean, por mucho que trabajen, no tienen éxito en los exámenes. No consiguen trabajo aún después de hacer muchas entrevistas. Esto ocurre porque habrán hecho daño a alguien, cuyas sentidas oraciones se han convertido en un obstáculo para el progreso de aquellos, obstruyendo el flujo de la misericordia de Dios. (M.M.7) *Ver Actitud*

Tulasí

* "La religión nos enseña a venerar a Dios en la misma Naturaleza. A través de historias extraídas de la vida de Shri Krishna, el tulasi (albahaca) y las vacas se han convertido en algo muy querido para los habitantes de la India, que los protegen con amor y los cuidan de todo corazón. Antes había en cada hogar un estanque y alrededor unos cuantos árboles. Una planta de tulasi se encontraba en el centro, delante de cada casa. Las hojas de tulasi tienen grandes virtudes medicinales. Recogidas y guardadas durante muchos días, se mantienen sin ninguna alteración. Sus propiedades medicinales subsisten. Conviene regar el *tulasi* cada mañana, saludarlo con respeto y amor y adorarlo como una divinidad. Haced que esto forme parte de vuestra práctica cotidiana. De esta forma tradicional, veneraban y homenajeaban los hindúes otras plantas y árboles como el banano, la *bilva* y la higuera. El valor medicinal de las hojas de tulasi, conocido desde hace siglos por nuestros ancianos, ha sido contrastado actualmente mediante experimentos científicos. Pero la cuestión es saber si los científicos que han redescubierto las propiedades medicinales del tulasi y de otras plantas sagradas, muestran por la Naturaleza el mismo amor y respeto que tenían los ancianos, inspirados por su fe religiosa. ¿Acaso no es la fe en la religión la que ayuda a proteger y a preservar la Naturaleza, más que el conocimiento obtenido a través de la ciencia moderna? (M.D.2)